Thomas Wieke

First Ladies

Thomas Wieke

First Ladies

Liebe und Macht
Affären und Intrigen

NEUES LEBEN

ISBN 3-355-01458-3

Schutzumschlag: Anneliese Ernst
Lithographie: Reproanstalt/Neumünster
Layout und Satzherstellung: psb – presse service berlin GbR
Druck und buchbinderische Weiterverarbeitung:
Druck- und Verlagsanstalt Wiener Verlag GmbH

Erstes Kapitel

Die Liebe wird politisch oder Das Ende der Unschuld

*Das Verschwinden des Politikers **
*Brunnen der Vergangenheit * Mythen des Politischen **
Trojan War Cleared by Ulysses

Im Mittelalter zitterten die Völker, wenn ein Fürst eine Affäre hatte oder seine Gemahlin verstieß, denn ein langer, blutiger Krieg konnte die Folge sein. Im 19. Jahrhundert zitterten die Minister, wenn ein Fürst eine Affäre hatte, denn oft war dann eine Staatskrise angesagt. Heute zittern die Redakteure der Yellow Press, daß sie rechtzeitig die Fotos für die Titelseite bekommen.

Noch Heinrich VIII. konnte, wurde ihm eine seiner Frauen lästig, ihren Kopf aufs Schaffott legen. Heute hinterlegt der Mächtige eine Abfindung auf dem Notaranderkonto. Heute ist es nicht mehr üblich, ein politisches Bankett zu beenden, indem man das Messer, das gerade den Braten zerlegte, dem Tischnachbarn in den Bauch rammt, weil der Prozeß der Zivilisation, wie z. B. Norbert Elias ihn beschreibt, zur Sublimierung der Affektäußerungen beigetragen hat.

Heute unterzeichnet man ein Kommuniqué. Ebensowenig will es unser rationalistisches Zeitalter hinnehmen, daß politischer Sachverstand durch private Leidenschaften getrübt wird.

Das Verschwinden des Politikers

Wir beobachten das Auseinanderfallen von politischer Funktion und tatsächlicher Machtpotenz. Wir sind gewohnt, die demokratischen politischen Institutionen des Westens für die denkbar fortschrittlichsten zu halten. Die politische Geschichte der letzten 200 Jahre ist eine Geschichte des tendenziellen Verschwindens der Persönlichkeit in der Institution. Die Sentenz des Thukydides, daß die »mittelmäßigsten Geister zum Regierungsgeschäfte am befähigtsten« seien, wurde von Talleyrand wiederentdeckt; und der Franzose wollte das weniger zynisch verstanden wissen, als man annahm.

Scheinbar äußerliche Merkmale, die dennoch das Wesen dieses Prozesses bezeichnen, beschrieb Theodor Wolff. Dieser brillante Chronist der Wilhelminischen Epoche nimmt die Atmosphäre und den vorherrschenden Stil im Berliner Reichskanzlerpalais zum Maßstab seiner kulturkritischen Betrachtungen: »Als das Ehepaar Bülow in diesem Hause residierte, mögen die lebensvolle Grazie der Fürstin und ihr Wunsch nach behaglicher Intimität, ihre Vorliebe für die Plauderecken, in denen man mit Adolf von Harnack, mit dem medizinischen Hausprofessor Renvers, mit salonfähigen Gelehrten und Künstlern um ernste Fragen herumstreichen und gelegentlich dem Kaiser ein amüsiertes Ja ablisten konnte, bis in die Außenräume, die amtlichen Empfangssäle hinein fühlbar gewesen sein. Genau weiß ich darüber nicht Bescheid. Auch in den Tagen Bethmanns hatte man wohl noch den Eindruck, daß von Zeit zu Zeit eine Hausfrau durch diese Gemächer schritt. Dann aber, als die Bewohner schnell wechselten und im Reichskanzlerpalais wie in einer Bahnhofshalle oder einem Hotel mit jedem Zuge neue Gäste ankamen, verschwanden die letzten Spuren persönlichen Lebens und Waltens, man sah nur noch die Spuren von Degradation und befand sich auch nicht mehr in einem gut gehaltenen Hotel, sondern in einem etwas verwahrlosten Boardinghouse, in einer maison meublée, deren Besitzer bessere Zeiten gesehen hatten, oder, wie man in Deutschland sagt, in einem ›Chambre garnie‹.«

Die Besetzungen auf der politischen Bühne sind drittklassig geworden. Gerade dies ist ein Zeichen dafür, daß die Politik in einem Maße überflüssig geworden ist, daß sie erstklassige Besetzungen weder braucht noch verträgt. In der östlichen Hälfte dieses Jahrhunderts lebten zwei erstrangige politische Persönlichkeiten, die das Schicksal der Epoche nachhaltig beeinflußten – so nachhaltig, daß manche meinen, es hätte sie besser nie gegeben: Stalin und Gorbatschow. Dem ersten verdankte die Sowjetunion ihre Existenz, mindestens aber ihre Stabilität und auf jeden Fall ihren imperialen Aufstieg. Dem zweiten schuldete sie ihren Zerfall, wobei man diese Schuld ebensogut für ein Verdienst halten kann; wenigstens aber verdankte die Sowjetunion ihm das Bewußtsein ihrer Widersprüche, auf jeden Fall die intellektuelle Analyse der Krise ihres Systems.

Der Vergleich Stalins mit Gorbatschow ist für diesen ebenso ungerecht, wie er jenem zu viel Gerechtigkeit widerfahren läßt. Beiden ist nur gemeinsam, daß sie scheiterten. Stalin scheiterte mit dem Sozialismus, weil er, als er ihn »aufbaute«, dessen wichtigste Lebensader durchtrennte: Das Ideal einer freien Gesellschaft. Gorbatschow scheiterte, weil er den »real existierenden« Sozialismus, den er vorfand, an den ursprünglich gemeinten annähern wollte: Das Unternehmen glich dem Versuch, einen 413er Moskwitsch in ein Solarmobil umzubauen, bei laufendem Motor und ohne die Fahrt zu unterbrechen. Während sich Gorbatschow noch an den Ventilen zu schaffen machte, wirtschafteten seine Gegenspieler von rechts und links längst mit Eisenstangen im Motor herum. Die Maschine flog schlicht auseinander.

Es war ein bitterer Moment für die linken Intellektuellen des Westens, als sich Michail Gorbatschow zum Duzfreund des schulterklopfenden Helmut Kohl erniedrigte. Das Scheitern der vielleicht letzten großen Persönlichkeit in der Politik des 20. Jahrhunderts sagt aus, daß zwar Intelligenz in der Politik ihren Platz hat, nicht aber der Intellektuelle. Den Intellektuellen bestraft die Nachwelt, indem sie ein Zitat aus dem Zusammenhang löst und bis zum Erbrechen wiederkäut. »Wer zu spät kommt, den bestraft das Leben.« Das ist so sehr ein Jahrhundertsatz, daß man ihn nicht mehr hören mag. Aber in ihm ist, um Gottfried Benn abzuwandeln, mehr 20. Jahrhundert, als in 500 Seiten Kulturkritik. In die Geschichte wird Gorbatschow als Gorbatschow eingehen (falls er sich beim Einwerben von Sponsorengeldern nicht noch weiter erniedrigt), Helmut Kohl als Bundeskanzler und Funktionär der CDU. Denn manchmal verdankt die Geschichte den herausragenden Geistern, die scheiterten, mehr als den mittelmäßigen, die zum Regierungsgeschäfte so hervorragend befähigt sind.

Die westlichen Regierungschefs sind heute austauschbar geworden und folglich leicht durch andere Figuren zu ersetzen. Daher verschwimmt auch in der Wahlwerbung das Profil der verschiedenen Parteien bis zur Ununterscheidbarkeit. Und so wie die Wahlwerbung substantiell nicht von Waschmittelreklame zu unterscheiden ist, so gleichen die Politiker den verschiedenen Waschmittelmarken: Sobald man die Verpackung entfernt, ist es einfach Waschpulver. Die allseitige Kompatibilität betrifft sowohl die Verwendbarkeit des einzelnen Politikers, der ebenso Bauminister wie Finanzminister wie Ressortchef für das Äußere sein kann (Hauptsache, er ist Waschpulver), wie auch die Verwendbarkeit möglichst vieler Politiker verschiedenster Couleur für ein und dasselbe Amt (Hauptsache, sie sind Waschpulver). Um ein politisches Amt zu besetzen, muß man einer bestimmten Warengruppe (Waschpulver) angehören; Marke (Parteizugehörigkeit) oder spezifische Eignung (Qualifikation) sind relativ gleichgültig. Es nimmt daher nicht wunder, daß die Politikverdrossenheit vieler Bürger sich weniger an einzelnen Persönlichkeiten festmachen läßt als vielmehr am System der Parteiendemokratie überhaupt.

Die Frauen-Affären eines Ministerpräsidenten interessieren niemanden, höchstens noch einmal unterbeschäftigte Geheimdienste. Die Affären eines Multimillionärs wie Donald Trump beschäftigen wenigstens noch die Modeschöpfer in Paris und Mailand: War Ivanas Abfindung hoch genug, daß sie weiter die Haute Coture kaufen kann? Gott sei's gedankt, sie war es. Einer der wenigen herausgehobenen Politiker des 20. Jahrhunderts, Willi Brandt, stolperte nicht über seine Frauengeschichten – neben den tatsächlichen, die ihm drei Ehen bescherten, hatte er noch eine ganze Reihe angedichteter –, sondern über einen Mann, einen Spion, der in seinem Kanzleramt saß. Mata Hari wurde noch erschossen; Günter Guillaume nach ein paar Jahren Haft ausgetauscht.

Der historische Vorgang des Verschwindens der Persönlichkeit läßt sich durchaus in die Zukunft verlängern. Zuerst werden die Politiker überflüssig: im Namen der Politik, die sie vorgeblich repräsentieren. Dann wird Politik überflüssig: im Namen der Interessen, die sie vorgeblich artikuliert. Und schließlich werden die politischen Institutionen selbst, wenn sie keinen Sinn mehr haben, überflüssig. Die Menschen und Körperschaften regeln den Ausgleich ihrer Interessen selbst und unmittelbar und sind nicht mehr auf die politischen Dienstleister angewiesen. Freilich darf man von keiner Bewegung oder Partei erwarten, daß sie diesen Prozeß beschleunigen kann oder will. Aber genausowenig dürfen Parteien oder Bewegungen darauf hoffen, daß er sich durch Nichtstun aufhalten läßt. Nicht politische Einsicht führt zur Abschaffung von Politik, sondern schlicht wirtschaftliche Notwendigkeit (so wie einst wirtschaftliche Notwendigkeit zu ihrer Inauguration geführt hat). Politik, erfunden als Mittel zur Zivilisierung, erfüllt sich in der wirklich zivilen Gesellschaft und erledigt sich darin zugleich. Der Mensch als politisches Wesen geht endlich im Gattungswesen auf. Der Kreis zum Ausgangspunkt schließt sich.

Brunnen der Vergangenheit

»Tief ist der Brunnen der Vergangenheit. Sollte man ihn nicht unergründlich nennen?« So beginnt Thomas Mann die Tetralogie *Joseph und seine Brüder.* In der Einleitung teilt er seinen Lesern mit, wie er sich auf die Suche nach dem Ur-Mythos des biblischen Noah begab, wie er auf den babylonischen Utnapischtim stieß, der ebenso wie Noah auf einem Pott die große Flut überstand, und wie er immer frühere Vor-Bilder fand und immer tiefer in den »Brunnen der Vergangenheit« eintauchte. Das Bild vom Brunnen selbst ist so ein Mythologem, das unergründlich ist. »Das Erlebnis bestand weniger darin, daß etwas Vergangenes sich wiederholte, als darin, daß es gegenwärtig wurde. Daß es aber Gegenwart gewinnen konnte, beruhte darauf, daß die Umstände, die es herbeigeführt hatten, jederzeit gegenwärtig waren.« Was so aufscheint wie eine a priori gegebene logische Figur, in deren Bahn sich die Menschheit in ewiger Wiederholung bewegt, ist in Wahrheit die milliardenfache Wiederholung stets wiederkehrender Lebensumstände, die den Menschen bewußt werden und die Gestalt von logischen Figuren, Archetypen, Verhaltensmustern annehmen.

Als die Menschen aus ihrem Urzustand heraustraten, wurde ihnen bewußt, daß sie unter bestimmten, stets gegenwärtigen Umständen Macht übereinander gewinnen konnten. Einer dieser Umstände wurde für sie besonders wichtig: die Liebe. Das trivial anmutende Wort, von Stammbuchversen und Schlagertexten entwertet, umschloß immer auch sexuelle Leidenschaften und Phantasien, Eifersucht und Eigensucht, Fortpflanzung und Triebsublimierung, Rausch und Ernüchterung und – in zunehmendem Maße – politisches Kalkül. Wenn von Liebe die Rede ist, wissen wir mehr, als gesagt wird. Vielleicht liegt das an dem mythischen Erbe, das wir, bewußt oder unbewußt, in uns tragen. »Das Gedächtnis glaubt, ehe das Wissen erinnert. Glaubt weiter in die Vergangenheit zurück, als es gedenkt, weiter zurück noch, als Wissen fragt«, schrieb ein anderer großer Beschwörer des Mythischen in der Literatur, William Faulkner.

Nach einer ägyptischen Überlieferung tötete Seth, König über das Wüstenland, aus Neid seinen Bruder Osiris, den König des Nilstromlandes. Seth zerstückelte den Leichnam des Osiris und verstreute seine Teile über die Lande. Isis aber, beider Schwester und zugleich die Gemahlin des Osiris, sammelte die Leichenteile auf und fügte sie wieder zusammen. Ihren Tränen gelang es, den geliebten Mann wiederzubeleben. Er zeugte mit ihr noch ein Kind, das schwach und hilfebedürftig war, weil Osiris sich bei der Kopulation einer Prothese bedienen mußte. Seth hatte bei der Mordtat Osiris' Penis abgeschnitten und verspeist. Igitt! Daß eine Machtkrise für den mächtigen Mann sehr schnell zur Potenzkrise werden kann, ist hier, Jahrtausende vor Freud und Jung, ebenso drastisch ins mythische Bild gesetzt wie die Tatsache, daß Sozialneid gern in Kastrationsgelüsten sich austobt.

Die Sumerer, das erste Volk, das aus dem Dunkel der Geschichte heraustritt und seine eigene Hochkultur formiert, schufen in der nackten Göttin und dem Stier das älteste mythologische Paar. Die nackte Göttin Inanna, die sich in die babylonische Ischtar verwandeln wird, ist die Zentralfigur des sumerischen Pantheons; sie vereinigt so widerstreitende Symbole und Funktionen wie Himmel, Fruchtbarkeit, Liebe, Krieg und Tod, ist Jungfrau und Hetäre zugleich.

Die Heilige Hochzeit, die von den mesopotamischen Stadtkönigen mit ihrer Göttin gefeiert wurde, hatte ihren Ursprung in einem Dreieckskonflikt, hinter dem man den Konflikt zwischen den (ackerbauenden) Sumerern und den (viehzüchtenden) Semiten gesehen hat. Inanna soll sich zwischen dem Hirten Dumuzi, der als Tammuz in die Weltliteratur einging, und dem Bauern Enkimdu entscheiden. Eine sumerische Kain-und-Abel-Tragödie bahnt sich an, nur buhlen beide nicht um die Gunst ihres allmächtiges Gottes, sondern um die Liebe einer sehr irdisch wirkenden Frau, die nebenberuflich zufällig Göttin ist. Inanna wählt Dumuzi/Tammuz. Nach längerer Abwesenheit meint die Göttin, ihr Geliebter habe sie durchaus zu wenig vermißt und verbannt ihn in die Unterwelt. Doch sie richtet es so ein, daß er periodisch zu ihr heraufsteigen und »Hochzeit« halten kann.

In vielerlei Gestalt liebt die mesopotamische Göttin Ischtar die mächtigen Männer. Tammuz verleiht ihrer Liebe Unsterblichkeit, die Stadtkönige von Uruk werden über Generationen mit Ischtar Heilige Hochzeit halten, wohl wissend, daß sie dem Weibe ihre Macht verdanken. Erst Held Gilgamesch stößt sie vom Thron ihrer Allmacht, indem er sie zurückstößt. Ihr Angebot, ihn zum mächtigsten aller Könige zu machen, wenn er sie nur liebe, beantwortet er mit der demütigenden Aufzählung all ihrer früheren Liebhaber. Das ist einer der Scheitelpunkte der Geschichte, an denen das Selbstverständnis des Mannes zugleich mit dem Bewußtsein vom Ursprung der Macht sich wandelt.

Grundsätzlich lieben Götter nicht anders als Menschen. Aber damit aus Liebe eine Affäre werden kann, müssen die Akteure Götter sein oder wenigstens Fürsten. Zurückweisungen einer Liebenden hat es immer gegeben. Daß eine bestimmte Zurückweisung den Weltkreis erschütterte, erklärt sich nur daraus, daß die Zurückgewiesene die Göttin Ischtar und der Zurückweisende der Fürst Gilgamesch war.

Mythen des Politischen

Die klassische Verstrickung von Liebe und Macht begegnet uns in der Oidipus-Saga. Oidipus tötet seinen Vater, den er nicht kennt, und er heiratet seine Mutter, ohne es zu wissen.

Er war als Säugling ausgesetzt worden, weil ihm genau dies prophezeit ward. Gerade aber der Versuch, dem Fatum auszuweichen, macht seine Erfüllung erst möglich: Unsinnig anzunehmen, Oidipus' Ehe mit Iokaste wäre eine Liebesheirat gewesen. Da die Frau Erbin der Königswürde, aber nicht regierungsfähig war, wurde, wer sie heiratete, selbst König. Schließlich war es Iokastes (offenbar nicht erbberechtigter) Bruder Kreon, der die Hand der Königin-Witwe auslobte, um durch Zuheirat eines Königs wieder stabile Verhältnisse in Theben herzustellen.

Aus der inzestuösen Verbindung mit der eigenen Mutter gehen noch vier weitere Kinder hervor: die Töchter Ismene und Antigone und die Söhne Eteokles und Polyneikes. Kreon, den die Ereignisse schließlich doch an die Macht bringen, untersagt Antigone die Bestattung ihres Bruders Polyneikes, der gegen Theben Krieg geführt hat und vor den Toren gefallen ist. Nicht nur Mutterrecht und Patriarchat stehen in der Königstochter Antigone und dem Königinbruder Kreon einander gegenüber, nicht nur die angestammte Erbin dem emporgekommenen Usurpator. Vielmehr markieren das Bestattungsverbot und die furchtbare Strafe, die Kreon gegen die Widersetzliche verhängt, das Ende des ur-menschlichen Verhaltens und den Beginn des politischen Kalküls.

Es war nicht vordem alles besser und nachher alles schlechter; es war nicht vordem alles lieblich und nachher alles grausam. Es war nur ein vollkommener Wechsel der Maßstäbe: Bis zu Antigone war alles Tun und Lassen, Lieben und Regieren, Zeugen und Töten bei aller Roheit und Grausamkeit doch immer menschlich, gewissermaßen im Stande der Unschuld, von urwüchsigen Leidenschaften diktiert und keinem höheren Zweck als den ebenfalls sehr menschlichen (also beispielsweise olympischen) Göttern geweiht. Seit Kreon aber stehen die menschlichen Leidenschaften unter der Kontrolle der politischen Vernunft, die so viel grausamer sein kann –

der Spruch gegen Antigone zeigt es – als alles Vorgewesene, weil aus Vorsatz, Berechnung, Nützlichkeit grausam. Alles Tun und Lassen dient nun einem höheren Zweck: dem Staat. Blutschande ist nicht einfach mehr Blutschande, eine Familienangelegenheit, sondern steht plötzlich, politisch betrachtet, zur Disposition des Staates. Auch der Bruderzwist zwischen Eteokles und Polyneikes ist nicht mehr, was er bislang gewesen. Aus Bruderzwist ist Bürgerkrieg geworden. Das Staatsinteresse macht den einen zum Helden und den anderen zum Verräter und Terroristen.

Der tiefe Schreck über diesen grundlegenden Wandel, nicht der Horror vor der fehlgeleiteten sexuellen Objektwahl, macht in Wahrheit den Kern des Oidipuskomplexes aus: Menschliche Leidenschaften werden zum politischen Faktor und treten dem Menschen, ihm selbst vollkommen entfremdet, als Staat gegenüber – und sei es in Form eines päpstlichen Dispenses oder des Erbgesundheitsgerichtes. Daß die Durchsetzung des zivilisatorischen Fortschritts – und die Durchsetzung des staatlichen Gewaltmonopols gegenüber der Familienbande ist im Prinzip ein Fortschritt – einhergehen kann, einhergehen muß mit dem Verlust der menschheitlichen Unschuld und dem Eintritt in die kalte Sphäre der Politik – diese Erkenntnis löste einen Kulturschock aus, von dem die Tragödien des Sophokles noch einen Begriff haben. Seitdem tragen wir dieses Erbe in uns (ob wir Sophokles kennen oder nicht), seitdem dürfen wir danach fragen, welchen Preis an Menschlichkeit wir für Zivilisation zu zahlen haben.

Es ist durchaus nicht undenkbar, daß die Erfahrung der politisch werdenden Liebe in allen Kulturkreisen gemacht wurde, daß mithin der Oidipus-Mythos auf ältere, vielleicht ägyptische Wurzeln zurückreicht, daß der Pharao Echnaton der Verwegene war, der seinen Vater beseitigte und seiner Mutter Teje ein Kind machte, daß er Pharao wurde, nicht weil er der Sohn eines Vaters, sondern weil er der Mann seiner Mutter war.

Im Mythos vom Anfang der Politik, der mit dem Staatsmord an einer jungen Frau klassische Gestalt gewinnt, lebt seit 3000 Jahren gleichzeitig die Hoffnung auf das Ende jeglicher Politik und die Wiederkunft einer menschlichen, wirklich zivilisierten Gesellschaft. Die Geschichte hat übrigens noch einen nicht minder politischen Nebenstrang. Der gedemütigte, geblendete und vertriebene Oidipus kommt, an der Hand seiner beiden Töchter im heiligen Hain der Eumeniden zu Kolonos bei Athen an, um einen Platz zum Sterben zu finden. Athens König Theseus muß den blinden Mann sowohl gegen die eigene Bürgerschaft als auch gegen eine thebanische Heerschar verteidigen. Kreon nämlich will Oidipus mit Gewalt nach Theben zurückschleppen; der Bruderkrieg zwischen Polyneikes und Eteokles hat gerade begonnen, und das Orakel hat demjenigen den Sieg versprochen, in dessen Stadt die Asche des Sünders Oidipus ruht. Auch hier dominiert Politik bereits das Menschliche, wird das Recht des einzelnen, über sein Sterben souverän zu bestimmen, vom Staat suspendiert.

Auch die Ariadne-Legende, in die Athens König Theseus unmittelbar verwickelt ist, dem Oidipus-Mythos chronologisch vorgelagert, ist als Geschichte eines zweifachen Verrats ein Archetypus vieler politischen Liebeshändel. Sie ist die gewissermaßen klassische Form der Mätressentragödie.

König Minos von Kreta verlangte von den Athenern, zur Fütterung des Minotaurus, die jährliche Ablieferung eines bestimmten Quantums wohlschmeckender Jünglinge und Jungfrauen. Bis eines Tages der athenische Königssohn Theseus sich bei König Minos als Ungeheuer-Bekämpfer und Drachentöter vorstellt. Ariadne, die Tochter des Minos, die bis zur Stunde ihr duftendes Bett unter mütterlicher Aufsicht behütet hat, wie die Sage weiß, erblickt in dem jungen Helden aus Athen den Mann ihres Lebens. Sie verabreden sich heimlich, und Ariadne gibt Theseus jenes berühmte Garnknäuel mit, das er abrollen soll auf dem Weg durch das Labyrinth, um nach vollendeter Heldentat – Theseus erschlägt den Minotaurus – aus dem Gewirr der Gänge wieder herauszufinden. Ariadne flieht anschließend mit ihrem Angebeteten. Ihr Verrat ist weniger ein Verrat an der eigenen Familie als an sich selbst. Denn mit dem Garnknäuel gibt sie ein Insignium ihrer Macht aus der Hand (taucht es nicht später in Form des Reichsapfels in der Hand der Kaiser und Könige wieder auf?). Theseus hat den Lebensfaden, an dem er im Labyrinth hing, aufgerollt. Woran die Nornen im germanischen Norden noch jahrhundertelang spinnen werden, hält er schon in der Hand. Was soll er jetzt mit Ariadne? Sie taugt nur noch zum Opernstoff. Auf der Insel Naxos läßt er sie bei nächster Gelegenheit zurück. Ariadne, die Verräterin, selbst verraten, verbringt die nächsten Jahrtausende im Bannkreis des Dionysos, unter Bacchantinnen und Hexen und wartet auf Richard Strauss.

Die neuen Machtverhältnisse mußten überall erst erkämpft werden, und es dauerte einige Zeit, ehe sie in das Selbstverständnis der Menschen, in ihre persönlichsten Lebensverhältnisse eingingen. Nicht überall traten die Frauen ihren Herrschaftsanspruch freiwillig ab. Oft schlugen sie zurück. Noch Aischylos ließ in seinen *Wohlwollenden* den Gott Apollon und die Chorführerin der Erinnyen wie Prozeßvertreter aufeinandertreffen, die eine juristische Grundsatzfrage debattieren: »Die Muttermörder jagen wir aus dem Haus«, erklärt die Chorführerin. »Und was geschieht der Frau, die ihren Mann erschlägt?« fragt Apollon zurück. »Das ist ein Mord, der keinen Blutsverwandten trifft«, erwidert die Chorführerin, worauf Apollon in einem längeren Plädoyer den halben Olymp beschwört, um seinen Rechtsstandpunkt, die Schutzwürdigkeit und die Heiligkeit der Ehe (und letztlich die Rolle, die der Mann darin spielt) darzulegen. Und unter den Göttern selbst – besonders unter den Göttinnen – läßt sich die ursprüngliche Rolle der Frau als Herrschende Mutter noch überall nachvollziehen. George Thomson hat das an der Metamorphose einiger matriarchalischer Göttinnen der Ägäis demonstriert. Besonders eindrucksvoll ist die Verwandlung der Pallas Athene. In ihrer pelasgischen Urform »ist die prähistorische Athene kaum von der minoischen Muttergöttin zu unterscheiden«. Ursprünglich war Athene unverheiratet, »weil es zu Zeiten der Pelasger noch keine Ehe gegeben hatte, aber in der neuen Ära wurde das so ausgelegt, als zöge sie die Jungfernschaft vor. Sie hatte nie eine Mutter gehabt, da sie als Muttergöttin selbst die Verkörperung der Mutterschaft war, doch nunmehr wird sie zur Lieblingstochter Zeus', des Vaters, erhoben, aus dessen Haupt sie in voller Rüstung hervorgesprungen sein soll«. Neben ihren Eigenschaften als Hüterin der Webkunst, des Töpferhandwerks und der schönen Künste werden ihr nun neue Funktionen übergestülpt: Sie wird »Göttin der kriegerischen Tüchtigkeit, der Beredsamkeit vor Gericht und des angemessenen maßvollen Urteils – also der Ideale der Demokratie«. Aber aus der ungeteilten Persönlichkeit, in der sich Macht und Menschlichkeit einander noch nicht fremd sind, ist eine ihres Ursprungs total entfremdete Funktionsträgerin geworden. »Als göttliches Oberhaupt eines patriarchalischen Staatswesens hat sie so viel Männlichkeit angenommen, als mit ihrem durch ihre Herkunft bestimmten Geschlecht zu vereinen war.«

Überall spielen sich bei den Griechen, bevor sie Griechen wurden, ebenso wie bei ihren Göttern, Gatten-, Bruder-, Mutter- und Kindsmorde ab, blutschänderische Beziehungen zwischen Verwandten ersten Grades, Kastrationen und andere anheimelnde Dinge. Sie wären schwer hinzunehmen, würde ihnen nicht Sinn gegeben. Der überkommene Mythos wird so lange verbogen und zerlogen, bis er zur Rechtfertigung der neuen Machtstrukturen paßt. »Denn Mythos ist Lebensgründung«, schrieb Karl Kerényi, »er ist das zeitlose Schema, die fromme Formel, in die das Leben eingeht, indem es aus dem Unbewußten seine Züge reproduziert.« So wenig das Schema wirklich zeitlos ist, so selten ist die Formel fromm; zu sehr ist der Mythos Lebensgründung, und damit ideologische Begründung von Lebenstatsachen. Glänzend demonstriert in dem mythologischen Feld um den Trojanischen Krieg.

Trojan War Cleared by Ulysses

Es ist eine Geschichte, so alt wie die Menschen selbst. Einer hat einem etwas weggenommen. Der schreit auf, verlangt sein Eigentum zurück. Alle Verwandten schließen sich der Klage an, die schnell handfest wird. Bis einer endlich am Boden zerstört liegt und nicht mehr hochkommt.

Eine alte Geschichte. Der sie den Griechen erzählte, bevor sie noch wußten, daß sie Griechen sind, war ihr Augenzeuge nicht. Daher konnte er so blind sein, wie es die Legende behauptet. Er mußte nur Ohren haben zu hören und ein gutes Gedächtnis. Und er hatte gehört, daß sich dergleichen ereignet hätte wieder und wieder. Und was so zur Regelmäßigkeit neigte, gehörte in einen Mythenbündel verschnürt. Was ihm an Heldengesängen und Räuberpistolen unterkam, trug er weiter, und siehe, es ward ein Epos. »Den Stoff für die Lieder / schaffen durchaus nicht die Sänger, nein, Zeus, der den tätigen Menschen, / jedem von ihnen, nach Gutdünken, wechselnde Schicksale zuteilt«, spricht der kluge Telemachos im Ersten Gesang der *Odyssee*. Denn ein »ruhmreicher Sänger« trug ihnen vor sein Lied, »und sie saßen / schweigend und lauschten; er sang von der traurigen Heimfahrt aus Troja«.

Eine alte Geschichte. Einer hat einem die Frau weggenommen. Helena, Tochter des Zeus und der Leda/Nemesis, Schwester der Dioskuren Kastor und Polydeukes. Schon einmal war sie entführt worden, von Theseus, der tatsächlich immer zur Stelle ist, wenn irgendwo etwas stinkt. Damals ging die Sache glimpflich ab; ihre Brüder raubten sie kurzerhand zurück. Den zahlreichen Freiern legte Odysseus nahe, die Wahl, die Helena selbst träfe, anzuerkennen. Große Rechtsunsicherheit bestand: Galt die Frau als selbstbestimmtes Subjekt oder als Handelsware. Helena wählte Menelaos und wurde dessen Frau. Einige meinen, sie sei sehr schön gewesen. Auf jeden Fall war sie in ihrer Jugend Maienblüte noch kein casus belli. Doch als es zur Sache ging, stand Schönheit außerhalb der Erörterung. Schon ihre Zeugung – Zeus vergewaltigte die fliehende Leda in Gestalt eines Schwanes – war ein Akt der Heimtücke und der politischen Gewalt. Und die olympische Geheimdiplomatie der Aphrodite, die vermittels des Paris-Urteils das hübsche Frätzchen, das ihr Konkurrenz macht, aus dem Weg räumt, ist ein Musterbeispiel für die Herstellung eines Kriegsgrundes. Aphrodite hatte dem trojanischen Prinzen Paris Helena zur Belohnung versprochen, wenn er Aphrodite vor ihren Mitbewerberinnen Hera und Palas Athene mit dem Schönheitspreis auszeichnete. Aphrodite bekam den Apfel der *Miss Olympic* und Paris entführte Helena. Es hätte auch ein goldener Becher oder ein Sack voll Lumpen sein können, was die Stämme der Achaier auf die Beine, auf die Schiffe und schließlich in die Massengräber in der Ebene der Troas brachte. Vorausgesetzt nur, der Sack voll Lumpen besaß die eine entscheidende (und in diesem Falle kriegsauslösende) Eigenschaft Helenas: Wie Iokaste den Oidipus machte sie den, dem sie als Frau angehörte, zum König. Der Mythos schweigt darüber wissend sich aus. Menelaos war von Geburt ein Nichts. Durch Helena wurde er König. Nun kam Paris. Nicht, daß er ihm die Frau wegnahm, war das Ärgernis, sondern daß Menelaos diese Hinwegnahme aus seinem/ihrem Königreich vertreiben konnte.

Die enorme Bündnismaschinerie, einmal in Gang gesetzt, machte so viel Radau, daß die Frage nach dem wahren Kriegsgrund nicht mehr zu hören war. Und sie zwang Willige wie Unwillige, sich an ihren Hebeln und Gestängen zu erschöpfen. Der Versuch eines einzelnen Mannes, Odysseus, sich dem

Dienst durch Vorschützen von Blödigkeit zu entziehen, geriet nicht zum Beispiel der Verweigerer. Er blieb so erfolglos, wie ein einzelner gegen die Maschinerie nur bleiben kann. Andere, vornehmlich junge Leute, die Staatsraison und Bündnistreue geopfert wurden – Iphigenie, Elektra, Orest –, zogen ganze Ketten von Tragödien hinter sich her.

Das Wunderbare an der Geschichte des Trojanischen Krieges ist nicht, daß man nicht weiß, ob sie sich so oder anders oder überhaupt nicht zugetragen hat. Das Wunderbare ist, daß sie sich seither – und beinahe exakt so wie beschrieben – fortwährend ereignet. Ein Jahrtausend nach Troja wird ein Weltreich an der Liebe einer Frau beinahe zerbrechen, Epochen später wird ein französischer König, den man nach der Sonne nennt, die deutsche Pfalz im Namen einer Frau, seiner Schwägerin Liselotte, deren Erbansprüche er zu sichern vorgibt, verwüsten, und wieder hundert Jahre später sieht es so aus, als wäre die Französische Revolution nur einer Frau wegen ausgebrochen.

Das Ei, aus dem Helena schlüpfte, enthielt auch alle kommenden Geschichten. Agamemnon, auch wie sein Bruder Menelaos ein Nichts, bevor er Klytaimnestra (und damit das Königreich Mykene) heiratet, der aus Troja mit der Seherin Kassandra heimkehrt, schlüpft aus dem gleichen Ei wie der Graf von Gleichen, der die Sarazenin vom Kreuzzug mit nach Thüringen bringt. Der Krieg um die schöne Helena ähnelt so sehr den Querelen um die heilige Elisabeth, wie die Ableitung der Legitimität europäische Monarchien den verwickelten, inzestuösen Stammbäumen der Alten gleicht. Die Ausgänge der Geschichten sind freilich verschieden; während sich einst die Helden ihre Köpfe einschlugen, zeigen sie heute einander den Vogel, es liegen schließlich auch ein paar Jahrtausende Zivilisationsprozeß dazwischen – die Resultate sind übrigens bescheiden genug.

Homer bewies Sinn für Ironie, als er den Verweigerer zum Helden machte. Er hätte ja noch andere Kämpen zur Auswahl gehabt. Den blonden Menelaos zum Beispiel, den Bestohlenen selbst. Oder Agamemnon, Kleinkönig mit Großmachtambitionen; er wäre gern König der Könige geworden, aber mehr als ein Oberkommando, bei dem er nichts zu befehlen hatte, wollten ihm die anderen nicht zugestehen. Oder Achilles, den Vergewaltiger und Leichenschänder. Homer läßt im Achtzehnten Gesang der Ilias den göttlichen Schmied Hephaistos für den schönen Todgeweihten einen neuen Schild schmieden: Hephaistos schuf ein Kunstwerk, das Auskunft über die Zustände in der homerischen Welt gibt. Daß Achilles diesen Schild trug, der zu einer weltumgreifenden Metapher stilisiert ward, ist so ziemlich das einzig Erfreuliche, was sich von ihm vermelden läßt.

Wer die ganze *Ilias* liest, kann leicht dem Eindruck erliegen, im Geschäftsbericht einer Metzgerei zu blättern. Das übrige Personal war gar zu tumb und heldisch, als daß man ihm längerwährende Sympathien entgegenbringen könnte. Darum ward keiner der großen Schlächter und Schlachtenlenker, sondern der listenreiche Odysseus zum Helden des zweiten Epos bestimmt. Außerdem waren die weiteren Schicksale dieser achaischen Rambos nicht so ergiebig: Menelaos trieb sich mit der wiedergewonnenen Helena sieben Jahre in Ägypten herum. Achilles zog sich eine Fersenverletzung zu und starb an Blutvergiftung. Aias unterlag im Kampf um dessen Waffen dem listigen Odysseus, drehte durch, metzelte Tiere und brachte sich hernach selbst um. Agamemnon wurde bei der Heimkehr prompt Klytaimnestra, übrigens der schönen Helena Schwester, im Bade erschlagen. Und Nestor, der gerenische Schwätzer, kehrte unbeschadet nach Pylos zurück und starb dort an Altersschwäche. Homers Troja-Epos ist eine einzige Anklage; nicht gegen den Krieg an sich (von dessen Vermeidbarkeit man zu Homers Zeiten noch gar keinen Begriff hatte), sondern gegen die Art, wie er geführt wurde: mit Strömen von Blut, übers Schlachtfeld spritzendem Hirn und aus dem Leib hängenden Gedärmen – und vor allem zehn verheerende Jahre lang, verheerend nicht nur für die Männer an der Front, sondern vor allem für die Volkswirtschaften daheim, die den Wahnsinn finanzieren mußten. Odysseus war für Homer die Alternative des intelligenten Krieges, der sauberen, zweckdienlichen Aktion, des chirurgischen Eingriffs. Die *Odyssee* ist daher nicht weniger als der strategische Gegenentwurf zur *Ilias*; zugleich das Kriegstagebuch einer schnellen Eingreiftruppe. Der Ruhm ihres Kommandeurs (und einzigen Überlebenden) beruht wesentlich auf der taktischen Finesse mit dem hölzernen Pferd. Odysseus sorgte dafür, daß der Ruhm, Troja bezwungen zu haben, an seinem Namen kleben blieb. Er war eitel genug, bei den Phaiaken den Sänger Demodokos zurechtzuweisen, der das »bittere Schicksal der Griechen« besang: »Wechsle das Thema und singe vom Bau des hölzernen Pferdes, / das Epeios mit Hilfe der Göttin Athene gezimmert, / aber der edle Odysseus mit List in die Festung geschafft hat, / voll besetzt mit Bewaffneten, die dann Troja zerstörten!« Der Sänger machte sich die Sicht des Commanders zueigen und »hub an, vom Gotte begeistert« an der Lyra zu rupfen und der Volksversammlung der Phaiaken genau das vorzuträllern, was Odysseus sie hören lassen wollte. *Trojan War, cleared by Ulysses*. Odysseus versäumte nicht den dramaturgischen Kontrapunkt, der Brechts würdig gewesen wäre, bei der Schilderung seiner Heldentat selbst bitterlich zu weinen, was auf die Phaiaken einen nachhaltigen Eindruck machte. Aufgefordert, seine sämtlichen Irrfahrten zu erzählen, erreicht er, was er erreichen wollte: Die Phaiaken gehen ihm auf den Leim, bringen den gescheiterten und bankrotten Odysseus an die Küste seines heimatlichen Ithaka zurück und statten ihn sogar neu aus: »In der geglätteten Truhe liegen bereits die Gewänder / für den Gast, das kunstreich geschmiedete Gold und die andern / Gaben, soweit die phaiakischen Fürsten zum Schlosse die brachten. / Schenken wir ihm, ein jeder von uns, noch zusätzlich einen / großen Dreifuß mit Becken!« befiehlt der Phaiaken König Alkinoos den Seinen. Und er vergißt nicht, einen Satz über die Finanzierung dieser großzügigen Kriegskostenerstattung hinzuzufügen: »Wir lassen den Wert uns vom Volke / wiedererstatten; ohne Ersatz kann keiner es leisten.« Dieser fiskalische Kniff hat sich seither bei allen Regierenden eingebürgert.

Schnelle Eingreiftruppe? Ist es nicht wundersam, daß es schon in grauer Vorzeit so etwas gab, daß sich die Achaier das leisten konnten?

Sie konnten es nicht, nebenbei bemerkt, ihre Kultur ging daran zugrunde. Eberhard Zangger hat die Geschichte des Trojanischen Krieges als Geschichte eines »Weltkrieges« zwischen zwei verfeindeten Militärblöcken des 13. vorchristlichen Jahrhunderts gedeutet. Der westanatolische Raum mit seinem Zentrum Troja gehörte demnach, mit Assyrien, Mitanni und Libyen verbündet, zu dem einen Block; Griechenland, d.h. Homers Heimat der Achaier, war der mit Ägypten und Hethitern verbündete Gegner. Für Zangger steht fest, daß sich der Trojanische Krieg nicht allein in der Ebene der Troas abgespielt hat. Vorausgegangen war eine militärische Expansion der »Trojaner« Westanatoliens gegen Zypern und Palästina, um den Hauptgegner Ägypten zu treffen, während die Achaier einen Entlastungsangriff ins westanatolische Kernland unternahmen und schließlich um 1186 v.u.Z. die Entscheidung vor Troja herbeiführten. Der gesamte Weltkrieg – nicht die Belagerung Trojas allein – mag also durchaus zehn Jahre gedauert haben. Dieser Krieg, meint Zangger, kannte keinen Sieger, nur Verlierer: »Länder, Häuser und Werkstätten waren zerstört, Handelsschiffe versenkt, die Seeleute getötet und die Schreiber geflüchtet.« Die Irrfahrt des Odysseus beschreibt daher ziemlich genau die Heimfahrt einer marodierenden Söldnerhorde, die den nach dem Ausbluten der großen Militärmächte wehrlosen kleineren kulturellen Zentren den Rest geben. Der Sieg über Troja hat auch den Achaiern keinen Gewinn gebracht, »schwelten doch bereits innere Unruhen in ihrer Heimat, die schon bald den Untergang der mykenischen Kultur besiegelten«. Was den Homerischen Griechen bei ihrer Rückkehr von ihren Heldentaten widerfuhr, hat hierin seinen historischen Hintergrund.

Noch wundersamer allerdings ist, daß es den Lesern der *Odyssee* drei Jahrtausende lang gelungen ist, diesen eigentlichen Kern der Geschichte nicht zu bemerken. »Fort von Ilion trug mich der Wind zur Stadt der Kikonen, / Ismaros. Diese zerstörten wir und erschlugen die Männer. / Frauen und reichliche Schätze erbeuteten wir und verteilten / alles; nicht einer sollte den rechten Anteil entbehren.« Vier Verse, die mit der größten Selbstverständlichkeit von einem »chirurgischen Eingriff« berichten: Alles wäre auch gut gegangen, hätten sich die Gefährten an Odysseus' Anweisungen gehalten. Doch »reichlich sprachen dem Weine sie zu und schlachteten Schafe, / dicht am Gestade, und krummgehörnte, trottende Rinder. / Doch die Kikonen, die uns entrannen, boten inzwischen / ihre Landsleute auf, die weiter im Inneren wohnten« – mit einer gewissen Entrüstung berichtet Odysseus, daß jemand es wagte, ihm Widerstand zu leisten. In Übermacht – »so zahlreich wie Blätter und Blüten im Frühjahr« – kamen die Kikonen zurück, mit Streitwagen, die den ithakischen Angreifern schmerzliche Verluste (»sechs Gefährten, von jedem der Schiffe«) beibrachten. »Als die Sonne zur Stunde des Stierausspannens sich neigte, / nötigten die Kikonen siegreich uns Griechen zum Rückzug.«

Hernach gelangte die Truppe zu den Lotophagen, den Lotosessern, zu einem Volk also, bei dem die Einnahme von Rauschmitteln an der Tagesordnung war. Odysseus sandte einige seiner Leute als Kundschafter ins Landesinnere, aber die Einheimischen ließen die Fremden von ihrem geheimnisvollen Lotos kosten. Seine völlig benebelten Gefährten mußte

Odysseus mit Gewalt an Bord zurückbringen und unter Deck anbinden; verwertbare Informationen über die Lotophagen bekam er nicht. Und segelte ab.

Weiter gings zu den Kyklopen, die er »rechtlose Frevler« nennt, »die sich auf die unsterblichen Götter verlassen und weder / pflanzen noch säen noch pflügen mit ehrlicher Arbeit der Hände«. Neidvoll merkt Odysseus an, daß ihnen trotzdem alles Getreide wächst und gedeiht. Eine Insel, reich wie das Paradies, fruchtbar und unberührt, noch nicht abgeholzt für Feuerung und Bauhandwerk, noch nicht unfruchtbar gemacht vom Ackerbau, noch nicht kahlgefressen von riesigen Herden. Ein Land wie geschaffen für ausgehungerte Kolonisten, zumal der Kulturzustand der Kyklopen unter aller Diskussion ist: »Ratsversammlungen kennen sie nicht und feste Gesetze, / hausen sie doch auf den Gipfeln ragender Berge in tiefen Höhlen.« Ein Volk ohne Parlament kann keine Gesetze erlassen. Ohne Gesetze kein Rechtsstaat, kein Eigentum, keine Ansprüche des Volkes auf das von ihm bewohnte Land. Und waren sie nicht eigentlich Kannibalen? Folglich konnte man ein Kommandounternehmen starten, um die Vorräte zu ergänzen. Daß dieses Unternehmen nicht eben rühmlich verlief, ist bekannt. Noch beim Rückzug lief die Flotte Gefahr, im Steinhagel der Kyklopen versenkt zu werden.

Doch dieses Schicksal ereilte sie schließlich im engen Hafen der Laistrygonen. Gewarnt durch die vorangegangenen Auftritte der Truppe, die im zusammenhängenden Raum der Ägäis nicht lange geheim bleiben konnten – irgendein Sänger war mit einer Ode stets schneller als Odysseus' »düstergeschnäbelte Schiffe« –, waren die Laistrygonen auf die Ankunft der Griechen bestens vorbereitet. Odysseus' Kundschafter, übel empfangen, konnten gerade noch die Schiffsbesatzungen alarmieren, aber es war schon zu spät. »Steine schleuderten sie, wie kaum sie ein Sterblicher anhebt, / von den Felsen herab. In der Flotte gellten die Schreie / Sterbender, krachten zerschmetterte Schiffe.« Nur sein eigenes Schiff konnte Odysseus retten – die übrigen elf »gingen dort sämtlich zugrunde« – und mit den Resten seiner Truppe die Insel Aiaia erreichen. »Dort wohnte die menschlich / sprechende, prachtvoll gelockte Kirke, die machtvolle Göttin«. Aus Erfahrungen nun einmal nicht klug werdend, benahm sich die Truppe auch dort daneben, mißbrauchte die Gastfreundschaft und wurde in das verwandelt, was sie von Anfang an war: eine Herde grunzender Schweine. – Und das war noch nicht der Schlußpunkt der katastrophalen Reise.

Der erstaunlichste Umstand an der *Odyssee* ist, daß ihr Held von einem Fiasko zum nächsten zieht, seine Flotte und seine Mannschaft verliert, alle Beute fahren lassen muß, mit knapper Not sein nacktes Leben rettet und dennoch wie ein Sieger gefeiert wird. So kraß ist das Mißverhältnis von Ereignis und Darstellung, daß die Frage aufkommt, wie ernst Homer eigentlich seine Helden nahm. Erst dreitausend Jahre nach ihm wird man es wieder so gut verstehen, Verluste in Siege umzulügen, Malaisen in Erfolge. Im Gegensatz aber zu manch anderer propagandistischer Konstruktion hatte Odysseus mit seiner Katastrophen-Tour am Ende Erfolg. Hatte er ihn wirklich?

Immerhin machte er sich auf den Weg nach Hause, nachdem er sieben Jahre mit der Nymphe Kalypso das Lotterbett geteilt hatte. Am Anfang wie am Ende der verhängnisreichen trojanischen Ereignisse steht eine Frau. Beiden eignet, daß sie den, dem sie angehören, zum König machen. Bei Penelope ist es nicht anders als bei Helena. Denn wer hat in der Zeit von Odysseus' Abwesenheit Ithaka regiert? »Offenkundig die Königin! Aber da ist doch Laërtes, der Vater, der noch lebt, doch hat er keinerlei Funktion, und nichts deutet darauf hin, daß er selber jemals König war«, anwortet D.J. Wölfel in seinem Buch über die Religionen des vorindoeuropäischen Europa. »Und dann ist Telemachos da, der Sohn des Königs, der nach Vaterrecht das Erbe antreten sollte und dennoch eine Null ist, weder König in der Ausübung, noch unmündiger König unter Vormundschaft. Er kommt für die Königswürde gar nicht in Betracht, denn die Freier bemühen sich um Penelope, damit sie durch ihre Hand die Königswürde gewönnen. Ihr Gatte wird König sein, so wie Odysseus König als ihr Gatte war. – Und nun Odysseus selbst, als er zurückkommt? Er geht nicht an Land und verlangt einfach sein Königtum – nein, er schleicht sich ein, er muß erst feststellen, ob Penelope ihn noch nimmt, und sie ist es, die ihn endgültig legitimiert.«

Doch es gibt einen wesentlichen Unterschied zwischen Odysseus und den Freiern der Penelope. Man vergegenwärtige sich die Situation: Der König eines kleinen Inselreiches führt alle waffenfähigen Männer in einen zehnjährigen Krieg, daneben beträchtliche (wenn nicht alle) Vorräte an Geld und wertvollen Gerätschaften. Weder kehrt einer der Ausgezogenen jemals zurück, noch fließt Kriegsbeute ins Land, die den Verlust auszugleichen vermöchte. Der König selbst läßt sich zwanzig Jahre in seinem Reich nicht sehen. Seine alternde Gemahlin führt die Regierungsgeschäfte unter erschwerten Bedingungen. Erwartet Odysseus, daß alles noch so ist wie vor zwanzig Jahren und daß man ihn jubelnd empfange?

Diese Anmaßung wäre in der Tat ungeheuerlich. Odysseus hat in der Zwischenzeit sein Königreich verloren. Er kann entweder sang- und klanglos abdanken oder den Kampf gegen die Generation derer aufnehmen, die noch Kind waren, als er die Insel verließ: Die »Freier«, jene jungen Männer, die bereit sind, Penelope zu heiraten, damit das Land wieder einen König bekomme. Er entscheidet sich für den zweiten Weg. Vom Kriegsdienstverweigerer war er zum Helden geworden, und um seine neue Rolle so glaubhaft wie möglich zu spielen, setzte er den Krieg noch ein paar Jahre auf eigene Faust fort. Zwanzig Jahre Krieg und Räuberleben haben den dünnen Schleier sittlicher Zivilisation zerrissen. Er wird zum Schlächter seines eigenen Volkes. Vom Siebzehnten Gesang bis zum Ende der

Odyssee verfolgen wir den Bürgerkrieg auf Ithaka. Wir erleben, wie Odysseus über Berge von Leichen geht, um die Macht, seine Frau, wiederzugewinnen. Wir nehmen teil an dem fürchterlichen Gemetzel, das er unter den »Freiern« veranstaltet. Die zweite Generation waffentragender Männer wird dabei ausgerottet, und eine dritte wird es schwerlich geben. Wir schaudern angesichts der sadistischen, durch nichts als Rachegelüste gerechtfertigten Hinrichtung der »Mägde« im Zweiundzwanzigsten Gesang. Beide, die Freier wie Odysseus, erkennen das »Königinnenerbrecht« an: Jene, die im Frieden aufwuchsen, indem sie um die Legitimation durch Penelope werben; dieser, durch den Krieg verroht, indem er die Legitimation durch Penelope mit Gewalt erzwingt. Dieser Unterschied freilich ist mythologischer Ausdruck eines welthistorischen Umschwungs.

Eine alte Geschichte. Wurde aus der schönen Helena eine keifende Ehefrau? Was wurde aus Ithaka nach Odysseus letztem Sieg? Es gibt keine gesicherte Nachricht. Die Sage allerdings wollte den Triumph des Schlächters nicht hinnehmen: Ihr zufolge tötet Telegonos, der Sohn der Kirke und des Odysseus, versehentlich seinen Vater. Eine Brücke vom Oidipus-Mythos zum Hildebrandts-Lied? Telegonos zieht mit Penelope und Telemachos zu Kirke, die ihnen Unsterblichkeit verlieh, und heiratet schließlich – auch hierin das Königinnenerbrecht anerkennend – Penelope.

Vielleicht war die Geschichte schon vor dreitausend Jahren zu Ende. Oder noch eher. Und keiner hat's bemerkt. Vielleicht wird die Geschichte nie so erwachsen, daß sie dem Mythos entwächst, vielleicht entspringt der Mythos aus der Geschichte, sobald sie sich zu wiederholen beginnt. Und immer wenn man glaubt, der Mythos sei endlich heimgekehrt, geht alles wieder von vorne los.

Zweites Kapitel

Vergessen und verleumdet: Die starken Frauen

*Die Schöne, die da kommt: Nofretete **
*Die Vorläuferin: Hatschepsut * Das Ende einer Dynastie **
*Die keusche Hure: Kleopatra * Die lustigen Witwen:*
*Fredegunde und Brunechilde **
Die wilde Eleonore: Königin zweier Reiche

Der Berliner Archäologe Ludwig Borchardt weiß, daß eine Sensation bevorsteht, als ihm am 6. Dezember 1912, kurz nach 13 Uhr, ein handgeschriebener Zettel seines Kollegen Ranke zugereicht wird: »Dringend! Lebensgroße, bunte Büste in Haus P 47!« Seit November 1912 lief die neue Grabungskampagne der Deutschen Orientgesellschaft in Tell el Amarna, Ägypten, auf Hochtouren. Für die Ausgrabungen war das Gelände in Planquadrate eingeteilt worden – P 47 lag am Ende der sogenannten »Oberpriesterstraße«. Dort hatte man die vor 3000 Jahren verlassene Werkstatt des Hofbildhauers Thutmosis gefunden.

Borchardt eilt zu P 47 und steigt in die Grube zu den Arbeitern, die den fleischfarbenen Hals einer Büste freigelegt haben. Mit bloßen Händen entfernt der Archäologe Sand und Schutt. Er erkennt den Kopfputz einer Königin. Noch aber weiß Borchardt nicht, mit wem er es eigentlich zu tun hat, die Büste liegt mit dem Kopf nach unten und mit dem Gesicht zur Wand gekehrt. Aber er sieht, daß sein Fund von außerordentlicher Bedeutung und unschätzbarem Wert ist.

Wahrscheinlich überlegt er schon jetzt, wie er seine Bedeutung herunterspielen und die Büste dem Zugriff der ägyptischen Altertümerverwaltung entziehen kann. Dies wird ihm gelingen. Der Fund kommt, als »Tonscherben« deklariert, nach Deutschland. Bis auf den heutigen Tag ist die Eigentumsfrage der Büste zwischen dem Ägyptischen Museum (Stiftung Preußischer Kulturbesitz) in Berlin-Charlottenburg und Ägypten, das sie als Nationaleigentum zurückverlangt, umstritten.

Als endlich aller Schutt beiseite geräumt ist, schaut Borchardt *ihr* ins Gesicht: einer Königin von zeitloser, fast übersinnlicher Schönheit, der bestimmt ist, von nun an als die berühmteste Frauenschönheit der Weltgeschichte zu gelten: Nofretete.

Aber ach, die Dame hat einen Schönheitsfehler: ihr fehlt das linke Auge. Borchardt läßt allen Schutt, der bis hierher beiseite geräumt war, noch einmal durchsieben – insgesamt mehrere Wagenladungen voll. Aber vergebens: Die Glasflußeinlage des linken Auges bleibt unauffindbar.

Die Schöne, die da kommt: Nofretete

Während der letzten Regierungsjahre des Pharaos Amenophis III. war ein junges hübsches Mädchen am ägyptischen Hof eingetroffen. Es stammte aus dem Mitanni-Reich des Königs Tuschratta, jener an Nordsyrien grenzenden kleinasiatischen Region, die zu Zeiten der 18. Dynastie eine Quelle für Frauen ägyptischer Könige und Fürsten war. Über die Herkunft Nofretetes wurden bis in die jüngste Zeit Auseinandersetzungen geführt. Cyril Aldred sieht in ihr die Tochter von Eje, einem hohen Beamten der 18. Dynastie, der später für kurze Zeit selbst den Pharaonenthron bestieg. Die Mehrzahl der Forscher ist allerdings der Meinung, daß Nofretete als mitannische Prinzessin Taduchepa an den ägyptischen Hof kam.

Große Mengen ägyptischen Goldes flossen damals nach dem Norden, und von dort reisten die edelsten und schönsten Damen an den Nil. Thutmosis IV. bekam König Tuschrattas Tante Mutemwija, sein Sohn Amenophis III. nahm Tuschrattas Schwester Giluchepa zur Nebenfrau. Amenophis III. regierte 38 Jahre, heiratete ein Dutzend Nebenfrauen und hielt sich einen Harem von 100 exotischen Schönheiten. Er starb schließlich fünfzigjährig; fett, kahlköpfig und zahnlos, den Mund von Abszessen übersät. In seinem 36. Regierungsjahr wollte der alte, schwerkranke Mann auch noch, als Verjüngungsmittel, Tuschrattas Tochter Taduchepa. Sie wurde die neue First Lady Ägyptens. Wir wollen ihr nachträglich noch wünschen, daß Amenophis III. bis zu seinem Tod die Ehe mit ihr nicht mehr vollziehen konnte. 1363 v.u.Z. heiratete sie den Thronfolger. Er war damals dreizehn, sie achtzehn Jahre alt. Sie genoß die Verehrung und Bewunderung des Volkes. Der berühmte deutsche Ägyptologe Richard Lepsius hat als erster Mitte des 19. Jahrhunderts die Inschriften entdeckt, die jene schöne und beliebte Königin priesen, ohne daß er wußte, von wem da die Rede war: »Die Schöne und Herrliche mit der Federkrone; die große Erbprinzessin im Palast; groß ist die Freude, man jubelt, wenn man ihre Stimme hört; Herrin der Lieblichkeit; groß an Beliebtheit; die Frau, deren Wesen den Herrn der beiden Länder erfreut; die Geliebte des Glücks, schön ist die Schönheit der Sonne; die Schöne, die da kommt; sie lebe ewig ...« Den Ägyptern war wohl das nördlich-rauhe *Taduchepa* zu schwer auszusprechen. So wurde ihr Beiname – *Nefer-neferu-Aton Nofretete*: »Schön ist die Schönheit des Aton, die Schöne, die da kommt«.

Die junge Königin brachte ein Jahr später eine Tochter zur Welt: Meritaton; in den beiden folgenden Jahren zwei weitere Töchter: Maketaton 1361 und Anches-en-pa-Aton 1360. Die First Lady übte einen starken Einfluß auf den jungen Pharao aus. Die reiche und einflußreiche Priesterschaft des Amun versuchte deshalb, die Königin auf ihre Seite zu ziehen. Dies mißlang vollständig. Nofretete unterstützte vielmehr ihren königlichen Gemahl bei der Inthronisation des Gottes Aton, symbolisiert durch die strahlenaussendende Sonnenscheibe. Mittels des neuen Gottes Aton fegte das Königspaar das götterreiche Pantheon des Amun aus. Mit dem Gott stürzte seine Priesterschaft, die obendrein noch bei einem verzweifelten Putschversuch unterlag. Es ging um die Macht in Ägypten in diesem Kampf zwischen der Amun-Priesterschaft und dem jungen Königspaar. Es ging, wie sich zeigen wird, um nichts weniger als die Anerkennung oder Nichtanerkennung der Legitimität des Herrschers. Für den Pharao ging es um alles. Darum geriet die religiöse Reformation zum politischen Umsturz. Beauftragte des Pharao durchmusterten alle Stelen und Wandgemälde und tilgten, wo sie sie fanden, Namen und Bildnisse des gestürzten Gottes. Sogar die Gans, das heilige Tier des Amun, wurde stigmatisiert und aus allen erreichbaren Bildwerken getilgt.

Im vierten Regierungsjahr bestieg der Pharao mit seiner schönen Frau einen goldenen Prunkwagen und verließ demonstrativ die alte Hauptstadt Theben. Etwa 350 Flußkilometer weiter nördlich stampfte er in dreijähriger Bauzeit seine neue Hauptstadt aus dem Wüstenboden: *Achetaton*, »Horizont des Aton«. Zwei Jahre danach wechselte der Pharao ebenso demonstrativ seinen Namen: Aus *Amenophis* (»Amun ist zufrieden«), dem vierten seines Namens, wurde *Echnaton* (»dem Aton gefällig«).

Mit der neuen Politik und dem neuen Kultus begann auch eine neue Kunstperiode. Selten wieder wurde ein Kunststil so total von einer neuen politischen Richtung in Dienst genommen wie damals. Echnaton selbst gab den Künstlern Themen und stilistische Richtung vor. Häufig wie nie zuvor wurden nun Szenen aus der Privatsphäre der königlichen Familie dargestellt. Intime Körpervorgänge – wie das Erbrechen – tauchen in Bildwerken auf. Echnaton hatte, wie man heute weiß, erhebliche gesundheitliche Probleme, die zum Teil auf erbliche Belastungen zurückgeführt werden. Er neigte zur Wasserköpfigkeit, war Migräniker, litt an Stoffwechselstörungen. Dabei dürfte sich häufiges Erbrechen eingestellt haben, das auch offizielle Regierungshandlungen unterbrach. Es nimmt dennoch wunder, daß der malade Zustand des Königs nicht beschönigt, sondern ungeschminkt Gegenstand künstlerischer Darstellung wurde. Noch deutlicher als der thematische Wandel aber war der stilistische Bruch zur Vergangenheit. Echnaton hielt seine Künstler zu Realismus, ja Naturalismus an; Formalisierung und Stilisierung waren verpönt. Aton hieß: absolute Wahrheit. Und Echnaton verkörperte diese Wahrheit in persona. »Wahrheit« war nun auch die Maxime der Kunst. Dem Hofbildhauer Thutmosis wurden idealisierende Verschönerungen an den Porträtbüsten des Königs und an den Darstellungen des königlichen Paares untersagt.

Wie erklärt sich ein solcher ästhetischer Umschwung, der keine private Marotte eines übergeschnappten Mäzens war, sondern politisches Programm war und politischen Notwendigkeiten entsprang? Warum die überaus häufigen Darstellungen von Eheglück und Kindersegen? Welches politische Ziel verfolgte dieses »Familienprogramm«? Sollte mangelnde Legitimität kompensiert werden? Echnaton hatte, wie sein Vater Amenophis III., im Bruch mit der Tradition keine Prinzessin königlichen Geblüts geheiratet, sondern eine »Fremde«. Seinen Anspruch auf den Thron des Pharaos hatte er nicht durch die »weibliche Blutlinie«, sondern durch Mitregentschaft erworben. Gab es andere, besser legitimierte Thronprätendenten, die von den Amun-Priestern unterstützt worden waren? Wurde unerachtet der Familienidylle bereits das Sukzessionsproblem erörtert? Gab es innerfamiliäre Spannungen, die durch die demonstrative Darstellung von Harmonie bemäntelt werden sollten? Und provoziert nicht der hypertrophierte Wahrheitsanspruch geradezu den Verdacht, hier solle etwas verschwiegen werden? Sollte die Forderung, die Welt so darzustellen, wie sie war, die Künstler daran hindern, darüber nachzudenken, wie die Welt eigentlich sein sollte? Von wem ging der ästhetisch-politische Umschwung eigentlich aus – war Echnaton der Initiator, oder war es Nofretete? Hat die Königin, indem sie den krankheitsbedingten Verfall von Echnatons Anatomie und Physiognomie bildkünstlerisch dokumentieren ließ, an ihre eigene Machtübernahme anstelle des voraussichtlich bald regierungsunfähigen Königs gedacht?

Anscheinend kann unser heutiges, an Korruption, Ämterpatronage und Intrigantentum, Lüge und Demagogie politischer Parteien gewöhntes Denken nur schwer einem politischen Vorgang gerecht werden, der 3 300 Jahre zurückliegt. Andererseits gibt das gegenwärtige Bild der Parteien keinen Anlaß, bedeutende zivilisatorische Fortschritte in der Methodik des politischen Handelns zu vermuten. Daher dürfte umgekehrt politisches Denken und Handeln heute nur graduell von dem der alten Ägypter sich unterscheiden.

Der Bildhauer Thutmosis wird sich wohl manchmal über die Wahrheitsanbetung seines Auftraggebers gewundert haben, denn der Pharao kam auf den Porträts gar nicht gut dabei weg. Sie zeigen einen jungen Mann mit charakteristisch vorspringendem Kinn und einem Mund, dessen Lächeln man für zynisch halten könnte. Seine Kopfform haben Neurologen später als Wasserköpfigkeit gedeutet. Im Laufe der Jahre nimmt er auf bildnerischen Darstellungen immer mehr weibliche Proportionen an. Heute glaubt man, daraus eine hormonelle Störung des Fettstoffwechsels diagnostizieren zu können. Wahrscheinlich litt der Pharao auch unter starken Migräneanfällen mit Erbrechen und an von Jahr zu Jahr zunehmenden Hormonstörungen, die seine Sexualität mehr und mehr beeinflußte. Hinzu kamen schwere ödipale Belastungen: Echnaton hat wahrscheinlich längere Zeit mit seiner Mutter Teje geschlafen.

Tejes jüngste Tochter Beketaton war, legt man die Größenverhältnisse auf den altägyptischen Darstellungen als Maßstab zugrunde, etwa so alt wie Nofretetes dritte Tochter Anches-en-pa-Aton, wurde aber, »des Königs leibliche Tochter«, erst vier Jahre nach dem Tod Amenophis III. geboren. Sie muß also die leibliche Tochter eines anderen Königs gewesen sein, und dafür kommt eigentlich nur Echnaton in Frage. Viel spricht dafür, daß Teje, die noch Jahre nach dem Regierungsantritt Echnatons als »Herrin des Hauses« in der diplomatischen Korrespondenz auftaucht, ihrem Sohn »die Schöne, die da kommt« ins Nest gelegt hat, um die enge, zu enge Mutter-Sohn-Beziehung aufzulösen. Augenscheinlich ist das nur unvollkommen gelungen. Teje und Nofretete haben also zwei Pharaonen miteinander geteilt: Vater und Sohn. Alles spricht dafür, daß dies sehr einvernehmlich geschah.

Etwa um diese Zeit hatte Nofretete häufiger nach dem Hofbildhauer Thutmosis schicken lassen. Sie wollte sich in Bildwerken angemessen dargestellt sehen. Sie befand sich auf dem Höhepunkt ihrer Macht und näherte sich, ohne es zu ahnen, dem tiefsten Punkt ihrer Erniedrigung. Der König, selbst kaum mehr fähig, seinen Pflichten als Regent nachzukommen, fand in seiner Frau eine tatkräftige Stütze. Gerade dem Knabenalter entwachsen, war Echnaton immer seltener in der Lage, seine junge Frau sexuell zu befriedigen. Von den sechs Töchtern Nofretetes erkannte er nur die ersten drei als seine Töchter an. Der kurze Honigmond des Paares war vorbei; es ist nicht bekannt, ob es eine Abmachung traf, das den Partnern gegenseitig Unabhängigkeit zusicherte, oder ob die Königin von sich aus eigene Wege ging. Nofretete ließ sich jedenfalls im Norden von Achetaton einen eigenen Palast errichten. Viele Männer haben in den folgenden Jahren das Bett mit der Königin geteilt. Manche haben sich Hoffnungen gemacht, dadurch zu Macht und Einfluß zu gelangen. Auch der Zeremonienmeister Umuhanko, ein wegen seiner Gelehrsamkeit geschätzter Beamter, hatte versucht, Nofretete auf sein Lager zu strecken. »Aber die Königin war wählerisch und der Zeremonienmeister offensichtlich nicht ihr Fall: Er wurde verurteilt, vor einen mit Steinen beladenen Karren gebunden und mit Peitschen in die Wüste getrieben. Zehn Tage hielt er durch, dann brach er tot zusammen.« Diese Episode, die u.a. Philipp Vandenberg in seiner Nofretete-Biographie mitteilt, läßt sich aus einem 1971 bekannt gewordenen Tontafelfund in Amarna rekonstruieren. Andere Freier, von denen wir keine sichere Nachricht kennen, müssen mehr Erfolg gehabt haben; die fünfte und die sechste Tochter tragen in ihrem Namen keine Huldigung an Aton mehr. Ein äußeres Zeichen der Abwendung von Echnaton, oder eine Weisung des Pharaos, weil Nofretetes uneheliche Töchter Atons nicht würdig waren? Wenn Thutmosis, der Bildhauer, in jenen Jahren regelmäßig in den nördlichen Palast gerufen wurde, um seine Königin zu zeichnen – und nicht nur Kopf und Hals – wäre er kein Mann gewesen, hätte ihn »die Schöne, die da kommt« kalt gelassen, und ein Narr, wenn er ihr Bett, wäre es ihm angeboten worden, verschmäht hätte.

Wie groß die Selbständigkeit Nofretetes gewesen sein muß, bezeugt ein archäologischer Fund, der auf außergewöhnliche Weise zustande kam. Mitte der 60er Jahre legte sich ein pensionierter Diplomat, der den überaus charakteristischen Namen Smith trug, ein außergewöhnliches Hobby zu. Ray Winfield Smith aus Pennsylvania hatte sich vorgenommen, alle erreichbaren Bruchstücke des Aton-Tempels zu Karnak zu fotografieren und einen Computer damit zu füttern. Der Tempel war von den Nachfolgern Echnatons zerstört worden, die Bruchstücke waren als Füllmaterial für spätere Bauten verwendet worden; etwa 16000 Blöcke dieses ehemaligen Füllmaterials lagerten in Karnak in einem Schuppen der Altertümerverwaltung, aber seit Beginn der Ausgrabungen in Ägypten waren viele Fragmente auch in verschiedene Museen der Welt und in die undurchschaubaren Kanäle des Antiquitätenhandels gelangt. Dennoch gelang es Smith mit einem Computer damals neuester Bauart, dieses einmalige archäologische Puzzle zusammenzusetzen. Die Sensation: Eine der rekonstruierten Partien zeigte Nofretete, die in ihrem eigenen Prunkwagen eine Ausfahrt unternimmt. »Was aber bedeutet die Rekonstruktion dieser Darstellung?« fragt Philipp Vandenberg. »Es ist ein Beweis für die Eigenständigkeit, mit der die Königin auch ihren Vergnügungen nachging. Bisher war Nofretete in ähnlichen Szenen nur hinter ihrem Gatten Echnaton auf dessen Wagen stehend zu sehen gewesen. Nur der Pharao wurde normalerweise als Wagenlenker dargestellt, galt der Wagen doch als Zeichen der Macht und Demonstration der Stärke ... War Nofretete doch mächtiger, als die Geschichtsschreibung bisher angenommen hatte? War sie sogar einflußreicher als ihr Mann, der gottgleiche Pharao? Oder war Nofretete selbst ein Pharao?«

Die Vorläuferin: Hatschepsut

Nofretete wäre nicht die erste Frau der 18. Dynastie, die über ihre Rolle als »Große Königliche Gemahlin« hinaus zu wirklicher Herrschaft gelangte. Ein Jahrhundert vor ihr lebte eine andere Königin, die zuerst nur die Regentschaft für ihren unmündigen Sohn ausübte, dann aber, einmal an der Macht, über zwanzig Jahre als Pharaonin regierte: Hatschepsut. Diese bedeutende Frau war drei Jahrtausende lang ganz vergessen. Die Zeugnisse ihres Wirkens waren von einem ihrer Nachfolger getilgt worden, die dynastische Abfolge ließ sich anscheinend auch ohne sie rekonstruieren. Wann immer aber die Althistoriker die Chronologie der ägyptischen Pharaonen in Ordnung bringen wollten, stellten sich ihnen Ärgernisse in den

Weg: Unübersichtliche Thronfolgen, verwirrende Erbgänge, Doppelregentschaften. Grundlage der Chronologie sind bis heute die Königslisten, die der jüdische Geschichtsschreiber Flavius Josephus unter Berufung auf den ägyptischen Priester und Geschichtsschreiber Manetho mitteilte. Manetho hatte im 3. Jahrhundert v.u.Z. eine dem König Ptolemaios II. gewidmete Geschichte Ägyptens geschrieben, die nur in Bruchstükken und Auszügen späterer Autoren erhalten blieb; so auch die Königslisten, welche die Namen der Pharaonen in griechischer Form (also Amenophis statt Amenhotep) wiedergaben. Noch heute kennen wir die meisten Pharaonen unter diesen, durch Manetho und Flavius Josephus überlieferten, griechischen Namen.

Hatschepsut war eine Tochter des Pharaos Thutmosis I. und der »Königsschwester« Ahmose. Sie war eine Enkelin jener Heldenkönige Kamose und Achmose I., die gegen die Fremdherrschaft der Hyksos aufgestanden waren und das Land befreit hatten. Seit dieser Zeit wurde die Erbfolge auf der »weiblichen Blutlinie« weitergegeben; die Erbprinzessinnen regierten in aller Regel nicht selbst, wer sie aber heiratete, wurde der legitime Herrscher. »Thutmosis I., der Vater Hatschepsuts, war weder Sohn noch Bruder seines Vorgängers Amenophis' I., und ob er überhaupt mit dem Königshaus verwandt war, ist umstritten«, schreibt Peter H. Schulze in seiner Monographie über die Pharaonin. »Amenophis I. hatte ihn nach dem Tod seines einzigen Sohnes mit seiner jüngsten Schwester Ahmose verheiratet, ihn damit zum Thronerben bestimmt und legitimiert. Die Legitimierung durch die Hochzeit mit der Erbprinzessin ist insbesondere in dieser Dynastie, in der die weibliche Blutlinie allein über die Legitimität entscheidet, wichtigstes Erfordernis.«

Hatschepsut heiratete ihren Halbbruder Thutmosis II. Er war damit als Nachfolger seines Vaters legitimiert; er regierte jedoch nur drei Jahre. Verblüffende Übereinstimmung mit Nofretete: Auch Hatschepsut war älter als ihr königlicher Gemahl, auch sie wurde, da Thutmosis II. weder durch körperliche Konstitution noch durch politische Tatkraft im Königsamt überzeugte, zunehmend mit Regierungsangelegenheiten der Weltmacht Ägypten konfrontiert. Auch Hatschepsut brachte nur Töchter zur Welt – zumindest von einer, Nufrure, weiß man sicher, eine zweite, Meritre-Hatschepsut, die später Thutmosis III. heiratete, wurde ihr zugeschrieben, obwohl man bislang keinen Beweis für diese Abstammung gefunden hat –, während der Pharao mit einer Nebenfrau auch einen Sohn zeugte, der Thutmosis genannt wurde. Auch Hatschepsut verlor, wie Nofretete, eine Tochter, bevor diese dem Kindesalter entwachsen war. Auch zwischen Hatschepsut und dem Pharao kam es zu einer schweren Eintrübung ihrer familiären Harmonie, was höchstwahrscheinlich damit zu tun hatte, daß Thutmosis II. seinen kleinen Sohn als Nachfolger einsetzte. Auch Hatschepsut umgab sich mit einer Reihe tatkräftiger Männer, die ihre Berater wurden, und einige von ihnen fielen in Ungnade und wurden vermutlich beseitigt.

Nach dem frühen Tod des Pharaos übernahm Hatschepsut, die »Große Königliche Gemahlin«, die Regentschaft für den unmündigen Kindkönig Thutmosis III. »Daß die Königinmutter für den unmündigen König die Regentschaft ausübte, war nichts Außergewöhnliches für die Ägypter. In der Vergangenheit bis zurück zu den ersten Dynastien hatte es immer wieder solche Fälle gegeben. Keine dieser Fürstinnen aber ist, nach allem, was wir wissen, so allgemein als Herrscherin anerkannt worden, hat so weitgehende Macht ausgeübt und das auch so deutlich gezeigt wie Hatschepsut.« Schon im 2. Regierungsjahr ihres Stiefsohns läßt sie sich selber zur Pharaonin krönen, mit allen traditionellen Insignien und unter Beachtung aller notwendigen Riten. Da diese auf den *König* als männliches Wesen bezogen waren, wurde von Hatschepsut nicht selten die Kunst der Travestie verlangt. Philipp Vandenberg ist vielleicht ein bißchen voreilig, wenn er aus der Hatschepsut zugeschriebenen Mumie und den wenigen bildlichen Darstellungen, die der späteren, systematischen Zerstörung entgangen sind, Physiognomie, Charakterbild und Persönlichkeitsprofil der Königin entwirft: »Ihr Gesicht ist beinahe zierlich, nur die leicht gekrümmte Nase hat einen derben, männlichen Einschlag. Ihr Busen ist kaum entwickelt, ihre Figur ist schlank, beinahe feingliedrig, wie die einer Kreterin. Möglicherweise war Hatschepsut lesbisch. Denn mit Machtanspruch allein ist kaum zu erklären, daß diese Frau in Männerkleidern herumlief, sich einen falschen Bart anklebte und sich nur noch als ›Herr‹ der beiden Länder, als ›er‹ anreden ließ. In dieser Hinsicht war sie sicher kein Ebenbild für Nofretete.«

Eine Frau an der Spitze einer Weltmacht! Bis heute ist den Historikern der Schock anzumerken, den die Entdeckung dieser Tatsache ihnen verursacht hat. Wir wissen nicht, ob es ein einsames oder ein erfülltes Leben war, das sie führte, oder ob sie die Einsamkeit der Macht vielleicht sogar als Erfüllung empfand. Es ist jedenfalls kein Leben in Müßiggang gewesen. Was unter ihrer Regentschaft an Baudenkmalen geschaffen wurde, sucht in Ägypten seinesgleichen. Vielfach wurde Hatschepsuts nachgerade pazifistische Politik – teils lobend, teils tadelnd – herausgestrichen. »Sehr wahrscheinlich ist das Bestreben so vieler Historiker und Ägyptologen, Hatschepsuts Regierungsprogramm als besonders friedfertig, unmilitärisch und kriegslos darzustellen ... psychologisch aus dem zu erklären, was die Geschlechterpsychologie ›Sexualkomponente‹ nennt, daß nämlich Männer Frauen anders beurteilen als ihre Geschlechtsgenossen – und umgekehrt, und daß hierzu auch ein festgefahrenes Rollenspiel von ›typisch männlich‹ und ›typisch weiblich‹ gehört«, argumentiert Peter H. Schulze. Ganz so pazifistisch und »typisch weiblich« ist aber Hatschepsuts Politik nicht gewesen. Denn nachweislich nahm sie mehrfach an Kriegszügen teil, setzte die imperiale Politik ihres Vaters fort und bereitete der ihres Stiefsohnes und Mitregenten den Boden.

Warum aber wurden ihre Bildwerke zerstört, ihr Name ausgemeißelt, die Erinnerung an sie ausgelöscht? Wer hatte ein Interesse daran? Auf den ersten Blick schien alles ganz einfach: Thutmosis III. hatte, aus Haß gegen seine Stiefmutter, die so lange an seiner Stelle regiert und den tatendurstigen jungen Mann unterdrückt hatte, die Königin Hatschepsut im 22. Jahr ihrer Regierung ermordet und ihr Andenken tilgen lassen. Hier hat die Schablone zutiefst patriarchalischen Denkens die Ansichten der Historiker gelenkt. Bei genauerem Hinsehen findet man aber weder für den gewaltsamen Tod von Hatschepsut einen Beleg, noch läßt sich die Vermutung stützen, Thutmosis III. habe seine Stiefmutter mit besonderem Haß verfolgt, denn an einigen sehr wichtigen Stellen, die einem haßerfüllten Nachfolger keineswegs entgangen wären, sind Kartusche und Name der Königin erhalten geblieben. Zwischen Hatschepsuts Tod und der Auslöschung ihres Andenkens liegt ein beträchtlicher Abstand. Die Vorstellung, Thutmosis habe nach einem Vierteljahrhundert in einer plötzlichen Zornesaufwallung das Andenken seiner Stiefmutter ausgelöscht, ist absurd. Ein anderer Pharao aber hatte Anlaß, das Andenken an Hatschepsut zu fürchten – und zwar aus dem entscheidenden Grund der Herrschaftslegitimierung: Amenophis III., der Vater Echnatons. »Er ist nämlich der erste König der 18. Dynastie, der mit dem bisherigen ›Hausgesetz‹ der Dynastie bricht, wonach Thronfolger nur der sein konnte, der die Erbprinzessin heiratete.« Er hatte keine Erbprinzessin geheiratet, sondern Teje, die Tochter eines hohen Beamten. Dieser Bruch des Erbfolgerechts, das aus uralter Zeit stammte und im Bewußtsein des Volkes in Zusammenhang mit den Heldenkönigen und Hyksosbezwingern stand, hob auch das Amt der Gottesgemahlin des Amun auf und schwächte damit Macht und Einfluß der Priesterschaft dieses Gottes. »Liegt hier vielleicht der wahre Grund für die Auslöschung Hatschepsuts: Der Versuch eines Königs, zur Legitimation seiner Nachkommen als Thronfolger eine neue Erbregel – die Mitregentschaft anstelle der weiblichen Blutlinie – durchzusetzen und dazu die alte ›mutterrechtliche‹ vergessen zu machen, von der rundum im Lande Denkmäler einer Frau berichteten, unter welcher die mutterrechtliche Erbfolge gar in die Herrschaft einer Frau umgeschlagen war?« Bei dieser Deutung gewinnt auch der entscheidende Bruch, den Echnaton mit dem Amuns-Kult und seiner Priesterschaft vollzog, die Logik geschichtliche Kontinuität. Wenn Amenophis III. die Stellung der Amunspriester zugunsten der Mitregentschaft seines Sohnes erschütterte, könnte es dazu gekommen sein, daß diese die Legitimität des Nachfolgers nicht anerkannten und einen eigenen Thronprätendenten präsentierten. Vielleicht waren das die »schlimmen Ereignisse«, von denen die Chroniken aus Echnatons viertem Regierungsjahr berichten.

Das Ende einer Dynastie

Im zwölften Regierungsjahr ließ Echnaton zum letzten Mal die gesamte königliche Familie auf einem Bild darstellen; Nofretete ist darauf mit ihren sechs Töchtern zu sehen. Doch ihr Stern war im Sinken. Im folgenden Jahr erwählte sich Echnaton den Jüngling Semenchkare zum Gespielen und machte ihn zum Mitregenten. Das Zerwürfnis mit Nofretete war gründlich, aber dies war nicht der einzige Grund, warum Echnaton begann, seine »Große Königliche Gemahlin« aus Bildwerken und Inschriften tilgen zu lassen. Wieder ging es um die Legitimierung des designierten Nachfolgers durch Mitregentschaft statt durch weibliche Blutlinie. Um ganz sicher zu gehen, d.h.

eventuelle Ansprüche seiner Töchter auszuschließen, verheiratete er eine von ihnen, seine Älteste Meritaton, fast noch im Kindesalter mit Semenchkare. Nofretete mußte die Rolle der First Lady an Meritaton abtreten. Aber es sollte noch schlimmer kommen. Echnaton nahm seiner Frau alle Titel und Ehrennamen weg und übertrug sie auf seinen Geliebten und Mitregenten. So kam es, daß man das 14. Regierungsjahr für Nofretetes Todesjahr gehalten hat. Aber Nofretete lebte noch. Herrschte Bürgerkrieg in Ägypten, in dem die königlichen Gemahle einander die Anerkennung versagten? Gab es eine Art Doppelherrschaft?

Im nördlichen Palast ging der Hofbildhauer Thutmosis ein und aus. Er arbeitete an den letzten und besten Bildnissen seiner geliebten Königin, die er nicht mehr vollenden würde, und er verbarg in den Regalen seiner Werkstatt, was nicht für die Öffentlichkeit bestimmt war und nicht der offiziellen Vernichtung anheimfallen sollte. Die farbige Porträtbüste war die große Herausforderung. In ihr transzendierte Nofretetes erotisches Flair ins Übersinnliche. Der Bildhauer verbrachte Tage und Nächte mit der Königin. Wir behaupten das kühn, weil das Bildnis uns sagt, Thutmosis habe so viel über sie erfahren, was er anders niemals hätte herausbringen können. Oder klarer: Es gäbe diese Büste nicht, wenn er nicht mit ihr geschlafen hätte. Aber Nofretete dankte es ihrem treuen Bildhauer schlecht. Für sie war er am Ende dennoch nur ein Handwerker, Untertan, unebenbürtig. Thutmosis wurde verstoßen, abgewickelt, fiel in Ungnade; was immer zwischen den beiden geschah, wir wissen nur, daß er die Arbeit an seinem Meisterwerk nicht vollendete. Vielleicht aus Enttäuschung, vielleicht aus Rache an der Schönen, die ihn verstieß, vielleicht auch nur aus Lustlosigkeit, weil die Auftraggeberin die Arbeit nicht abnehmen wollte, verstümmelte er das vollendet schöne Gesicht, indem er das linke Auge einfach nicht mehr vollendete. Deshalb haben Professor Borchardt und seine Männer im Dezember 1912 ganz umsonst Wagenladungen voller Sand nach dem fehlenden Auge durchgesiebt. Sie suchten, was es nie gegeben hatte.

In seinem 17. Regierungsjahr, 1347 v.u.Z., kurz nach seinem Mitregenten Semenchkare, starb der kranke Pharao Echnaton, noch nicht dreißig Jahre alt. Der Nachfolger *Tut-ench-Aton*, ein leicht zu beeinflussender Jüngling, ließ sich von den Großen des Reiches überreden, die sündige Stadt Achetaton aufzugeben und sich wieder den Amun-Priestern zu unterwerfen. Folgsam nahm er den Namen *Tut-ench-Amun* an, doch an der Rückseite seines Thronsessels hatte Thutmosis, in einem konspirativen Akt des Widerstandes, die vielstrahlige Sonnenscheibe, das Symbol des Aton angebracht. Noch als junger Mann fiel der König einer Verschwörung zum Opfer.

Nofretete, die zu dieser Zeit das Spiel um die Macht verloren gab, wollte ihre Stadt nicht mehr verlassen. Sie saß, vermutlich ziemlich allein, in ihrem Palast am Rande einer Geisterstadt. Neben wenigen Getreuen ist auch Thutmosis in Achetaton geblieben. Sein Leben war zu eng mit der Kunstperiode Echnatons und Nofretetes verwoben, als daß er noch einmal von vorn beginnen wollte. Er wird in der Stunde von Nofretetes Tod im nördlichen Palast sein und der unerreichbaren Geliebten die Totenmaske abnehmen. Dann wird er seine Werkstatt abschließen und durch die Wüste davongehen. Auf einem der Regale steht die farbige Büste Nofretetes. Wüstensand wird durch die Wände der Werkstatt wehen, die immer mehr zerfallen. Sand wird sich überall anlagern. Und die eifrigen Ameisen und anders Getier werden alles zernagen, was noch aus Holz ist. Bis eines Tages auch das Regal zusammenbricht und die Büste kopfüber in den Sand fällt, wo sie bis zum 6. Dezember 1912 liegenbleiben wird. Und darauf wartet, Zeugnis von einer vergessenen Königin zu geben. Dreieinviertel Jahrtausende lang.

Die keusche Hure: Kleopatra

Im Herbst des Jahres 48 v.u.Z. erschien zu Alexandria der sizilianische Teppichhändler Apollodorus vor dem römischen Feldherrn Gaius Julius Caesar und behauptete steif und fest, einen Teppich von staatspolitischer Wichtigkeit ausrollen zu müssen. Wichtig war indes nicht der Teppich, sondern die Frau, die darin eingewickelt war: Kleopatra, Königin beider Ägypten.

Am 2. Oktober 48 v.u.Z. hatte Caesar mit zehn Kriegsschiffen, dreieinhalbtausend Mann Infanterie und achttausend Reitern Alexandria besetzt. Man war mitten im schönsten Bürgerkrieg. Ägypten, das damals als reichstes Land der Welt galt, wurde in diesen Krieg hineingerissen. Obwohl formell unabhängig, waren seine strategische Lage, seine Reichtümer und die komplizierte Erbfolge geradezu eine Einladung an ausländische Mächte, sich einzumischen. Hinzu kamen Thronwirren – in Ägypten offenbar eine Art Urerbe, das alle Herrschergeschlechter einholt. Wenn Ptolemaios XIII., ein Kind noch und von ehrgeizigen Höflingen gelenkt, Caesar mit der Ermordung des Pompeius von Ägypten fernzuhalten hoffte, irrte er. Caesar fand der Vorwände gleich zwei für den Einmarsch: Er präsentierte alte Geldforderungen sowie das Testament des vorigen Königs, demzufolge Ägypten von Ptolemaios XIII. und seiner Halbschwester Kleopatra VII. gemeinsam regiert werden sollte. Kleopatra aber hatte ein Jahr zuvor ihren Thron verloren und sich nach Palästina zurückziehen müssen. Caesar rief sie zurück, doch die Armee des Halbbruders blockierte den Landweg und seine Flotte die Zufahrten zur See. »Aber Kleopatra brachte den Hafenbewacher / durch Bestechung dazu, die Ketten herunterzulassen;/ ohne daß Caesar es wußte, fuhr sie zum Schlosse in einer / Barke – Ägyptens Schandfleck, Latiums Göttin der Rache,/ Hure zum Unheil Roms«, schreibt der Dichter Lucan im X. Buch seines *Bürgerkriegs*.

Einer anderen Quelle zufolge – das ist eigentlich die schönere Geschichte – war es der Kaufmann Apollodorus, der sie durch die Sperren schmuggelte. Wie auch immer, er gelangte in den Palast und wurde von Caesar empfangen. In diesem Augenblick – als der Teppich ausgerollt ward – trat eine junge Fürstin von höchstens marginaler Bedeutung in die Weltgeschichte ein.

Als Kleopatra ihre Ansprüche darlegt, hat sie allen Grund, den mächtigsten Mann des Erdkreises für sich einzunehmen. Nur so kann sie Ägypten einen Rest Eigenständigkeit bewahren und das waffenstarrende Imperium romanum vielleicht sogar mit einem Hauch hellenistischer Kultur infiziert werden. Genau das war es, was die (ägyptische) Mitwelt und die (römische) Nachwelt ihr übel nahmen. »Solchen Mut verlieh ihr die Nacht, die als erste den Feldherrn / Roms mit der schamlosen Erbin der Ptolemaier vereinte«, keift mit moralinsaurem Schaum vorm Mund Lucan. Der zweiundfünfzigjährige Caesar unterliegt sofort dem Sex-Appeal der einundzwanzigjährigen Königin, wie auch diese dem Charme des berühmten Mannes nicht widerstehen kann. »Schwerlich hätte ihr Flehen Caesar erweicht. Doch ihr Antlitz / half ihr, die lockende Schönheit errang den Erfolg. Und die ganze / Nacht verbrachte sie mit dem Richter, den sie bestochen.« Lucan übersieht, daß der Feldherr eigennützige Interessen in Ägypten verfolgte. Das hinderte Caesar nicht, sofort mit Kleopatra ins Bett zu gehen. Als Ptolemaios in Alexandria eintrifft, findet er das Paar in heftigsten Liebeshändeln und weiß, was die Glocke geschlagen hat. Obwohl alle drei, die Königin, ihr Halbbruder und Caesar, offiziell in verschiedenen Flügeln des Palastes untergebracht sind, bleiben Geturtel, Kichern und Lustgestöhn niemandem verborgen.

Caesar hält sich neun Monate in Ägypten auf. Er muß völlig den Verstand verloren haben, er setzt alles aufs Spiel, was er bei Pharsalos, wo er Pompeius entscheidend schlug, gewonnen hatte. Er ist blind vor Liebe und schätzt die politischen Verhältnisse falsch ein. Ägypten in ptolemäischer Zeit wurde von einer griechischen Oberschicht regiert, die ihre Bestimmung darin sah, die Kultur der alten Pharaonen im Nildelta fortzusetzen. Das römische Auftrumpfen im Mittelmeerraum hielt sie für etwas Barbarisches. Die Arroganz der Römer, die überall siegten und die politische Schwachheit der Griechen verspotteten, machte sie im griechischen Kulturkreis nicht eben beliebt.

Mittlerweile ist eine 20000 Mann starke ägyptische Armee in Alexandria eingerückt und eine Flotte von 70 Schiffen vor dem Hafen aufgezogen. Caesar mit seinen schwachen militärischen Kräften wird in seinem Palastbezirk regelrecht belagert. Für Kleopatra keine leichte Zeit. Die Nächte verbringt sie mit Caesar, und tagsüber ist sie bei seinen Soldaten und Schiffsbesatzungen und motiviert sie für den Kampf gegen den überlegenen Gegner. Um sich vor der Übermacht zu schützen, muß Caesar den Hafen und die Docks anzünden lassen. Von dort springt der Brand auf die berühmte alexandrinische Bibliothek über. Caesar wechselt, um nicht gänzlich von der See abgeschnitten zu werden, im Schutz der Feuersbrunst die Stellung und verschanzt sich auf der Insel Pharos, wo der berühmte, 110 Meter hohe Leuchtturm steht, eins der sieben Weltwunder der Antike. Die Kämpfe ziehen sich hin. Ende Dezember 48 v.u.Z., als noch nichts entschieden ist, bemerkt Kleopatra zum ersten Male, daß sie schwanger ist. Schließlich gelingt es Caesars Vertrauten, aus Syrien und Kilikien eine Entsatzarmee heranzuführen. In einer zweitägigen Schlacht wird das ägyptische Heer Ende März 47 v.u.Z. vernichtend geschlagen. König Ptolemaios XIII. ertrinkt auf der Flucht. Der triumphierende Caesar setzt Kleopatra auf den ägyptischen Thron und an ihre Seite, um dem Testament formell zu genügen, einen weiteren Halbbruder, der als XIV. Ptolemaios numeriert wird.

Schnell vergißt der Feldherr, daß er haarscharf an einer Katastrophe vorbeigeschrammt ist. Obwohl nun wirklich alle ägyptischen Geschäfte erledigt, der ptolemäische Herrschaftsbereich neu gegliedert und der römische Einfluß gefestigt sind, in anderen Reichsteilen dringende Aufgaben warten, schifft sich Caesar, seit Dezember von Rom abgeschnitten, mit seiner schwangeren Geliebten auf deren Staatsbarke ein und nimmt die Huldigungen Oberägyptens entgegen. Napoleon hat diesen zwei Monate dauernden, verträumten Ausflug »erstaunlich« genannt, und Generationen von Historikern haben nach einer rationalen Erklärung für die lange Nilreise gesucht. Es gibt sie nicht. Aber es gab zwei Gründe, die alles ganz einfach erklären: Kleopatras Sex-Appeal ist der eine, ihr ungeborenes Kind der andere. Dies als hinreichende Begründung zu akzeptieren, können Historiker der Neuzeit, die in Staatsmännern lieber Terminatoren des Weltgeistes sehen statt Menschen aus Fleisch und Blut, nur schwer sich entschließen.

Caesar wäre am liebsten bis zur Niederkunft geblieben, aber die eintreffenden Nachrichten aus Nordafrika, Spanien, Kleinasien und schließlich aus Rom selbst machen den Aufbruch unabwendbar. Ende Juni, spätestens Anfang Juli geht er nach Syrien, um die Lage im Osten zu stabilisieren. Caesarion, der *kleine Caesar* oder *Caesars Sprößling,* kommt Anfang September zur Welt. Kleopatra begeht dieses Ereignis mit einer Münzprägung.

Im Frühjahr 46 v.u.Z. kehrt Caesar nach Rom zurück. Der Senat hatte ihm für seine Siege vier Triumphe bewilligt, die nacheinander spektakulär gefeiert werden. Fünf Tage ist Rom im Vollrausch, und es fehlt nicht an obszönen Liedern und drastischen Satyrspielen, die Caesars nicht nur diplomatischen Beziehungen zur ägyptischen Königin aufs Korn nehmen. Unmittelbar nach den Feierlichkeiten trifft auch Kleopatra in Rom ein. Viele einflußreiche Römer aus den besten Familien antichambrierten bei ihr, darunter auch einer, der als Caesars

Stellvertreter die Reiterei befehligt: Marcus Antonius. Bald schwirren die seltsamsten Gerüchte durch Rom: Caesar habe die Absicht, die Hauptstadt des Reiches nach Alexandria zu verlegen. Andere munkeln etwas von Troja, weil die Julier ihre Abstammung auf das trojanische Königshaus zurückführten. Angeblich wolle Caesar Kleopatra heiraten, andere meinen, er habe eine heimliche Ehe mit ihr geschlossen und sei ein Bigamist. Wieder andere behaupten, ein spezieller Gesetzesakt solle Caesar erlauben, so viel Frauen, wie er wolle, zu heiraten und Nachkommen und Nachfolger zu zeugen. Der rationale Kern dieser Gerüchte: Kleopatra hatte Caesar mit dem östlichen Virus infiziert. Sein Interesse am östlichen, griechisch beeinflußten Kulturkreis nahm zu; er sah sich als Testamentsvollstrecker Alexanders des Großen, und in der Tat betraf seine letzte große operative Planung, die er nicht ohne aktive Beteiligung der kenntnisreichen und klugen Kleopatra vornahm, einen großangelegten Feldzug über die Ostgrenzen des Reiches hinaus. Für die Planung blieben dem Paar nur fünf Monate. Die Ausführung verhinderten, im Iden des März, die Dolche der Verschwörer.

Einen Monat nach Caesars Ermordung reist Kleopatra zurück nach Ägypten. Die Begleitumstände und der psychische Druck, unter dem sie steht, sind unerfreulich. Auf der Reise erleidet sie eine Fehlgeburt; es wäre Caesars zweites Kind gewesen.

Das Imperium fällt erneut in Bürgerkriegschaos zurück. Um die Caesarmörder nieder- und die Stabilität im Reich aufrecht zu halten, begründen Caesars Adoptivsohn Octavian, Lepidus und Marcus Antonius das zweite Triumvirat, das »Dreimännerkollegium zur Ordnung des Staates«. Antonius bekommt die östliche Staatshälfte. Und nachdem er die Caesarmörder entscheidend bei Philippi geschlagen hat, beginnt er sich im Osten einzurichten und befiehlt als erstes die Königin Kleopatra zu einem Treffen nach Tarsus in Kilikien. Kleopatra ziert sich.

Sie will demonstrieren, daß sich eine ptolemäische Königin nicht einfach herumkommandieren läßt, reist aber doch. In Tarsus verwandelt sie den Befehl des Römers in eine Einladung an den siegreichen Feldherrn. Ihr Gastmahl bezaubert den geltungsbedürftigen Antonius durch besonderen Luxus und prachtvolle Illumination. Das wichtigste Resultat aber ist: Kleopatra schlägt durch den gezielten Einsatz ihrer sinnlichen Reize den derzeit mächtigsten Römer in ihren Bann. Nachdem sie scheinbar vom Welttheater abgegangen war, betritt sie die Bühne erneut. »Ihre Schönheit war«, wie Plutarch anmerkt, »an und für sich nicht so ganz unvergleichbar noch von der Art, daß sie gleich beim ersten Anblick Aufsehen erregen konnte. Allein der genauere Umgang mit ihr hatte einen unwiderstehlichen Reiz, und ihre Gestalt, verbunden mit der einnehmenden Unterhaltung und den in ihrem ganzen Betragen sich zeigenden feinern Sitten, machte immer einen tiefen Eindruck.« Kleopatra lockt Antonius in ihr Bett und wird hoffentlich Freude an ihm gehabt haben. Nach Plutarchs Schilderung hatte er »ein edles Äußeres voller Würde. Der schön gewachsene Bart, die breite Stirn, die Krümmung der Nase schien seinem Gesichte jenes männliche Aussehen mitzuteilen, welches man an den Gemälden und Bildsäulen des Herkules wahrnimmt«. Marcus Antonius war außergewöhnlich eitel, was seine körperlichen Vorzüge betraf. Seine Intelligenz hingegen, obwohl durchaus in nennenswertem Umfang vorhanden, kam selten zum Tragen, weil Antonius zu gründlicher Analyse nicht fähig und zu systematischem Arbeiten zu faul war. Insofern wäre er der ideale Partner für Kleopatra, wenn es ihr gelänge, ihn sexuell zu beherrschen und geistig zu lenken.

Marcus Antonius verbringt den Winter 41 auf 40 v.u.Z. bei Kleopatra. Anders als Caesar, der als römischer Feldherr und Konsul eingezogen war und die Alexandriner gegen sich aufgebracht hatte, kommt Antonius als Privatmann in die Stadt. Doch Antonius verläßt Ägypten im Frühjahr 40 v.u.Z., als er Nachrichten über die militärischen Aktivitäten der Parther bekommt. Überdies haben sich nicht nur einige Klientelfürsten von Rom gelöst, sondern römische Truppen selbst, darunter zahlreiche Gegner Caesars, sind zu den Parthern übergegangen. Aber des Ärgers noch nicht genug. Aus Rom muß er hören, daß seine Frau und sein Bruder eine Verschwörung gegen Octavian angezettelt haben. Das bedeutete eine ernsthafte Belastung des Verhältnisses zwischen dem Caesar-Adoptivsohn und Antonius. Angesichts der düsteren Wolken am politischen Horizont hat Antonius keinen Nerv für Kleopatra. Er verläßt sie beinahe überstürzt und bleibt ihr dreieinhalb Jahre fern.

Währenddessen schließt Antonius mit Octavian den Vertrag von Brundisium, in dem sie sich beide wieder aussöhnen. Und um das Bündnis zu besiegeln, heiratet Antonius – seine erste Frau Fulvia ist inzwischen gestorben – Octavians Schwester Octavia. Diese Nachricht kommt bei Kleopatra nicht gut an, denn um die gleiche Zeit schenkt sie Zwillingen das Leben – Antonius' Kindern –, denen sie die Namen Alexander Helios und Kleopatra Selene gibt. Ein politisches Programm steht hinter diesen Namen.

Aber bald schickt Marcus Antonius seine Frau nach Rom zurück und segelt nach Syrien zu Kleopatra. Wieder beginnt eine Zeit, in der politische Verhandlungen sich mit heißen Liebesnächten und prunkvollen Gastmählern abwechseln. Kleopatra bekommt wichtige Gebiete Vorder- und Kleinasiens – das Ptolemaierreich hat wieder die Ausdehnung, wie in seinen besten Tagen. Es sind vorderhand realpolitische Erwägungen, die Antonius zur Neuordnung der Landkarte bewegen. Die waldreichen Gebiete Kleinasiens zum Beispiel, die er Ägypten angliedert, sollen dazu dienen, eine starke Flotte aufzubauen, denn Ägypten hat zwar gute Seeleute und ausreichend Ruderer, aber kaum eigenes Bauholz.

Mitte Mai 36 v.u.Z. bricht Antonius zu einem Feldzug nach Medien und Armenien auf: Zu spät im Jahr für einen so komplizierten und langen Marsch. Römische Kritiker haben den späten Aufbruch darauf geschoben, daß sich Antonius nicht aus den Armen Kleopatras habe lösen können, die damals wieder im vierten oder fünften Monat schwanger war. Der Feldzug endet mit einer Katastrophe; durch Seuchen und aufreibende Gefechte und schließlich durch den überstürzten Rückzug aus dem winterlichen Armenien verlieren die Römer 30 000 Mann, mehr als zwei Fünftel der Armee des Antonius. Dem zurückkehrenden Feldherrn macht man schwere Vorwürfe. Antonius braucht Kleopatra jetzt nötiger denn je, denn er muß Ausrüstung, Furage und Kriegskasse aus Ägyptens Wirtschaft ergänzen. Und obwohl ihr eigentlich nichts unsympathischer ist als Erfolglosigkeit, hält sie zu Antonius, denn wer sonst sollte ihr den Besitzstand garantieren, den sie gerade erreicht hat.

Währenddessen verlagerte sich das Gleichgewicht im Triumvirat allmählich auf die Seite Octavians. Er hatte seinen Konkurrenten im Westteil des Imperiums, Lepidus, kurzerhand zum Rücktritt gezwungen, und er verweigerte Antonius die 20 000 Soldaten, die er ihm versprochen hatte – er begann in seinen Händen die Kräfte zu konzentrieren, die sich früher oder später unweigerlich gegen Antonius richten mußten. Das erkannte Kleopatra mit sicherem weiblichen Instinkt viel früher als Antonius selbst. Statt der 20 000 Soldaten schickte Octavian im Frühjahr 35 v.u.Z. 2 000; was wie eine noble Geste aussah, war in Wirklichkeit eine Beleidigung. In Rom aber kostete die geschickte Propaganda Octavians Antonius immer mehr Anhänger.

Nach seinen erfolgreichen Operationen im Jahr 34 v.u.Z. begeht Antonius den Fauxpas, in Alexandria einen Triumphzug zu veranstalten. Damit kommt er zwar in Ägypten gut an – Kleopatra tritt im Isis-Kostüm auf und Antonius erscheint als Verkörperung des Osiris –, aber in Rom, wo man den Triumph des siegreichen Feldherren als stadteigenes Privileg betrachtete, ist er nun endgültig unten durch. Nach dem

Triumphzug und allen rauschenden Festen und Liebesnächten ordnet Antonius abermals die östlichen Reichsteile neu. Seine Kinder mit Kleopatra werden zu Königen über bestimmte Provinzen des Ptolemäerreiches ernannt, obwohl sie noch kleine Kinder sind. Caesars Sohn aber, unter dem Titel Ptolemaios XV. Caesar, wird ebenso wie seine Mutter zum König bzw. zur Königin der Könige erhoben. Wie schon vor drei Jahren scheut er sich nicht, römische Gebiete zu Kleopatras Gunsten abzutreten. Doch diesmal will Octavian weder hinnehmen, daß Antonius römische Provinzen an seine ägyptische Konkubine verschenkt, noch Ptolemaios XV. Caesar akzeptieren. Octavian ist seinerseits sehr darauf bedacht, als einziger Erbe Caesars zu gelten. Der Kampf zwischen den Triumvirn war unvermeidlich geworden. Letztlich entschiede sich, ob die Welt in den kommenden Jahrtausenden in östlicher oder in westlicher Richtung drehen würde.

Als die Auseinandersetzungen an der griechischen Küste des ionischen Meeres beginnen, ist der Krieg bereits nach kurzer Zeit strategisch für den Westen entschieden, lange schon vor der berühmten Schlacht bei Actium. Alle Verbündeten fallen von Antonius ab. Im folgenden Jahr besetzt der Sieger Ägypten. Antonius nimmt sich das Leben und wenig später auch Kleopatra. Über ihren Selbstmord sind viele Gerüchte und Legenden verbreitet worden. Nach und nach einigten sich alle auf Gift als Todesursache, und mehrheitlich folgt man der Variante vom Schlangenbiß.

Aus Octavian ist schon ein Caesar geworden, der Alleinherrscher, der alle Konkurrenten aus dem Feld geschlagen hat. Sein Blick auf die Dinge bestimmt von nun an das Bild der Geschichte. Seine Schreiberlinge sind es, die noch nachträglich Kleopatra verleumden, wo sie nur können. Das Bild von der babylonischen Hure ist eine Erfindung der Sieger. In Wirklichkeit hat sie nur zwei Männer geliebt. Es waren die mächtigsten Männer des Erdkreises. Wenn es stimmt, daß Macht erotisch macht, dann sind Kleopatra und ihre Liebhaber ein klassisches Beispiel dafür. Der eine wurde ermordet. Des anderen Ehrgeiz ließ einen dritten mächtiger werden als ihn, und er unterlag. Für einen Moment mag Kleopatra daran gedacht haben, auch den dritten zu verführen. Aber ihre Kräfte waren verbraucht, und ihre Sinnlichkeit vermochte nicht mehr zu fesseln wie ehedem. Für einen historischen Moment hatte die Geschichte an ihrem Bett gestanden und überlegt, ob sie einen anderen Verlauf nehmen sollte. Dann hat sie sich eines Schlechteren besonnen und ist verlaufen so, wie wir sie kennen.

Die lustigen Witwen: Fredegunde und Brunechilde

Die Geschichte des Frankenreiches vor Karl dem Großen ist arm an äußerlichen Glanzpunkten: Nicht Kaiserkrönungen noch imperiale Eroberungen verzeichnen seine Annalen; statt dessen den ununterbrochenen Wechsel von blutigen Grausamkeiten und grausigen Bluttaten; eine nationalgeschichtlich gesinnte Historiographie konnte sich kaum mit Sinn des merowingischen Frankenreichs erinnern.

Das Klima ist rauh in der Morgendämmerung des frühen Mittelalters. Die Franken sitzen in Frankreich, die Westgoten in Spanien, die Ostgoten haben den Odoaker, die Byzantiner die Ostgoten und die Langobarden die Byzantiner aus Italien vertrieben; die Vandalen sind in Nordafrika seßhaft geworden, wo sich ihre Spur verliert, nachdem sie dem byzantinischen Feldherr Belisar unterlegen sind und nachdem schließlich die Araber die gesamte afrikanische Mittelmeerküste überrannt haben und, die Westgoten vor sich hertreibend, auf die iberische Halbinsel vordringen. Vom Ende der Burgunder gibt das Nibelungenlied dunkle Kunde. Seit dem letzten Viertel des 4. Jahrhunderts verdunkelten die Reiterscharen der Hunnen den Horizont des Imperium Romanum; ihr Vordringen aus den östlichen Steppen setzt die germanischen Völkerschaften in Bewegung, die bislang im Vorfeld des römischen Limes gesiedelt haben; als Bugwelle der Hunneninvasion brachten sie das Gefüge des weströmischen Staatswesens innerhalb eines Jahrhunderts zum Einsturz.

Unser Wissen der fränkischen Geschichte unter den Merowingern stützt sich auf systematische archäolgische Grabungen ebenso wie auf Zufallsfunde. Außerdem schöpfen wir aus Legenden und aus den wenigen schriftlichen Geschichtsquellen; daß diese noch zum größeren Teil auf jenen basieren und Sagen und Legenden fortschreiben, macht die Sache nicht einfacher. So führt die Chronik des Fredegar, eine Sammlung der wichtigsten Quellen merowingischer Geschichte, die Franken auf König Priamos von Troja zurück: Nach dem Fall ihrer Stadt wären die Trojaner von dort weggezogen, ein Teil nach Mazedonien, der andere durch Asien bis an die Ufer der Donau. Ein Teil dieses Teils wiederum kam unter Führung des Königs Francio nach Westeuropa; nach ihm wären die Ex-Trojaner dann Franken genannt worden. Nach einer anderen Überlieferung ging das Königsgeschlecht der Merowinger von jenem sagenhaften Merovech aus, der die Frucht einer ziemlich gewalttätigen Verbindung einer Frau mit einem Seeungeheuer gewesen sein soll. Das Erbgut der Gewalt floß in die Dynastie der Merowinger ein und infizierte auch die Frauen, die das Mordshandwerk keineswegs schlechter verstanden als ihre Männer, Söhne und Väter.

Als man im Mai 1653 in Tournai bei Ausschachtungsarbeiten für ein Armenhaus auf ein reiches Fürstengrab mit einem Goldschatz stieß, fand man neben zahlreichen römischen Gold- und Silbermünzen auch fränkische Grabbeigaben – darunter einen ovalen Siegelring mit der Aufschrift Childerici Regis. Die Spur wies auf den salfränkischen Kleinkönig

Childerich, der in Tournai residiert hatte. Von ihm ist überliefert, daß ihn seine Franken zeitweilig ins Exil jagten, weil er sich »zügelloser Unzucht« hingegeben hätte. In jener frühen Zeit schienen die Könige nicht viel mehr als Stammeshäuptlinge gewesen zu sein, denen ein sehr selbstbewußter Haufe freier und rauflustiger Krieger gegenüberstand, die, wenn ihnen eine Maßregel des Königs mißfiel oder eine Nachfolgeregelung zu treffen war, mit ihrem König oder Prinzen kurzen Prozeß machten – eine Verfassung, die von einem Zweig der Geschichtswissenschaft etwas euphemistisch als »militärische Demokratie« bezeichnet wurde. Von einigen Naturvölkern ist bekannt, daß ihre Stammeskönige mehr rituellen Beschränkungen unterworfen waren, als sie Rechte hatten, und daß die Krieger eher über den König herrschten, als dieser über sie; Sigmund Freud weiß in *Totem und Tabu* von afrikanischen Stämmen zu berichten, die ihre Könige nur noch mit Gewalt in ihr heiliges Amt pressen konnten. Selbst die gottgleichen japanischen Kaiser durften den Erdboden nicht eigenen Fußes betreten, und die mehr bodenständige Seite der Machtausübung lag bis in die 1860er Jahre in der Hand der Shogune. Fränkische Stammeskönige waren von Tabus eingehüllt, vielleicht war es ihnen untersagt, die Frauen ihrer Krieger zu schwängern; auf jeden Fall durften sie nicht zum Friseur. Ihre Bestimmung war es, als lebendes Heerbanner den Kriegsscharen voranzureiten und ihre ungeschnittene Haarpracht als Truppenfahne flattern zu lassen. Childerich ist auf dem Siegelring mit langem, in der Mitte gescheitelten Wallehaar zu sehen; allen Merowinger-Herrschern saß die Macht, wie weiland Samson die Berserkerkraft, im Schopfe. Und wenn die Franken ihren König absetzen wollten, schickten sie ihm den Barbier ins Haus, und der Mann war für alle Zeit erledigt.

Childerich stärkte die Königsmacht, zurecht vermutend, sie müßte sich auf mehr Gewalt als die des Haarschopfes gründen. Als er 482 starb, hinterließ er seinem Sohn Chlodwig eine Stellung, die ihn bereits deutlich über die anderen Kleinkönige erhob und ihn befähigen würde, die Franken zu vereinen und deren erstes Großreich zu begründen. In Chlodwig war der Geist des Meerungeheuers, das seinen Großvater Merovech gezeugt hatte, wiedererstanden. Chlodwig bewunderte, wie sein Vater, das Reich des Syagrius, einen Territorialkomplex zwischen Loire und Maas, in dem die römische Verwaltungs- und Wirtschaftsstruktur auch nach dem Ende des Imperiums erhalten geblieben war; es gefiel ihm so gut, daß er es ganz haben wollte. Im fünften Jahr seiner Regierung ließ er seine Mähne flattern. Er dehnte seine Eroberungen bis an die Loire aus und legte sich mit den Westgoten an. Sodann machte er tabula rasa unter den eigenen Völkerschaften, brachte eine Reihe von fürstlichen Verwandten um und bemächtigte sich deren Reiche.

491 heiratete er die burgundische Königstochter Chrodechilde. Obgleich von zu Hause die Personalpolitik mit Gift und Dolch gewohnt, hatte sie sich in den Kopf gesetzt, ihren Mann zu missionieren. Damit er nicht ungetauft weitermorde, wurde er am Weihnachtstag 498 vom Bischof Remigius von Reims dreimal ins Taufbad gestippt; als katholischer König der Franken trocknete er sich wieder ab. Chlodwig hat seine Bekehrung der burgundischen Schwiegersippe nicht gedankt. Unter dem Vorwand, diese arianischen Ketzer bekehren zu müssen, fiel er bald darauf zum ersten Mal über Burgund her und jagte anschließend die ebenfalls arianischen Westgoten über die Pyrenäen. Nach Chlodwigs Tod glaubte Chrodechilde, den langmähnigen Heerkönigen gesittetere Umgangsformen beibringen zu können und zog in Betracht der Nachfolge zwei ihrer kultivierteren Neffen den beiden eigenen, in Vaters Art schlagenden Söhnen vor. Diese aber, Chlothar und Childibert, lockten ihre Mutter in eine Falle und stellten ihr die Wahl: Entweder würden den Vettern die Haare geschoren, was sie zum Königsamte untauglich machte, und sie blieben am Leben,

oder sie würden beide umgebracht. Erbittert und ganz im Geist der Zeit antwortete Chrodechilde: Wenn sie nicht auf den Thron gelangen könnten, wollte sie die Knaben lieber erdolcht sehen als balbiert. Sie bekam ihren Willen.

Chrodechildes mißlungener Staatsstreich war der erste Versuch einer gekrönten Dame, die Geschicke des Frankenreichs in die eigenen Hände zu nehmen. Sie sollte Nachfolgerinnen finden. Spätestens 534 übrigens machten sich die Neffenmörder erneut über das Erbe ihrer Mutter her und eroberten Burgund.

Eine Generation später ließ Sigibert, der Sohn und im östlichen, austrasischen Reichsteil Nachfolger des Neffenmörders Chlothar, am Hof des westgotischen Königs von Spanien um die Hand der Prinzessin Brunechilde anhalten. Gemessen an den Umgangsformen seiner übrigen Sippe war Sigibert ein wenig aus der Art geschlagen. Er interessierte sich für Literatur und verwandelte seine Residenz zu Reims in einen Musenhof, indem er eine lateinische Palastschule einrichtete und sich einen Hofdichter leistete. Weder seine fränkischen Krieger vermochte er freilich für sein Kulturprogramm sehr zu begeistern noch Chilperich im westlichen, neustrischen Reichsteil, der den Glanz des Hofhalts von Sigibert und Brunechilde mit neidischem Mißtrauen verfolgte. Aber sei es, daß er sich eine bedeutende Mitgift erhoffte, oder daß er sich außenpolitische Vorteile versprach, auch Chilperich ließ in Spanien um eine Prinzessin werben, um Brunechildes Schwester Galswintha.

Alles schien in schönster Harmonie und das Zeitalter der Renaissance schon vorweggenommen. Aber es schien nur so. Denn bislang war Fredegunde die Nummer Eins auf dem Liebeslager des Chilperich gewesen. Aus einfachem Hause stammend war sie Vorsteherin des weiblichen Personals, der »Spinnstube«, wie die Institution von den kriegerischen Männern teils abwertend, teils mit ehrfürchtigem Schaudern genannt wurde. Des Königs Brautwerben hatte sie nicht gerade frohgemut gestimmt. Als man wenige Tage nach der Hochzeit die schöne Galswintha erdrosselt in ihrem Bette fand, nahm Fredegunde ihren angestammten Liegeplatz neben Chilperich wieder ein. Was lag näher, als ihr die Veranlassung der Bluttat zuzuschreiben?

Was nun anhebt, ist ein langandauernder Bruderkrieg, das grausigste Kapitel merowingischer Geschichte, dessen Horror jede Phantasie übertrifft und wovon man noch sieben Jahrhunderte später singen und sagen wird, als beim Aufschreiben des Nibelungenliedes die Überlieferungen ineinanderfließen: der Einfall von Attilas Hunnen und die Umsiedlung der geschlagenen Burgunder im 5. Jahrhundert, Chlodwigs Angriffe zu Beginn des 6. Jahrhunderts, die Eroberung Burgunds durch Chlothar und Chilperich ein Menschenalter später und die Blutorgien nach 570. Die Westgotin Brunechilde verschmolz mit der isländischen Brunhilde, Guntchramn von Burgund ward König Gunter, und aus Fredegunde wurde Kriemhild, die Rächerin des gemordeten Siegfried. »Das Erlebnis bestand weniger darin, daß etwas Vergangenes sich wiederholte, als darin, daß es gegenwärtig wurde. Daß es aber Gegenwart gewinnen konnte, beruhte darauf, daß die Umstände, die es herbeigeführt hatten, jederzeit gegenwärtig waren.« Thomas Manns Satz bestätigt sich auch an diesen historischen Vorfällen.

Sigibert eröffnete die Feindseligkeiten gegen Burgund. Dann überfiel er Chilperich und zog als Sieger in Neustrien ein. Auf der Huldigungsreise näherten sich zwei Bittsteller Sigibert, den schartigen Dolch im Gewande. Und die Dolche, gesalbt mit dem Gift, das in Fredegundes Spinnstube gebraut worden war, bereiteten Sigibert ein grausames Ende. Chilperich war wieder König in Neustrien, Fredegunde genoß die Satisfaktion für Sigiberts Überfall.

Das rief Brunechilde, die Witwe Sigiberts, auf den Plan. Wenige Jahre später, im Oktober 584, kehrte Chilperich von einem Jagdausflug mit den Füßen voran zurück. Die von Brunechilde ausgesandten Dolche hatten ihn eingeholt.

Fredegunde, nun ihrerseits Witwe, stellte sich unter den Schutz Guntchramns von Burgund. Childibert II., der Sohn Sigiberts und Brunechildes, machte sie für alle Morde verantwortlich und forderte ihre Auslieferung. Aber der kinderlose Guntchramn hielt die Hand über die mit einem legitimen Merowingerprinzen schwanger gehende Fredegunde; kein schlechtes Faustpfand in diesen Zeiten.

Brunechilde läßt sich nicht entmutigen. Sie verständigt sich mit Guntchramn, daß ihr Sohn Childibert II. ihn dereinst um Burgund beerben werde. Kaum hört Fredegunde von dieser Abmachung, die ihr Herrschaftsgebiet in eine austrasisch-burgundische Zange nähme, bestellt sie zwei Attentäter, die mittels vergifteter Dolche Childibert II. kaltmachen sollen. Doch der Anschlag mißlingt ebenso wie das Attentat gegen Guntchramn, der wenig später eines natürlichen Todes stirbt und Childibert Burgund hinterläßt. Fredegunde, obwohl in die Enge getrieben, ist alles andere als niedergeschlagen und hofft auf ihren Sohn. Chlothar II. hat die skrupellose Entschlossenheit seines Großvaters, des einstigen Neffenmörders gleichen Namens, geerbt. Als Childibert II. 596 stirbt, setzt Chlothar sich sofort in den Besitz Neustriens. Fredegunde hat nicht mehr viel Gelegenheit, ihren Triumph zu genießen. Sie stirbt schon im folgenden Jahr friedlich und gewaltlos.

Brunechilde war ein weniger friedvolles Ende beschieden. Nachdem ihre Enkel Theudebert und Theuderich zu Königen von Austrasien und Burgund bestimmt worden waren, gab es wieder drei fränkische Teilreiche. Brunechilde aber hetzt die Brüder gegeneinander auf. 611 stoßen nahe Zülpich beider Heere aufeinander. Theudebert kommandiert die künftigen Deutschen, Theuderich die künftigen Franzosen. Niemals wurde eine Schlacht mit solcher Erbitterung geschlagen, berichtet Fredegar. »Beide Heere richteten eine solche Metzelei an, daß, wo die Schlachtreihen im Kampf aufeinander stießen, die Körper der Getöteten nicht zur Erde fallen konnten, sondern zwischen den übrigen Leichnamen aufrecht stehen blieben, als lebten sie noch.« Die Truppen des Austrasiers werden zerstreut, die Flüchtenden niedergemetzelt. Der Grundstein für dreizehn Jahrhunderte Erbfeindschaft ist gelegt.

Theuderich beherrschte nun zwei Drittel Frankens. Warum sollte er nicht auch Chlothar, den Sohn der verhaßten Fredegunde, erledigen, fragt sich Brunechilde. Doch ehe Theuderich neuen Waffenruhm in seine Locken flechten kann, stirbt er an der Ruhr. Andere meinen, die unversöhnliche Großmutter habe ihn vergiftet, weil er die schöne Tochter seines Bruders Theudebert heiraten wollte. Brunechilde, inzwischen weit über sechzig, läßt auf der Stelle ihren minderjährigen Urenkel als Sigibert II. krönen. Ein Heer schickt sie dem neustrischen König Chlothar entgegen. »In Burgund aber wurde Brunechilde von den Baronen, den Bischöfen sowohl als den übrigen Leuten gefürchtet und gehaßt«, weiß Fredegar zu berichten. Die Heerführer, des Schlachtens und der blutrünstigen Witwe überdrüssig, laufen zum Feind über. Chlothar II. läßt sie drei Tage lang foltern, »dann zuerst auf ein Kamel setzen und so durch das gesamte Heer führen, hierauf mit dem Haupthaar, einem Arm und einem Fuß an den Schwanz des wildesten Pferdes binden, und so ward sie von den Hufen des davonsprengenden Tieres zerschlagen, bis ihr Glied für Glied abfiel«.

Die Chronisten hatten keine hohe Meinung von den Damen Fredegunde und Brunechilde. Wenn nur die Hälfte von dem zutrifft, was über sie mitgeteilt wird, gibt es keinen Grund, sie als sonderlich zartfühlende Geschöpfe zu verehren. Die Charakteristik dieser vielleicht blutrünstigsten lustigen Witwen der Weltgeschichte belegt aber noch zweierlei: Zum einen, daß in dieser Epoche die Frauen der Langhaarkönige die zum Regierungsgeschäft Geeigneteren waren; zum anderen, daß nicht nur politisches Kalkül ihnen die Dolche führte, sondern Leidenschaften, die sie zum Äußersten entschlossen machten.

Hinter Chlothar II., der als unbestrittener Sieger aus dem Geschichtsknäuel um Fredegunde hervorging, stehen ein paar fränkische Große, die ihren König bereits überragen. Einer heißt Arnulf, ein anderer Pippin. Sie sind Maiores Domus, zu deutsch harmlos Hausmeier genannt. Sie sind die eigentlichen Sieger des fünfzigjährigen Krieges, denn sie haben sich ihre wechselnden Gefolgschaften mit Landbesitz vergelten lassen. Land für Dienst; die Grundlagen des Lehnswesens sind geschaffen. Bald wird es heißen: Dienst nur noch gegen Land. Sie besitzen so viel davon, daß sie die Könige führen können wie Marionetten. Die Frauen merken das, wie meist, eher als ihre langmähnigen Männer. Noch einige Male werden kampflustige Witwen versuchen, dem Verfall des merowingischen Königtums entgegenzuwirken. Nanthilde, die Witwe Dagoberts I. († 638) wird letztlich ebensowenig Erfolg haben wie die tatkräftige Angelsächsin Balthilde, die Witwe Chlodwigs II. († 657). Von ihnen allen singt das Nibelungenlied, ihre Lebensleistung floß in die »alten mæren« ein, die »von helden lobebæren, von grôzer kuonheit« berichten.

Dennoch muß noch ein Jahrhundert vergehen, bis der letzte merowingische Haarschopf, und diesmal endgültig, der Schere verfällt. Pippin der Jüngere balbiert Childerich III. und läßt sich 751 selbst zum König krönen. Seine Frau Bertrada – womöglich war sie eine sehr nahe Verwandte Pippins und ihr Sohn Karl der Große die Wiedergeburt Siegfrieds aus der Geschwisterehe Siegmunds und Sieglindes, an die sich der Dichter des Nibelungenliedes erinnerte – war zugleich die letzte große Frauengestalt der fränkischen Geschichte, in deren Spinnstube am Faden der Weltgeschichte gesponnen wurde. Eine neue Dynastie nimmt ihren Weg, und alle Kriege, Eroberungen und Teilungen beginnen von vorn. Es ist schwer, noch schlicht an den Fortschritt zu glauben, nur weil zwischen den Blutorgien Zeit vergeht.

Die wilde Eleonore: Königin zweier Reiche

An einem Frühlingstag des Jahres 1152 reist eine hochgestellte junge Dame mit kleinem Gefolge von der Abtei Beaugency nach Blois an der Loire. Régine Pernaud hat in ihrem Buch *Königin der Troubadoure* die Szene beschrieben. Das Gefolge ist nur klein, die Dame möchte größeres Aufsehen vermeiden, aber immerhin standesgemäß reisen. »Die Zufahrtsstraßen zur Stadt waren sehr belebt; es war der Tag vor Palmsonntag, und überall plünderte man die Bäume, um sich Zweige für die festliche Prozession zu holen und um die Häuserwände zu schmükken.« Die junge Dame hatte vor, in einem der Klöster der Stadt Station zu machen; aber irgendwie bekam sie Wind davon, daß irgend etwas in der Gegend von Blois nicht stimmte. Vielleicht hat sie zufällig beobachtet, daß ihr kleines Gefolge beschattet wurde, vielleicht sickerte etwas durch, als ihre Bediensteten mit den Leuten auf den Straßen ins Gespräch kamen, vielleicht hat sie eine ungewöhnliche Ansammlung von Bewaffneten im Schloß von Blois bemerkt. Jedenfalls wird es in den Abendstunden zur Gewißheit, daß der jüngere Graf Tibaud von Blois die Absicht hat, sie zu kidnappen und zur Heirat zu nötigen. Es gelingt ihr, die Verfolger und Späher in Sicherheit zu wiegen, sie begibt sich zu Bett; aber zu mitternächtlicher Stunde läßt sie plötzlich zum Aufbruch rüsten und entweicht heimlich aus dem Kloster und aus Blois. »Vorsichtig geworden, schickte sie ein paar Knappen voraus, um den Weg zu erkunden, denn sie hatte erfahren, daß man ihr in Port-de-Piles, wo sie die Creuse überschreiten würde, eine Falle stellen wollte.« Diesmal ist es der jüngere Erbe der Anjou, Gottfried, der ihrer habhaft werden will, um eine Zwangsheirat mit ihr herbeizuführen. Wenn gleich zwei hohe Herren solchen Aufwand treiben, um eine reife (für damalige Verhältnisse beinahe schon ältliche) Frau zu ehelichen, kann man vermuten, daß nicht nur libidinöse Antriebe die Herren in Harnisch (im wahrsten Sinne des Wortes) gebracht haben. Und richtig: Die Dame ist bis vor kurzem Königin von Frankreich gewesen, und sie würde bald Königin von England sein. Aber sie ist – und das erklärt die Begehrlichkeit der jungen Grafen – Herzogin von Aquitanien, Erbin eines gewaltigen Machtkomplexes.

Bald kenn' ich mich vor Lust nicht mehr:
wem ich mich weihe, ahnt ihr's denn?
Wag ich's, daß ich mein Glück euch nenn'?
Sie, die Höchste, darf ich lieben!

Die Höchste, wer war diese Höchste, die der Troubadour Bernart de Ventadorn hier anhimmelt?

Eleonore von Aquitanien war eine Frau von so außergewöhnlichen Zügen, daß Legenden, Gerüchte und Verleumdungen nicht verfehlten, ein schwer zu entwirrendes Netz aus Tatsachen, Halbwahrheiten und Lügen über ihre Biographie zu werfen. Die einen hielten sie für oberflächlich und vergnügungssüchtig. Andere bewunderten an ihr Mut, Ausdauer und Zähigkeit. Die einen sahen sie im Schatten der Männer, hauptsächlich ihrer beiden Ehemänner Ludwig VII. von Frankreich und Heinrich II. von England sowie ihrer beiden Söhne Richard »Löwenherz« und Johann »Ohneland«. Die anderen messen ihrem Wirken großen Einfluß auf die Regierung des aquitanischen Machtkomplexes und auf die Politik der Königreiche Frankreich und England zu. Die einen sahen im freizügigen Ton der Troubadoure an ihrem Hof den Gipfel moralischer Verworfenheit, vermuteten regelmäßigen Ehebruch und sittlichen Verfall; andere deuteten die sogenannten »Liebesgerichte«, denen Eleonore angeblich vorgesessen haben soll und die außereheliche Liebesbeziehungen zwischen Rittern und hochgeborenen Damen zu beurteilen hatten, lediglich als Ironie, Satire und lustvolles Vergnügen am Scheine und im Spiele.

Sie schreitet schlank und froh daher,
nie, daß ich irgend Holdres fand;
an Hoheit, Schönheit und Verstand
ist ihr Reichtum nicht zu zählen.
Nirgends läßt sie's woran fehlen
einzig ist sie nicht so kühn,
wenn sie sich des Nachts entkleidet,
mich in ihr Gemach zu ziehn
eng in der Schlinge ihres Arms.

Der so dichtete, Bernart de Ventadorn, befand sich in der Umgebung Eleonores, begleitete sie höchstwahrscheinlich auch nach England, als sie dort Königin wurde. »Er war ein Mann von niederer Abkunft; Sohn eines Knechts, der Ofenheizer war«, schrieb ein Troubadour des 13. Jahrhunderts, dem wir die Lebensbeschreibungen einiger seiner älteren Kollegen verdanken. »Er wuchs indessen heran zu einem schönen und gewandten Mann, wußte gut zu singen und zu dichten und wurde höfisch und gebildet.« Er reüssierte vor allem bei hochgestellten Damen. »Und er ging fort und begab sich zu der Herzogin der Normandie« – hiermit ist offensichtlich Eleonore von Aquitanien gemeint – »die war jung und hochgetan und sehr bedacht auf Preis und Ehre und schöne Worte zu ihrem Lobe. Und ihr gefielen die Lieder und Verse Herrn Bernarts sehr gut, und sie empfing ihn und nahm ihn sehr freundlich auf. Lange Zeit weilte er an ihrem Hofe und verliebte sich in sie und sie in ihn, und er dichtete viele schöne Lieder auf sie.« Ist das nun ein Beleg für lockere Sitten oder lediglich harmlose Minnedichtung? Norbert Elias schrieb, nicht »die Beziehung von Ehemann und Ehefrau ist diejenige Form der menschlichen Beziehung, die der Troubadourlyrik und dem Minnesang zugrunde liegt, sondern die Beziehung des sozial niedrigerstehenden Mannes zu der sozial höherstehenden Frau. Und nur in derjenigen Schicht, im Bereich solcher Höfe, die reich und mächtig genug waren, solche Beziehungen entstehen zu lassen und zu pflegen, findet sich der Minnesang«.

Eleonore war knapp fünfzehn, als ihr Vater, Wilhelm X., Sohn des ersten Troubadours und neunten dieses Namens, 1137 starb und das Mädchen Erbin des Herzogtums Aquitanien wurde, jener historischen Landschaft im Südwesten Frankreichs, die von der Loire bis zu den Pyrenäen, vom Zentralmassiv bis zum Atlantik reichte. König Ludwig VI. (mit Beinamen »der Dicke«) von Frankreich beeilte sich, seine Rolle als Beschützer der Witwen und Waisen wahrzunehmen; namentlich im vorliegenden Fall entfaltete er besonderen Eifer, denn über Aquitanien hatte er bislang nicht mehr als die formale Lehnshoheit ausgeübt – was soviel heißt wie: Er hatte dort im Südwesten nichts zu melden – die wirkliche Macht hatte in der Hand des Herzogs gelegen, der sie wiederum gegen die örtlichen Grafen und Barone durchsetzen mußte.

Das alte Motiv männlichen Machterwerbs, durch Erheiratung der weiblichen Erbfolge in den Besitz eines sonst nicht zugänglichen Herrschaftsbereiches zu kommen, schlug kräftig durch: Schon zwei Monate nach dem Tode ihres Vaters fand sich Eleonore mit dem gerade 17jährigen Thronfolger, dem nachmaligen Ludwig VII., vermählt. Ludwig VI. starb noch im nämlichen Jahr 1137 und machte für Eleonore den Weg auf den Thron der Königin von Frankreich frei.

Der junge König war bis über beide Ohren in seine Gemahlin verliebt. Er ließ sich durch sie in manches militärische Abenteuer im Südwesten stürzen, daß der Krone Frankreichs gar nichts brachte, hingegen der heißblütigen Herzogin von Aquitanien, die Eleonore auch nach der Verheiratung geblieben war, sehr dabei half, aufsässige Adelige in ihrem Herrschaftsbereich in die Schranken zu weisen. Dieser Umstand hat die Geschichtsschreibung von Anfang an nicht sehr für sie eingenommen.

Bald kühlte sich das Verhältnis der beiden aber deutlich ab. Der mönchisch geprägte – und nicht zuletzt von Suger, dem Abt von Saint Denis, politisch beeinflußte – König war von so gänzlich anderer Gemütsart als seine lebensfrohe, mit südländischem Temperament begabte und im Geist der Troubadourdichtung erzogene Gemahlin; so konnten Spannungen nicht ausbleiben. Zum Beispiel holte sich Eleonore, gegen den ausdrücklichen Willen Ludwigs, den Troubadour Marcabru an ihren Hof. Als Troubadour von echtem Schrot und Korn muß er »sich aber unbedingt in die Hohe Dame verlieben, die seine Gönnerin ist und ihn zu seinen Versen inspiriert«, wie Régine Pernaud schreibt. »Er sagt es ihr in glühenden Strophen, bis sich Ludwig doch eines Tages darüber ärgert. Er fackelt nicht lange, sondern jagt den unverschämten Minnesänger fort.« Marcabru rächt sich mit einem bösartigen Gedicht.

Dergleichen Zwischenfälle waren nicht angetan, ein harmonisches Zusammenleben zu gewährleisten, zumal die beiden, je mehr sie von Halbwüchsigen zu Erwachsenen wurden, aneinander Eigenschaften bemerkten, die sie nicht sonderlich schätzten: Eleonore an Ludwig den Hang zur Frömmelei und seine Neigung, nach bestem Rat des Klerus seine Rechte als Eheherr auch politisch im Herzogtum seiner Angetrauten durchzusetzen; Ludwig an Eleonore, daß sie freien Geistes und schnellen Wortes war, freizügig in den Sitten und schnell im Bezeigen von Gunst und Ungnade – vor allem aber, daß sie ihm auch nach zehnjähriger Ehe zwar zwei Töchter – 1145 wurde die erste Tochter Marie (unter dem Namen Marie von der Champagne als Mäzenin der höfischen Kunst, namentlich der Troubadoure in die Geschichte eingegangen) geboren († 1198), Alix, die zweite Tochter, kam erst nach dem Kreuzzug 1150 zur Welt († nach 1195) –, aber noch immer keinen Thronerben geschenkt hatte. Bei Ludwig setzte sich das Empfinden fest, daß seine Frau ihm in allen Dingen überlegen sei.

Eleonore wiederum bestürzte die tumbe Durchschnittlichkeit ihres Gemahls, der weder ein weitblickender Herrscher noch ein sonderlich begnadeter Heerführer war. Und in ihre aquitanischen Angelegenheiten und in das Verhältnis zu ihren Vasallen wollte sie sich partout nicht reinreden lassen.

Dies zeigte sich besonders auf dem zweiten Kreuzzug, zu dem sich Ludwig 1147 bestimmen ließ. Eleonore begleitete ihn und wurde Zeuge, wie Ludwig bei einem türkischen Überfall beinahe sein Heer verloren hätte. In Antiochia traf sie ihren Onkel Raimund, den jüngeren Bruder ihres Vaters, wieder. Mit ihm konnte sie in der Langue d'oc ihrer südfranzösischen Heimat plaudern. Ludwig konnte den Gesprächen selten folgen. Er hatte anscheinend unüberbrückbare Differenzen mit Raimund und mit einigen seiner aquitanischen Vasallen. Die Spannungen zwischen den Eheleuten verschärften sich. Edith Ennen hat es so beschrieben: »Es spielten auch persönliche Momente mit. Verdächtigte Ludwig seine Frau zu weitgehender Beziehungen zu Raimund? Mit Recht? Eleonore erfreut sich in dieser Hinsicht ganz allgemein keines guten Rufes bei vielen Geschichtsschreibern der Zeit. Genügte der schönen, klugen Frau der mönchisch geprägte Gatte nicht?«

Zwischen dem Grafen von Antiochia, Raimund von Poitiers auf der einen und Ludwig VII. auf der anderen Seite gab es Streit um das weitere Vorgehen im Kreuzzug, der bislang für die Kreuzfahrer militärisch desaströs verlaufen war. Eleonore ergriff bei dieser Gelegenheit entschieden Partei für ihren Onkel und gegen ihren Mann, versuchte auch die zahlreichen aquitanischen Lehnsleute gegen den König einzunehmen. Sie teilte ihm schließlich mit, wenn er unbedingt nach Jerusalem wolle, solle er ohne sie gehen, sie würde indessen in Antiochia bleiben und ihre Scheidung von ihm betreiben. Das wiederum nährte die Vorbehalte derjenigen, die in den langen Gesprächen Eleonores mit ihrem Onkel nicht nur Verwandtschaftliches vernommen haben wollten. Ludwig setzte sich, wider alle Vernunft, mit jener Sturheit durch, die eine Tugend aller Schwachen ist: Er ging nach Jerusalem, er inszenierte den Feldzug gegen Damaskus, der, wie nicht anders zu erwarten, ein militärischer Fehlschlag wurde. Und als Ludwig nach Ostern 1149 wieder absegelte – sein Heer fiel irgendwo in Kleinasien den Türken zum Opfer –, werden viele Fürsten der lateinischen Kreuzfahrerstaaten gewünscht haben, er wäre nie dagewesen.

Die Eheleute Ludwig und Eleonore schienen versöhnt; die Königin war schwanger und kam 1150 mit ihrer zweiten Tochter nieder. Da es wieder kein männlicher Thronerbe war, zeigten sich unter der vorgehängten Fassade die Risse in dieser Ehe nur um so schneller: Im Frühjahr 1152 erklärte ein Konzil in Beaugency die fünfzehn Jahre zuvor geschlossene Ehe des Königspaares für ungültig – wegen »zu naher Verwandtschaft« der Eheleute; so lautete die gängige Scheidungsformel an Fürstenhöfen.

Was sich jedoch im Umfeld dieser Scheidung abgespielt hatte, ist höchst merkwürdig und hat zu vielen Gerüchten und Anekdoten Anlaß gegeben. Als Eleonore noch Königin von Frankreich war, hatte der Graf von Anjou seinen Söhnen das Herzogtum Normandie erobert. Bald darauf wurde es unruhig an den Grenzen zum Herzogtum Franzien, dem engeren Herrschaftsgebiet der Kapetinger-Könige von Frankreich. Bernhard von Clairvaux bot sich 1151 als Vermittler an. Doch Gottfried von Anjou war nicht nur ungehorsam gegen den König, sondern brüskierte auch den Gottesmann durch einen erschreckenden Mangel an Demut. Doch plötzlich, wie durch ein Wunder, lenkte Gottfried ein, bestimmte seinen Sohn dazu, als Herzog der Normandie dem König den Lehnseid zu leisten und zog sich nach Anjou zurück. Dieses Wunder wurde natürlich dem frommen Bernhard von Clairvaux zugeschrieben. Aber ist es nicht wahrscheinlicher, daß das Wunder auf weiblichen Füßen daherkam und den Namen Eleonore trug?

Wir hören, daß die Herzogin von Aquitanien, zwei Monate nach der Scheidung von Ludwig VII. und nachdem sie den beiden Entführungsversuchen durch Tibaud von Blois und den jüngeren Plantagenet-Sproß Gottfried entgangen war, bereits wieder heiratete: Der Auserwählte hieß Heinrich, jener Herzog der Normandie und Anwärter auf den Thron Englands, dessen Vater ein dreiviertel Jahr zuvor jenen plötzlichen Sinneswandel vom Saulus zum Paulus durchgemacht hatte. Zwei Jahre später wird Eleonore zur Königin von England gekrönt. Sie schenkt ihrem zehn Jahre jüngeren Ehemann fünf Söhne – zwei von ihnen, Richard und Johann, der das letzte Kind der 45jährigen ist, werden Könige von England – und drei Töchter – eine heiratet Heinrich den Löwen, die zweite wird den König von Kastillien, die dritte den König von Sizilien heiraten. Durch die Ehe von Heinrich Plantagenet und Eleonore von Aquitanien war ein Macht- und Herrschaftskomplex entstanden, der von den Pyrenäen ausgehend nahezu ganz Westfrankreich bis zum Zentralmassiv umfaßt, in Mittelfrankreich Anjou, Touraine, Maine und Teile des Berri einschließt und sich im Norden schließlich über die Normandie bis jenseits des Kanals nach England erstreckt. Demgegenüber nehmen sich die Besitzungen des französischen Königs, der wirklicher Herr nur über seine Domänen zwischen Paris und Orleans ist, vergleichsweise wie ein Schrebergarten aus. »Die Entscheidung darüber, ob die westfränkischen Territorien von der Isle de France aus oder von Anjou aus integriert werden, ist völlig offen«, schrieb Norbert Elias.

Für einen weltgeschichtlichen Moment lag die europäische Geschichte in der Hand des Königspaares. An Eleonore hat es nicht gelegen, daß die Integration nicht gelang. Sie wäre die klügere Herrscherin gewesen als Heinrich II. Ein späterer Aufstand gegen ihn mißlang. Für ihren Sohn Richard Löwenherz, der sich wiederum einen Kreuzzug in den Kopf gesetzt hatte, statt sich um seine Länder zu kümmern, führte sie die Regentschaft. Sie überlebte ihn und mußte noch erleben, wie ihr jüngster Sohn Johann das Erbe der Plantagenets verspielt: Als Johann Ohnland ist er in die Geschichte eingegangen.

Eleonore von Aquitanien starb am 1. April 1204 in Fontevrault.

Drittes Kapitel

Mätressen. Tragödien und Komödien

*Zwanzig Jahre und ein Täschchen: Jeanne Antoinette Poissons * Die typische deutsche Mätresse: Gräfin Cosel * Die Landplage: Christiane Wilhelmine von Grävenitz * Gouvernante und Geliebte: Mme de Maintenon * Die Zweitfamilie: Gräfin Lichtenau*

Könige haben viel seltener Affären, als man glaubt. Natürlich hatten sie fast alle ihre Mätresse. Nur, wer eine Mätresse hatte, der hatte darum noch lange keine Affäre. Die Mätresse war an vielen europäischen Höfen eine fest etablierte politische Institution, wie das Ministerium der Finanzen oder der Beichtvater. Meist war die Mätresse aber in Geldangelegenheiten erfolgreicher als der Finanzminister und wußte in aller Regel genauer, was den Fürsten wirklich bewegte, als der Beichtvater. Eben darum war sie ja eine etablierte politische Institution. Ausländische Gesandte meldeten sich lieber bei ihr an als beim Außenminister. Bittsteller versprachen sich von ihrem Lächeln mehr als von einer Audienz beim Premier. Gerade darin aber lag die Gefahr, daß die Beziehung zu einer Mätresse zur Affäre werden konnte. Wenn sie der Versuchung nicht widerstand, ihren Rang im politischen Gefüge in politischen Einfluß umzumünzen und es gar unternahm, dieser Münze das eigene Bildnis anstatt das des Herrschers aufzuprägen, konnte aus der Affäre eine Staatskrise werden. Namentlich an absolutistischen Höfen war das Machtgleichgewicht zwischen Herrscher, Adel und Ständen zu sensibel, um Verschiebungen nach dieser Seite tolerieren zu können. Norbert Elias schrieb in seinem Buch

Die höfische Gesellschaft: »Die reale Position eines Menschen im Geflecht der höfischen Gesellschaft wurde immer durch beide Momente bestimmt, durch den offiziellen Rang und durch die aktuelle Machtposition, aber Momente der letzten Art hatten für das Verhalten der höfischen Menschen zu ihm letztlich die größere Bedeutung.« Kluge Mätressen – wie die Pompadour – unterließen deshalb, was weniger kluge – wie die Gräfin Cosel – versuchten: Dem Herrscher ins Regieren zu pfuschen oder die Macht mit ihm zu teilen. Noch klügere – wie die Maintenon – versuchten nicht, über das Land zu herrschen, sondern beherrschten den Herrscher. Und am genialischsten fingen jene es an, die – wie die Gräfin Lichtenau – sich für den ganzen Staatskram überhaupt nicht interessierten, sondern dem nach dynastischer Raison unglücklich verheirateten Monarchen das gaben, wonach er sich am meisten sehnte: eine intakte Familie.

Zwanzig Jahre und ein Täschchen: Jeanne Antoinette Poissons

1745. Ein seltsames Bild bietet sich den Gästen des großen Hofballs zu Versailles, der im Februar anläßlich der Hochzeit des Dauphin gegeben wird. Eine wundersame Prozession bewegt sich in den Ballsaal hinein: Acht wandelnde Taxushecken, genaue Nachahmungen der im Park stehenden und einander ähnlich wie ein Ei dem anderen. Und in einer verbirgt sich – alle wissen es – der König, der anonym bleiben will; dafür ist ihm keine Maskerade zu aufwendig. Die aufmerksamen Höflinge wissen längst, was gespielt wird, daß der König eine Mätresse sucht. Eine der Taxushecken hält sich zu oft in der Nähe einer ganz in pink gekleideten Diana auf. Noch ehe der Ball seinen Höhepunkt erreicht, sind der König und die Diana für den nächsten Sonntag auf dem Maskenball im Pariser Rathaus verabredet. Der Herzog de Luynes notiert am 10. März 1745: »Alle Maskenbälle haben Anlaß dazu gegeben, von den neuen Liebschaften des Königs zu reden, vor allem mit einer Madame d'Etioles, die jung und hübsch ist. Ihre Mutter hieß Poisson. Man behauptet, daß sie seit einiger Zeit ständig hier lebt und daß der König sich für sie entschieden habe. Falls das stimmt, wird es sich wahrscheinlich nur um ein Abenteuer und nicht eine Mätresse handeln.«

Angesichts der Jagdgöttin Diana erinnern sich nun auch die Waidgenossen Ludwigs XV., die vom Herrscher oft zu ungezwungener Gesellschaft eingeladen worden waren, der seltsamen Vorgänge im Wald zu Sénart, die einige Zeit zurückliegen. Ein schneller Kutschwagen hatte damals mehrfach die Fährte des Königs gekreuzt, gelenkt von einer mal in hellblau, mal ganz in pink gekleideten jungen Frau mit wehendem Schleier. Wie Diana auf der Jagd, mochte Ludwig gedacht haben, der von jugendlicher Frauenschönheit schnell zu entflammen, jedoch zu schüchtern war, die wagenlenkende Nymphe anzusprechen. Der König erwies ihr wohl das eine oder andere Mal die Aufmerksamkeit, ihr einen höchstselbst erlegten Hasen überbringen zu lassen. Mehr traute er sich nicht. Die Dianen-Erscheinung wäre seine Grundstücksnachbarin in Choisy, Mme d'Etioles gewesen, bedeuteten ihm seine Gefährten, welche die begehrlichen Blicke des Monarchen bemerkt hatten. Diese Blicke bemerkte auch die amtierende Mätresse des Königs, Mme de Chateauroux. So lag der nächsten Hasensendung an die schöne Nachbarin ein Billet des Inhalts bei, das die Anwesenheit von Mme d'Etioles auf der königlichen Jagd fürderhin verbot.

Inzwischen aber ist die Chateauroux tot, das Amt der offiziellen Mätresse seitdem verwaist. Der Rathausball wird deshalb von den Höflingen und Diplomaten observiert wie das Hauptquartier des Feindes. Obwohl dort nur Geladene Zutritt haben, ist das Gedränge unbeschreiblich. Es sollen Menschen an diesen Vergnügungen zu Tode gekommen sein, durch Erstickung, Hitzschlag, Unterkühlung und Übermüdung. Nach diesem Ball war allgemeines Gespräch, daß zwischen dem König und Mme d'Etioles etwas lief. Man hatte beide vom Hotel de Ville gemeinsam abfahren sehen, aber sie waren nicht gemeinsam in Versailles angekommen. Die Höflinge merkten, daß Mme d'Etioles im Palast aus und ein ging, aber ihnen entging, ob und wo sie dort schlief. Das beunruhigte sie.

Neun Jahre alt war Jeanne Antoinette Poissons gewesen, als ihr geweissagt wurde, sie würde eines Tages die Mätresse des Königs sein. Ihre Familie nahm diese Weissagung nicht ernst; ein Scherz, weiter nichts, eine Bürgerliche durfte bei Hof ja nicht einmal vorgestellt werden. Anders das kleine Mädchen; Jeanne war von der Richtigkeit der Weissagung so überzeugt, daß sie im Familienkreis bald nur noch »Reinette«, die kleine Königin genannt wurde. Zwanzig Jahre später wird sich in den Rechnungsbüchern der »Reinette« eine Summe von 600 Livres für die Wahrsagerin finden.

Jeanne Antoinette bereitete sich zielbewußt auf ihre Lebensrolle vor und lebte ganz ihrem Kindheitstraum. So wollen es die Biographen, die ihre Lebensgeschichte vom Ende her beurteilen. Anläßlich ihrer Hochzeit mit Monsieur d'Etioles wird Jeanne Antoinette den Satz sprechen: »Monsieur, ich werde Euch nie verlassen – es sei denn, um des Königs willen.« So erzählt es die Überlieferung.

Jeanne Antoinette Poissons wurde am 29. Dezember 1721 in Paris geboren. Ihr Vater, ein nicht übermäßig von Skrupeln geplagter Bourgeois, war durch Spekulationen und Heereslieferungen reich geworden. 1725 sollte er wegen gewisser Unregelmäßigkeiten verhaftet werden. Rechtzeitig gewarnt, entkam er nach Deutschland. Seine Frau blieb nicht lange ungetröstet. Monsieur Le Normant de Tournehem, ehemals Geschäftsträger in Schweden, jetzt Direktor der Indien-Compagnie und angesehener Steuerpächter, wurde der Geliebte der Mme Poissons. Er schloß die ganze Familie ins Herz. Ihm verdankte Jeanne Antoinette ihre vorzügliche Ausbildung. Er ließ sie durch erste Kräfte von der Comédie Francaise in Gesang und Tanz ausbilden. Der Dramatiker Crébillon gab ihr Deklamationsunterricht; unter seiner Anleitung lernte sie ganze Dramen auswendig. Clavichord und Cembalo spielte sie wesentlich talentierter, als zum bürgerlichen Hausgebrauch nötig gewesen wäre. Sie malte, zeichnete, modellierte und schnitt Steine. Sie war in Botanik und Zoologie beschlagen, sie war im Gespräch gewandt, hatte eine schöne Handschrift – sie hätte sich keineswegs bei Hofe zu verstecken brauchen. Es gab nur einen Hinderungsgrund: sie war eine Bürgerliche. Auch da wußte ihr Gönner Tournehem Abhilfe. Er stiftete die Ehe mit seinem Neffen Charles-Guillaume Le Normant d'Etioles, der im März 1741 Jeanne Antoinette zu Mme d'Etioles machte.

Kaum verheiratet, gelüstete es Mme d'Etioles nach einem Salon. Das geistige Leben von Paris kreiste um eine Gruppe von Literaten, die man damals *philosophes* nannte und die heute unter dem Namen *Enzyklopädisten* bekannt sind, und gerade damit begonnen hatten, das verfügbare Wissen ihrer Zeit zu jenem berühmten Sammelwerk, der *Encyclopédie*, zusammenzutragen. An seiner Spitze damals noch Voltaire, zog der Philosophenklüngel von Salon zu Salon, um sich bewundern zu lassen und um für geistige Duelle und philosophische Hahnenkämpfe ein Publikum zu haben. Neben Voltaire, dem Vielbelesenen, war der geistvolle Vauvenargues der andere Star dieser Runden; Marivaux, Fontenelle, Montesquieu und Helvetius galten noch als Sterne minderer Größe, die in den Salons einiger älterer Damen strahlten. Mme d'Etioles mußte wie geschaffen dafür sein, einen neuen Salon für die *philosophes* zu eröffnen. Die Herren gingen bald aus und ein bei ihr und schleppten Künstler und Theaterleute mit. Jeanne Antoinette wurde bekannt, ihr Ruf verbreitete sich auch bei Hofe, zusammen mit einem Urteil Voltaires, das ihr wie ein Markenzeichen anhing: »gebildet, liebenswürdig und verständig, hochbegabt«. So mancher Marquis hätte sie liebend gern zur Geliebten gehabt, und eine Frau minderen Formats wäre vielleicht auch der Versuchung erlegen, sich dem ersten besten Grafen hinzugeben, aber Mme d'Etioles war in dieser Hinsicht unnahbar, denn sie hatte ja ein weit höheres Ziel vor Augen: den König.

Jeanne Antoinette schwebt im siebten Himmel. Sie ist irrsinnig in Ludwig verliebt. Sie sei fähig, den Boden zu küssen, über den er gehe; solche Äußerungen werden dem König hinterbracht, und der hört's mit Wohlgefallen. Schon in diesen ersten Tagen muß es sich entschieden haben, ob Mme d'Etioles nur ein kurzes Abenteuer bleiben, wie der Herzog von Luynes vermutete, oder offizielle Mätresse werden würde. Eine Bürgerliche in dieser Stellung, die fast ein Regierungsamt war, hatte es in Frankreich noch nicht gegeben. Einen ähnlichen Widerwillen muß Preußens zweiter Friedrich empfunden haben, wenn man ihm bürgerliche Offiziere zur Beförderung vorschlug. Aber Ludwig XV. hat seine Entscheidung schon getroffen, bevor er im Sommer für vier Monate ins Feld zieht. Eines Tages kommt ein Kurier nach Etioles, mit einem Brief für *Madame la Marquise de Pompadour zu Etioles*. Darin übereignet der König seiner Mätresse den Landsitz und das erloschene Marquisat dieses Namens. Schließlich übersteht sie auch die Vorstellung bei Hof in den frühen Nachmittagsstunden des 14. September 1745. Alle haben erwartet, daß die Königin die neue Mätresse abblitzen lassen würde, aber Maria Leszczynska hat genugsam gelitten unter den vorangegangenen Mätressen, die – unter dem Beifall des Hofes – nichts anderes im Sinn hatten, als sie zu demütigen. Die Bourgeoise kann also gar nicht ihre Feindin sein, gerade weil der ganze Hof gegen sie eingenommen ist. Zur Überraschung aller Höflinge und der frischgebackenen Marquise selbst, spricht die

Königin mit der Mätresse überaus freundlich über eine gemeinsame Bekannte. Die Höflinge lauern von nun an zwanzig Jahre vergebens, daß die Pompadour in Ungnade falle.

In all ihren Jahren bei Hofe wird sie nie zur höfischen Marionette. Sie denkt nicht daran, sich ihrer Herkunft zu schämen, denn sie hat das Gefühl, alles was sie geworden ist, durch eigene Anstrengung, durch hartes Arbeiten an sich geworden zu sein. An ihr scheint alles natürliche Grazie, nie höfische Pose; ihr Französisch stammt hörbar aus Paris. Es unterscheidet sich von dem in Versailles gesprochenen Idiom wie die Sprache eines anderen Landes. Nicht umsonst hieß der Hof bei allen, die ihm angehörten, *ce pays-ci,* »hierzulande«. Wenn sie spricht, hört man von weitem den klaren und eindringlichen Klang ihrer Stimme, sie verfällt nicht dem halblauten Vorzimmergewisper. Sie lacht aus vollem Halse, wenn ihr nach Lachen zumute ist, statt affektiert zu kichern, wie man es *ce pays-ci* zu goutieren bereit ist. Der König mag ihre Natürlichkeit, er findet sie amüsant, er hört von ihr Witziges und Geistvolles; die Königin und die früheren Mätressen haben ihn damit nicht verwöhnt. Er teilt ihre Neigungen für schöne Dinge, die ihm nicht endenden Konversationsstoff bieten. Von ihr läßt er sich leicht überreden, Künstlern große Geldbeträge zu stiften. Dichter, Maler und Philosophen haben unter Mme de Pompadours Gunst ein goldenes Zeitalter. Sie werden es, da Undankbarkeit bei ihnen eine Berufskrankheit ist, kaum zu würdigen wissen. Der König verbringt schließlich nicht nur die Nächte bei ihr, er sucht sie auch nach der Morgentoilette auf.

Den Höflingen blieb dies schleierhaft. Was fand er nur an der? Hätten sie gewußt, was heute bekannt ist, wäre ihnen alles noch rätselhafter vorgekommen, denn in einer Beziehung paßten die beiden wirklich nicht zusammen. »Ludwig XV. war ein Bourbon, er hatte das heiße Blut seiner Vorfahren, und Madame de Pompadour war kühl«, schreibt Nancy Mitford. »Sie brauchte Ruhepausen, er war unersättlich. Das erschöpfte sie. Doch sie wollte ihm immer zu Gefallen sein, sie versuchte es auf jede nur erdenkliche Weise und hatte eine Todesangst, er möchte herausfinden, daß sie geheime Mittel brauchte. Sie machte sich krank damit.« Die ständige – physische wie psychische – Überanstrengung ging nicht spurlos an ihr vorüber. »Der König liebt Eure Stiege, mehr als Euch«, sagte die Marschallin von Mirepoix und hielt das für ein Bonmot. Die Stiege führte in den zweiten Stock des Nordflügels des Versailler Schlosses. Sie war der geheime Zugang zu ihren Gemächern, den der König benutzte, ohne daß die Höflinge es merkten.

Bald stellt sich heraus, daß die Pompadour mehr kann als Besuche empfangen. Immer bemüht, dem König Zerstreuung zu verschaffen, beginnt sie bald nach ihrem Einzug in Versailles, mit ein paar Freunden Theater zu spielen. Mme de Pompadour stellt fest, daß sich die meisten Damen und Herren aus dem Kreis des Königs als Schauspieler, Tänzer und Musiker verwenden lassen. In einer Galerie des Versailler Schlosses wird ein winziges Theaterchen eingebaut, das gerade vierzehn Zuschauern Platz bot – und am 17. Januar 1747 hebt sich der Vorhang zur ersten Vorstellung, dem *Tartuffe* von Moliere. Im folgenden Jahr baut man im Treppenhaus der Gesandten ein zerlegbares Theater ein, da die Treppe nur zweimal im Jahr zu diplomatischen Anlässen benötigt wird.

Das Théàtre des Petits Cabinets bestand fünf Jahre. In dieser Zeit fanden 122 Aufführungen von 61 Stücken, Opern und Balletten statt. Seltsamerweise wurde es zum Ausgangspunkt für all die Legenden um die angebliche Verschwendungssucht der Pompadour. Einen Monumentalbau hätten ihr die Franzosen wohl eher verziehen als die »Kleinigkeiten«. Ihr waren die flüchtigen Dinge, Tapeten, Möbel, Ausstattung der Räume, Pavillons im Park, lieber als die dauerhaften Denkmale. Daher ist kaum ein materielles Zeugnis ihrer »Epoche« übriggeblieben. Selbst die geschnitzten Holztäfelungen ihrer Gemächer in Versailles sind im Winter 1870/71 in preußischen Biwakfeuern verheizt worden – eine späte Rache dafür, daß die Pompadour Frankreich in die große Koalition gegen Friedrich II. getrieben hat.

1751/52 schöpfen alle Feinde der Pompadour neue Hoffnung. Sie zieht ins Erdgeschoß des Nordflügels. Mit diesem Umzug signalisiert sie, daß sie nicht mehr das Bett des Königs teilt. Ihre Freunde verbreiteten es auf ihren ausdrücklichen Wunsch überall bei Hofe. Kann eine Mätresse so irrwitzig sein, die Fundamente ihrer eigenen Existenz zu untergraben? Mme de Pompadour tut es; in ihrem Schloß Bellevue ersetzt sie eine Amor-Statuette durch eine Plastik, die sie selbst als Amitié darstellte. Sie ist sich ihrer Sache absolut sicher, daß sie den Wandel der königlichen Liebe zur Freundschaft derart siegesgewiß inszenierte. Sie weiß, daß ihre eigentlichen Qualitäten nicht unterhalb des Gürtels, sondern oberhalb des Dekolletés liegen. Und sie weiß, daß auch der König es inzwischen weiß. Da ihr Sexualität mehr Anstrengung als wirkliches Vergnügen bedeutet, ist sie vielleicht gar nicht unzufrieden, daß der König sexuellen Betätigungen anderweitig nachgeht. Mme de Pompadour arbeitet sich rasch in ihre neue Rolle als Freundin, universale Ratgeberin und Unterhalterin des Königs ein. Sie macht sich damit dem König unentbehrlicher, als sie es ihm als Geliebte gewesen ist. Sie studiert Kabinettsakten und Gerichtsberichte, sichtet die außenpolitische Korrespondenz und unterhält bald ein eigenes, der Hofkamarilla nicht zugängliches diplomatisches Netz.

Ihre größte politische Tat war das Bündnis mit Habsburg. Der Österreichische Erbfolgekrieg hatte Frankreich noch an der Seite Preußens gesehen. Doch hatten die preußischen Erfolge das europäische Gleichgewicht so gestört, daß sich neue Kräftekonstellationen ergeben haben. Kaiserin Maria Theresia läßt daraufhin ihren Botschafter Starhemberg vorsichtig Fühlung aufnehmen: bei Mme de Pompadour. Und es ist der diplomatische Apparat der Pompadour, der die Angelegenheit diskret und hinter dem Rücken der preußenfreundlichen Hofkamarilla abwickelt. In einer fast blitzartigen diplomatischen Aktion, die an einen Geheimdienst-Thriller erinnert, schaffen Mme de Pompadour und Starhemberg, was so leicht keiner für möglich gehalten hätte: sie verwandeln die jahrhundertealte Feindschaft Habsburgs zu Frankreich in ein Bündnis.

In Frankreich war die Meinung über den neuen Bundesgenossen überaus schlecht. Mochte Voltaire auch sagen, der neue Kurs sei unvermeidlich und der einzig richtige, die Mehrheit seiner Landsleute fand das nicht. Frankreich gäbe zuviel des eigenen Prestiges auf, fand man. Und als der weitere Kriegsverlauf bestätigte, daß Frankreich diesen Krieg, der in Deutschland als der Siebenjährige Krieg bekannt wurde, ruhmlos und unter Abtretung aller nordamerikanischen Kolonialbesitzungen beenden würde, kehrte sich die Stimmung vollends gegen die Urheberin des Bündnisses, Mme de Pompadour. Ihre größte außenpolitische Leistung gedieh ihr nicht zu dem Ruhm, den sie verdient hätte, sondern schwächte das Ansehen der Monarchie und machte sie allgemein verhaßt. Dieser Haß würde einer anderen Frau, Marie Antoinette, ein halbes Menschenalter später noch das Leben kosten.

Für Mme de Pompadour ist der Siebenjährige Krieg eine lange Kette von Martern. Mit eiserner Disziplin versieht sie ihre Mission, den König bei guter Laune zu halten. Sie wird alt dabei, ihre schwache Gesundheit nimmt Schaden. Anfang 1764 holt sie sich eine schwere Lungenentzündung und schwebt tagelang zwischen Leben und Tod. Aber wie durch ein Wunder erholt sie sich noch einmal. Sie ist jetzt dreiundvierzig. Kaum wieder einigermaßen auf den Beinen, mutet sie sich zu viel zu, um in der Nähe des Königs zu sein. Sie erleidet einen Rückfall und stirbt am 15. April 1764.

Wie alle Häuser, die sie hat bauen lassen, gibt es auch das Gotteshaus nicht mehr, in dem sie bestattet wurde. Nichts scheint von der schönen Diana geblieben zu sein als ein Accessoire der Damenmode, das man Pompadour nannte und wovon das Lexikon berichtet, es sei eine »beutelförmige Damentasche«.

Die typische deutsche Mätresse: Gräfin Cosel

Als die Pompadour dreiundvierzigjährig in Versailles stirbt, hat für eine dreiundachtzigjährige Dame das letzte beschwerliche Jahr ihres Leidenswegs begonnen. Auf der kleinen Festung Stolpen, dreißig Kilometer östlich von Dresden gelegen, vollzieht sich für Anna Constantia von Hoym, Reichsgräfin Cosel, ein Tagesablauf, wie er sich seit beinahe fünf Jahrzehnten eingespielt hat. Frühstück, Morgentoilette, Handarbeit, Essen, Mittagsruhe, Handarbeit, Abendbrot, Lektüre, Schlafengehen. Die Frau, die hier seit 48 Jahren als Staatsgefangene – oder als Privatgefangene des Herrschers, was im gegebenen Fall auf das gleiche hinausläuft – festgehalten wird, war einst die schöne, bewunderte und bejubelte Mätresse Augusts des Starken, über dessen Liebeskraft so viele Legenden verbreitet sind. Anna Constantia hat ihn, dank guter Luft und strenger Gefängnisdiät, überlebt, ebenso wie seinen Nachfolger und den Nachfolger seines Nachfolgers. Inzwischen sitzt der minderjährige Urenkel ihres einstigen Geliebten auf dem Thron, Sachsen hat den Siebenjährigen Krieg und bald darauf Polen verloren. Ganz zuletzt hat man sich auch der Gefangenen auf dem Stolpen erinnert und bietet ihr an, was sie am Anfang ihrer Haft so sehnlichst erhofft hat: Amnestie. Jetzt aber hat das Leben draußen für sie keinen Reiz mehr. Sie wird die Festung nicht mehr verlassen.

Am 12. Dezember 1715 verläßt eine unscheinbare Kutsche Pillnitz. In ihr reist eine vornehme Dame in Begleitung ihres Kammermädchens und ihres Kammerdieners. In der nahen

Residenz Dresden löst die Nachricht von der Abfahrt der Kutsche zuerst Bestürzung, dann hektische Aktivität aus. Oberhofmarschall von Löwendahl eilt am frühen Morgen des 13. Dezember zum Statthalter Fürstenberg. Beide kommen nicht umhin, die Abreise der vornehmen Dame als Flucht aufzufassen. Fürstenberg jagt einen Eilkurier nach Leipzig; falls die Dame dort Station mache, sei sie unbedingt aufzuhalten. Ein zweiter Kurier reitet nach Osten. In Leipzig hat man von der Dame nichts gehört. Im Osten erwischt der Kurier den König, der unterwegs nach Polen ist, am 19. Dezember in Guben an der Oder. August der Starke ist empört, daß die Dame entgegen seinem Befehl nicht nur Pillnitz, sondern auch Sachsen verlassen hat. Zu diesem Zeitpunkt weilt sie schon fünf Tage in Berlin. Ihr Name ist Anna Constantia von Hoym, geborene Brockdorff, gewordene Reichsgräfin von Cosel und gewesene Mätresse Augusts des Starken, Königs in Polen und Kurfürsts von Sachsen. Angeblich will sie sich in Berlin nur darum bemühen, einen in Spandau einsitzenden Vetter freizubekommen. Preußens König Friedrich Wilhelm verlangt für diese Gnade 15 000 Taler. Die Cosel verbringt ein dreiviertel Jahr damit, das Geld aufzutreiben. Während dieser Zeit reisen Emissäre zwischen Dresden und Berlin hin und her. August der Starke bittet, fordert, befiehlt, versichert der Cosel, daß ihr kein Leids geschehe, daß sie von ihm nichts zu befürchten habe, wenn sie nur nach Sachsen zurückkehre und ihm ausliefere, was er unbedingt haben muß.

Am 17. Oktober 1680 wurde dem Ritter Joachim Brockdorff und seiner Frau Anna Margarethe auf dem holsteinischen Gut Depenau ein Mädchen geboren, das den Namen Anna Constantia bekommt. Constantia, die Beständige, hat von ihrem Vater, einem Oberst zu Pferde im Generalstab des dänischen Königs, in den ersten neun Jahren ihres Lebens nicht viel gesehen. Die meiste Zeit führte die Mutter das Gut. Nicht ohne Grund läßt sich vermuten, daß der kleinen Constantia das Beispiel der tatkräftigen Mutter ein gerüttelt Maß Selbstbewußtsein und Vertrauen in die weibliche Handlungsfähigkeit gegeben hat. Die Erziehung Constantias hat sich von der ihrer Brüder kaum unterschieden. Die Mutter sorgte dafür, daß sie Sprachen, Mathematik und Geschichte lernte, sich in der antiken Mythologie ebenso wie in der Bibel auskannte; und der Vater besorgte nach seiner Heimkehr den »militärischen« Teil der Ausbildung: Reiten, Fechten, Schießen. Er machte aus Constantia eine Amazone, die im Herrensattel zur Jagd ritt und mit dem Schießprügel ebenso gut umzugehen wußte wie mit der Puderquaste. In ihr vereinte sich der Schöngeist der Maintenon mit der Derbheit der Liselotte von der Pfalz. Doch sie hatte von jener ebensowenig die Frömmigkeit, wie von dieser den Charakter. Ein zeitgenössischer Chronist, Carl Ludwig von Pöllnitz, hat später, als sie auf der Höhe ihrer Karriere war, ihren Charakter, im Vergleich zu ihrem Äußeren, »nicht ganz so vollkommen« gefunden: »Sie war mehr lebhaft als unterhaltsam, dazu wenig aufrichtig und launenhaft. Höflich war sie nur gegen die, die ihr huldigten, aber unnahbar gegen jene, die sie nicht verehrten. Sie war eigennützig und dabei doch freigebig, dankbar gegen Wohltaten, in ihrem Haß jedoch unversöhnlich. Eigenmächtig in ihren Wünschen, war sie nicht immer gerecht. Wie voreingenommen man auch immer gegen sie sein mochte: Wenn sie gefallen wollte, war sie unwiderstehlich.«

1694 hielten es die Eltern für an der Zeit, sie auf das »Leben« vorzubereiten und sie als Hoffräulein bei der Prinzessin von Holstein-Gottorf unterzubringen. Im Oktober des folgenden Jahres begleitete sie die frisch verheiratete Prinzessin an den Hof ihres Gemahls nach Wolfenbüttel. Konzerte und Opernaufführungen, Maskenfeste und Turniere, Hofbälle und die allseits beliebten »Wirtschaften« erlebte sie dort. Für Anna Constantia eine neue Welt: Wolfenbüttel ist ein Musenhof, verfügt über eines der besten Liebhaber-Theater, über eine

Bibliothek von 120 000 Bänden, der einst Lessing vorstand, und über eine angesehene »Ritterakademie«. Der regierende Herzog selbst wird häufig von der Muse geküßt und verfaßt dann mehrbändige Romanwerke.

Dabei geben die unruhigen Zeiten den Musen wenig Raum: Im Norden der Nordische Krieg, in dem Sachsen und Polen, Dänemark und Rußland gegen Schweden kämpfen; im Süden der Spanische Erbfolgekrieg. Und auf einmal steht der Krieg plötzlich vor der eigenen Haustür. Die Hannoveraner, mit England im Bunde, marschieren in das mit Frankreich verbündete Wolfenbüttel ein. Im Sommer 1702 ist alles wieder ruhig, und Constantia jung verliebt. Viele Anzeichen und einige zärtliche Briefe deuten auf den Prinzen Ludwig Rudolf. Zugleich machte ihr ein dicklicher Herr, Geheimer Rat des Königs in Polen und reich begütert, den Hof. Aber Constantia war schwanger, man schickte sie nach Depenau zurück. Irgendwann im Winter oder Frühjahr des folgenden Jahres, so hat Gabriele Hoffmann recherchiert, brachte sie ein Kind zur Welt, von dem man weiter nichts weiß, als daß man es ihr sofort wegnahm und in Pflege gab.

Und dann saß plötzlich der dickliche Geheimrat in der Diele des Depenauer Gutshauses: Adolf Magnus von Hoym, inzwischen Direktor des General-Accis-Collegiums. Am 2. Juni 1703 wurde Hochzeit auf Depenau gefeiert. Bald darauf reiste das Paar an die Elbe.

August der Starke hieß eigentlich Friedrich August. Als Zweitgeborenem war ihm nicht an der Wiege gesungen worden, daß er einmal Kurfürst und König werden würde. Prinz Friedrich August hatte eine sorgenfreie Jugend; er konnte seine Neigungen voll ausleben, beschäftigte sich mit Kunst und Architektur, mit Säbelfechten und den Hintern junger Frauen. Auf seiner Kavalierstour legte er bereits den Grundstein seines späteren Ruhmes als unersättlicher Sexualprotz und bärenstarker Händelsucher – ein Ruhm, der im übrigen zu wenigstens neunzig Prozent Legende ist. Sein älterer Bruder Johann Georg IV. regierte seit 1691. Dieser bleiche, scheinbar temperamentlose Jüngling, von klein auf mit Akten, diplomatischem Protokoll und Verwaltungsvorgängen aufgewachsen, wurde Opfer einer geradezu makaber anmutenden Mätressentragödie. Im Umgang mit dem weiblichen Geschlecht trotz standesgemäßer Verheiratung wenig gewandt, erlag er bereits dem ersten Anschlag auf seine naive Knabenseele. Vom Fräulein von Neitschütz, selbst kaum der Kinderstube entwachsen, aber von einem sagenhaften Geschlechtstrieb, hieß es, sie könne alles von dem jungen Kurfürsten haben. Die Neitschützsche Clique profitierte davon; angeblich wäre sogar mit Pillen und Tinkturen der Gefügigkeit des Kurfürsten nachgeholfen worden. Johann Georg ventilierte sogar das Problem einer zweiten Ehe und verwies dabei auf ein Gutachten Luthers zur Doppelehe des Landgrafen Philipp von Hessen; es ist, als ob der Graf von Gleichen aus seinem Grabe erwachte. Aber Sibylle erkrankte 1694 an den Pocken und starb. Anstatt darin ein Zeichen des Himmels zu sehen und Vernunft anzunehmen, drückte Johann Georg der Verblichenen einen Abschiedskuß aufs entstellte Antlitz. Dabei infizierte er sich ebenfalls mit Pocken und starb drei Wochen nach ihr.

Friedrich August hatte plötzlich den Kurhut auf. Binnen kurzem entfaltete er Aktivitäten, die man ihm nicht zugetraut hätte und die viele erschreckten. Er räumte mit dem Neitschützschen Klüngel auf, brachte die Finanzen in Ordnung und legte sich mit den Ständen an. Zum Entsetzen der orthodoxen Lutheraner trat er zum Katholizismus über und wurde König in Polen. Drei Jahre nach seinem Regierungsantritt war das Kurfürstentum zur europäischen Großmacht aufgestiegen, Dresden aus einem Provinznest zur europäischen Metropole geworden. Nur im Krieg gegen Karl XII. war er nicht immer glücklich. Für drei Jahre mußte er auf die polnische Krone verzichten und einen demütigenden Frieden hinnehmen.

Während die zur Fürstin von Teschen erhobene Gräfin Lubomirska, gewissermaßen Augusts polnische Kronmätresse, einen Sohn zur Welt bringt – den Chevalier de Saxe –, umwirbt der König in Dresden die Frau seines Generalakzisedirektors. Längst ist sie von den verschiedenen Hofparteien auf ihre Eignung zur offiziellen Mätresse geprüft.

Eine Szene wie aus einem Hollywood-Film markierte den eigentlichen Beginn des königlichen Liebeswerbens: Am 7. Dezember 1704 brannte, während Constantia gerade große Toilette machte, das Hoymsche Haus lichterloh. Der Brand alarmierte die halbe Stadt, den Hof und auch den König, der sich zum Ort des Geschehens fahren ließ. Dort sah er vor der lohenden Feuersbrunst eine schöne Frau in vollster Abendtoilette die Löschkolonnen kommandieren. Als der Brand unter Kontrolle war, sah man Madame Hoym in die Kutsche des Königs steigen.

Aber noch müssen viele Monate vergehen, ehe August am Ziel seiner Wünsche ist; Anna Constantia sagt immer wieder nein, selbst als zwei Minister ihr offiziell die Stellung einer Mätresse anbieten. Eines Tages (oder besser Nachts) kriegt er sie ja doch rum, baut ihr Luftschlösser (und wird ihr auf dem Taschenberg ein richtiges bauen), beschenkt sie (zum Beispiel mit Pillnitz), ist aufmerksam, ist der zärtlichste grobe Kerl und der ruppigste Galan, den sie je hatte. Noch könnte alles als ein flüchtiges Abenteuer ad acta gelegt werden; aber der König verdoppelt seine Aufmerksamkeiten, beschenkt sie mit Schmuck und Zärtlichkeiten, betreibt ihre Scheidung von Hoym, der ihr seit langem zuwider ist. Aber Mätresse will sie nicht werden, sondern seine Frau. Wieder taucht das schlotternde Gespenst des Grafen von Gleichen aus der Versenkung auf: August will keine Doppelehe, sondern Ruhe im Land. Seine katholischen Polen wären nicht begeistert, und die orthodoxen Protestanten rebellierten, wenn Anna Constantia seine Frau zur linken Hand würde. So macht er den Vorschlag, sie solle für die Öffentlichkeit seine Mätresse werden, während er sie in aller Heimlichkeit, kraft seiner Unterschrift, zur Frau nähme. Dies Verfahren ist nicht aufrichtiger, als Luthers Gutachten Philipp von Hessen betreffend, aber es ist staatsmännisch etwas geschickter. Anna Constantia stimmt dem Vorschlag unter drei Bedingungen zu: August soll sich ganz von der Fürstin Teschen trennen; ihr, Constantia, eine jährliche Pension von 100 000 Talern zuweisen; und sie im Falle des Tods der Königin als Kurfürstin und Königin anerkennen und die mit ihr gezeugten Kinder legitimieren. Der König ist einverstanden, am 24. August 1705 bezieht »die Madame Hoymin ihr Hauß aufm Taschenberge«, August kauft für sie den Titel einer »Reichsgräfin von Cosel« (nicht nur, um ihr zu schmeicheln, sondern um sie nach diplomatischem Protokoll immer in seiner Nähe plazieren zu können), und am 12. Dezember 1705 geht ihr endlich der ersehnte Vertrag zu, der geheime Heiratsvertrag, den sie gut verwahrt und den August der Starke, als die Cosel zehn Jahre später nach Preußen entweicht, unbedingt zurückhaben will.

Als offizielle Mätresse hatte sie anstrengende Pflichten. Jeder Diplomat, der den König besuchte, machte anschließend bei ihr Visite. Jeder, der vom König etwas wollte, versuchte zuvor, sie für sich einzunehmen in der Hoffnung, daß sie August beeinflussen könnte. Natürlich hatte sie Einfluß, nicht nur durch die erfolgreichen Geldgeschäfte, die sie am Hof betrieb. Sie war ein politischer Faktor. Sie gewann Einblicke in politische Vorgänge, höfische Intrigen und diplomatische Geheimpfade, die nicht einmal der König alle kannte. Und außerdem war Krieg. Der unselige Nordische Krieg, in dem Sachsen mit Dänemark gegen Schweden verbündet war. Dänemark aber ist der intimste Feind von Holstein-Gottorf, ihrer Heimat, und Karl XII. von Schweden, der Gegner Dänemarks, logischerweise der natürliche Verbündete Holsteins. Der ganze Krieg Sachsens gegen Schweden, noch dazu um Polen, das Constantia so fern ist wie das Morgenland, gefiel ihr nicht.

Die Schweden fielen 1706 in Sachsen ein und saugten es gründlich aus. Kaum waren sie weg, wurden die rauschenden Feste und Jagden wieder aufgenommen. August tat das nicht aus Verschwendungssucht. Politisch war er so gut wie am Ende, das Land ausgeblutet, die Armee zerschlagen, die Wirtschaft am Boden. Die einzige Möglichkeit, den anderen europäischen Mächten Sachsen als Land der unbegrenzten Möglichkeiten vorzuführen: Er ließ sein bestes Tafelservice, die kostbarsten Schmuckstücke, die erlesensten Musiker glänzen und – die Gräfin Cosel. 1709, beim »Staatsbesuch« des dänischen Königs in Dresden, war sie der Star des fünfwöchigen Festprogramms. Aber der Mätressenalltag war nicht weniger anstrengend. Des Nachmittags verbrachte die Cosel viele Stunden mit dem Anlegen des Hofkleides. Während dieser Prozedur wurde vorgelesen, musiziert und Besuch empfangen. Und während der Bürger schlief, mußte der Hofadel bis tief in die Nacht feiern für das Wohl des Volkes. Richard Alewyn hat den Streßfaktor barocker Feste eindringlich zusammengefaßt: »Die höfischen Feste waren keineswegs ein ungetrübtes Vergnügen. Sie stellten allein an die physische Leistungsfähigkeit ganz erhebliche Anforderungen. War schon das höfische Leben überhaupt wenig mehr als eine permanente Unbequemlichkeit, so bedeutet das Fest darin den Gipfel.« Es ist Nacht, im Schlosse brennt noch Licht. Aber der Coup mit »Sachsens Glanz« gelang.

Im August 1709 brach August nach Polen auf: Ein Ereignis von Bedeutung für das europäische Gleichgewicht, das auch entsprechend beachtet wurde. Mit ganz eigenen Empfindungen beachtet es Liselotte von der Pfalz im fernen Frankreich: »Das wirdt ein bitteres scheyden geweßen sein zwischen König Augustus undt die Gräffin Cossel; die ist nun aber reich genug«, König August werde »woll eine neue bekommen, so ihn auffs neue ziehen wirdt«. Die alte Dame in Versailles hat Höhen und Tiefen des Hoflebens zur Genüge ausgekostet; sie kennt die Unbeständigkeit königlicher Gunst und weiß aus eigener Anschauung, was abgelegten Mätressen blüht. Constantia weiß es auch – sie selbst hat ja für die Entfernung ihrer Vorgängerin gesorgt – und bemüht sich, August so wenig wie möglich aus den Augen zu lassen.

In den Jahren 1710–12 machte sie fast alle Reisen des Königs mit. Als erste Frau des Hofes hatte sie ebenso viele Feinde wie Schmeichler. Und sie machte sich einen der mächtigsten Männer zum Feind, den Grafen Flemming. Sie mußte bemerken, daß August sie immer seltener in seine Pläne einweihte, daß die Schwierigkeiten, die er in Polen hatte, ihn veränderten, verschlossener und gereizter machten. Die Cosel brachte ihr drittes Kind vom König zur Welt, einen Sohn, der Friedrich August getauft wurde. Wie stets nach ihren Entbindungen lag sie wochenlang leidend. Währenddessen legte Flemming, der seine Umgebung davon überzeugt hatte, daß der König eine neue und vor allem polnische Mätresse brauchte, August die hübsche, aber etwas dämliche Gräfin Dönhoff ins Bett. Als sich die Cosel endlich entschloß, ihm nach Polen zu folgen, ließ August sie gar nicht mehr vor; auf halbem Wege abgefangen, begleitete eine Eskorte sie zurück nach Dresden. Und als der König schließlich im Dezember 1713 nach Dresden heimkehrte, wurde der Verbindungsgang zwischen ihrem Palais und dem Schloß abgerissen und der Cosel befohlen, sich aus Dresden zu entfernen und in Pillnitz Quartier zu nehmen.

Ihre Verbannung ist ein so augenscheinlicher Beweis der Ungnade, daß die meisten Höflinge schnell die Fronten wechseln. Diejenigen, denen sie Geld geliehen hat, zahlen nichts mehr zurück. Nur wenige trauen sich noch, sich offen zu ihr zu bekennen. Zu ihnen gehört einer, der kein Höfling ist, aber das Los der Gefangenschaft kennt wie kaum ein anderer: Johann Friedrich Böttger, der Goldmacher und Porzellanerfinder,

der 13 Jahre in Kerkern und Verliesen zugebracht hat, damit er das Porzellanrezept nicht verrate; jetzt, kurz vor dem Ende seines Lebens in Freiheit gesetzt und zum Direktor der Porzellanmanufaktur ernannt, schickt er der verstoßenen Gräfin Cosel im Spätherbst 1714 weiße Orangenblüten, als ob er wüßte, welches Schicksal sie noch erwarten sollte.

Zwei Jahre hielt sie es in ihrer Pillnitzer Verbannung aus, dann floh sie nach Berlin. Sie hatte nicht die Absicht, nach Sachsen zurückzukehren, sie wollte aber auch nicht ihre beträchtlichen Vermögenswerte und ihre offenen Forderungen einfach in den Kamin schreiben. Sie hatte Vorsorge getroffen, daß ihre Pretiosen und Kunstgegenstände bei einer Hamburger Bank deponiert wurden. Vor allen Dingen hatte sie den Ehevertrag mit August dem Starken sicher verwahren lassen. Und genau diesen Ehevertrag will August unbedingt haben.

Der König ist von der Starrsinnigkeit seiner Ex-Mätresse verärgert. In Polen hat er einen Bürgerkrieg zu bestehen, und mit Österreich wurde die Verheiratung des Kurprinzen mit einer habsburgischen Prinzessin eingefädelt. Gerade in diesem Moment könnte eine Gräfin Cosel, die wieder gesellschaftliches Gewicht erlangt und peinliche Verträge vorlegt oder gar aus dem diplomatischen Nähkästchen plaudert, für unangenehme Verwicklungen sorgen. Scheinbar unbehelligt lebt Constantia ein dreiviertel Jahr in Preußen, doch ist ihre Verhaftung und Auslieferung an Sachsen schon beantragt. Als die Leipziger Herbstmesse 1716 herannaht, begibt sie sich nach Halle, um die Eintreibung ihrer Forderungen besser überwachen zu können. Anfang Oktober wird sie dort plötzlich unter Arrest gestellt und am 21. November an Sachsen ausgeliefert. Hinter der Grenze behandelt man sie wie eine Schwerverbrecherin, in Merseburg wird sie in einer Nacht dreimal von sächsischen Offizieren vergewaltigt. In Nossen erleidet sie einen Schlaganfall, und am Weihnachtstag 1716 endlich erreicht die Kranke die kleine Festung Stolpen, von der sie noch nicht weiß, daß sie auf ihr ein halbes Jahrhundert zubringen wird. August des Starken Angst vor dieser Frau, der er einmal alles zu geben versprach, muß gewaltig sein. Er läßt sie auf Stolpen, ohne Prozeß oder Anklageerhebung, lebendig begraben, so wie man heute einen defekten Kernreaktor einsargt. Doch ihren Stolz, ihren Lebenswillen bricht er nicht.

Anna Constantia überlebt August den Starken, sie überlebt seinen Sohn August III. und sie überlebt sogar den Enkel Friedrich Christian. Vierundachtzigjährig stirbt sie am 31. März 1765 gegen elf Uhr morgens – nach neunundvierzigjähriger Festungshaft.

Die Landplage: Christiane Wilhelmine von Grävenitz

Als eines Tages die Mätresse des württembergischen Herzogs Eberhard Ludwig verlangte, in die sonntägliche Fürbitte für das Fürstenhaus mit eingeschlossen zu werden, erwiderte ihr ein Prälat, dies geschehe doch schon seit langem, denn ein Vers im Vaterunser laute bekanntlich »und erlöse uns von dem Übel«.

Herzog Eberhard Ludwig, sechs Jahre jünger als August der Starke, regierte etwa zeitgleich mit dem »sächsischen Herkules«. Unter »putschartigen Begleitumständen hatte der Kaiser den noch nicht Siebzehnjährigen am 20. Januar 1693 für volljährig erklären lassen«, wie Otto Borst schreibt. Wie Friedrich August hatte es Eberhard Ludwig mit starken Landständen zu tun, die sich seinen absolutistischen Bestrebungen entgegenstellten. Wie der Sachse neigte auch der Württemberger zu Prachtentfaltung, luxuriöser Hofhaltung und Bauwut – als Schöpfer von Schloß, Garten und Stadt Ludwigsburg ist er in die württembergische Landesgeschichte eingegangen. Und wie der sächsische Kurfürst fühlte auch der Herzog zu Höherem sich berufen: Was August die polnische Krone war, das bedeutete Eberhard Ludwig der Marschallsstab eines Reichsfeldherrn und die Reichssturmfahne im Landeswappen.

Beide, Friedrich August und Eberhard Ludwig, suchten militärischen Ruhm zu erringen; August der Starke brach als König in Polen den Nordischen Krieg vom Zaune, steckte nach anfänglichen Erfolgen eine Niederlage nach der anderen ein, konnte nicht verhindern, daß Sachsen von den Schweden besetzt wurde, und mußte schließlich im demütigenden Frieden von Altranstädt vorübergehend auf die polnische Krone verzichten. Eberhard Ludwig hatte das Glück, daß er sich seine militärischen Meriten unter der Führung des »edlen Ritters«, des genialen Feldherrn Prinz Eugen von Savoyen erwarb. In der Schlacht bei Höchstädt (1704), in der Prinz Eugen und der Herzog von Marlborough die Franzosen schlugen und die drohende Besetzung Wiens abwendeten, kommandierte er den rechten Flügel des zweiten Treffens. Es heißt, er habe sich tief ins Handgemenge gewagt und sich als Soldat von verwegener Tapferkeit ausgezeichnet.

Beide, August und Eberhard Ludwig, folgten der Zeitmode, indem sie sich von ihren kriegerischen und politischen Anstrengungen bei Mätressen erholten. August der Starke hatte das Glück, als erstes die kluge, politisch zurückhaltende Gräfin Königsmarck zu treffen, eine Frau von Stil und Niveau, die ihn mit nervenden Szenen verschonte und der gegenüber alle späteren Mätressen nur gut gebaute Kleiderständer waren. Bei allen seinen Affären blieb August stets Herr der Situation, und wenn ihm eine seiner Damen dumm kam, wie die Gräfin Cosel, konnte er ausgesprochen garstig werden. Eberhard Ludwig hatte das Pech, an Christiane Wilhelmine von Grävenitz zu geraten, der er nicht gewachsen war.

Der württembergische Kammerjunker Grävenitz kam eines schönen Tages des Jahres 1706 auf die Idee, seine zwanzigjährige Schwester aus Mecklenburg an den Stuttgarter Hof nachkommen zu lassen. Höflinge schleusten die junge Dame beim Herzog ein, weil sie hofften, in ihr ein formbares Geschöpf vorzufinden, mit dem sich Einfluß auf den Herzog gewinnen ließe. Sie sollten sich wundern, wie schnell ihr Schützling ihrer Führung entglitt und sie selber zu Marionetten im Spiel der Mätresse wurden.

Am 13. November 1707 ließ Herzog Eberhard Ludwig seinen überraschten Untertanen offiziell mitteilen, er habe sich schon im Juli in Oberhausen »kirchlich zur rechten Hand« mit Christiane Wilhelmine von Grävenitz trauen lassen. Die herzogliche Proklamation löste einen Sturm der Entrüstung aus. Das Problem bestand darin, daß Eberhard Ludwig bereits seit 1697 »mit der guten, aber gänzlich reizlosen Johanne Elisabethe von Baden« verheiratet war. Im Gegensatz zu der an Fürstenhöfen durchaus nicht unüblichen morganatischen Ehe – so wurde eine standesungleiche Eheschließung an Fürstenhöfen bzw. eine fürstliche Zweitehe »zur linken Hand« bezeichnet –, stellte dieses Faktum einen Fall »echter Bigamie« dar – und das in einem Land, das sich rühmte, seit zwei Jahrhunderten von familienbewußten Herrschern regiert zu werden. Aber nicht nur im eigenen Land sah man die Doppelehe des Herzogs mit Mißfallen; verschiedene deutsche Fürsten äußerten ihre Bedenken und Warnungen, Anfang 1708 erschienen auch kaiserliche Emissäre, um sich über die Familienverhältnisse am württembergischen Hof zu informieren.

Was nun folgte, war ein Possenspiel seltener Prägung. Dem Kaiser gegenüber versicherte Eberhard Ludwig, daß er sich mit seiner Herzogin »christlich wieder reconcilieren« wolle; zugleich forderte er für die Grävenitz, inzwischen zur Gräfin Urach erhoben, 100000 Taler Entschädigung, zahlbar von den württembergischen Ständen. Man einigte sich schließlich auf 50000 Taler und die alsbaldige Abreise der Gräfin; die Stände reute das Geld, aber die Mätresse war erst einmal aus dem Weg.

Der Kriegsheld Eberhard Ludwig nutzte fortan jeden Vorwand, um sich in »militärischen Angelegenheiten« aus Stuttgart zu entfernen. Es kam, laut Walter Fellmann, »den Stuttgartern die bange Ahnung, er lausche wohl nicht dem Kriegslärm, sondern dem Bettgeflüster seiner Christiane Wilhelmine«. Diese meldete sich wieder, als die 50 000 Taler Abfindung durchgebracht waren; sie stimmte offiziell der Trennung von Eberhard Ludwig zu. Wieso nun plötzlich dieser Sinneswandel? Wenig später wußte man es. Die Grävenitz hatte wieder Heiratsabsichten. Oder waren es die Absichten des Herzogs, denen die Grävenitz folgte? Der Auserwählte war des Heiligen Römischen Reiches bekanntester Schuldenmacher, der ansonsten ebenso bedeutungs- wie charakterlose böhmische Graf Johann Franz Ferdinand von Würben. Jene Optimisten am Hofe, die glaubten, die Grävenitz damit endgültig los zu sein, bekamen einen gehörigen Schreck, als sie vernahmen, daß eben jener Graf Würben zum württembergischen Landhofmeister ernannt worden war. Der Herzog beruhigte die Kritiker. Graf Würben werde in Wien Wohnsitz nehmen, und wo der Graf wohnte, würde auch die Gräfin Würben wohnen. Würben erhielt jährlich 8 000 Taler Gehalt dafür, daß er sich von Württemberg fernhielt und eine einmalige Abfindung von 20 000 Gulden als Entschädigung dafür, daß er auf alle ehelichen Rechte an der Grävenitz verzichtete. Graf Würben konnte dieses luxuriöse Amt noch zehn Jahre genießen. 1720 starb er, ziemlich unbetrauert, am wenigsten von seiner Gattin.

Die nämlich fand sich bereits 1711 wieder in Stuttgart ein. Als Gattin des ranghöchsten württembergischen Hofbeamten stand ihr ein Wohnsitz in Stuttgart zu. Wieso dieses? Weil in dem Vertrag mit Würben zwar dem Grafen, nicht aber seiner Gattin das Betreten Württembergs verboten worden war. Was sich, wie man glaubte, von selbst verstand, erwies sich als wohlangelegtes Loch im Zaun, durch welches das Kätzchen wieder zu seinem Kater schlüpfen konnte. »Das Blatt hatte sich gewendet«, schreibt Walter Fellmann. »Vor einigen Monaten noch unerwünschte Person, vom Kaiser verwarnt, mit Geld versehen, um sie außer Landes zu bringen, durfte die Frau Landhofmeisterin den ›Vortritt‹ beanspruchen. Die Herzogin-Mutter kränkelte und starb 1712, die Herzogin mied, schokkiert ob der neuerlichen Peinlichkeiten, öffentliche Auftritte. So fiel der Gräfin die höchste Stellung zu, die eine nicht zum Herrscherhaus zählende Frau einzunehmen vermochte.«

In den folgenden zwanzig Jahren entfaltete sie ein Mätressenregiment, wie es schlimmer kaum vorstellbar ist. Posten und Konzessionen wurden fast ausschließlich gegen Geld vergeben, ganz gleich, ob der Ämterschacher als direkter Kauf, Hinterlegung einer Kaution oder als Zwangsanleihe kostümiert war. Eine korrupte Beamtenschaft ließ es zu, daß für eine Taxe zwischen 1 500 bis 4 000 Gulden beinahe jede Anklage fallengelassen wurde; es kann bei dieser Praxis nicht wunder nehmen, daß es unter diesen Umständen zu einer Fülle von Denunziationen und Anklageerhebungen aus nichtigen Anlässen kam, um diese Geldquelle möglichst reichlich sprudeln zu lassen.

Dabei war die Grävenitz offenbar »mehr als eine ewig lächelnde Konkubine und mehr als eine Intrigantin«. Sie brachte vielmehr, wie Otto Borst vermerkt, »eine angeborene Bereitschaft zum ›Regieren‹ mit« – eine Tatsache, die August der Starke bei seinen Mätressen nie hingenommen hat, die hingegen Eberhard Ludwigs Unfähigkeit, in seinen Landeskindern etwas anderes zu sehen als exerzierende Zivil-Regimenter, auf das prachtvollste ergänzte. Denn alle Versuche der traditionell starken württembergischen Landstände, sich gegen die Anmutungen der »Landhofmeisterin« zur Wehr zu setzen, scheiterten. »Als Eberhard Ludwig starb«, schreibt Borst, »war die landständische Verfassung Württembergs bedeutungslos geworden.« Und die Grävenitz hatte, indem sie dem Mätressen-

Absolutismus zum Erfolg half, einen bedeutenden Anteil an dieser Entwicklung.

Das Ende ihrer Karriere kam plötzlich und unerwartet. Der Herzog hinterließ, als er 1731 den Soldatenkönig Friedrich Wilhelm in Berlin besuchte, in Ludwigsburg die Order, die Landhofmeisterin habe, wenn er zurückkomme, verschwunden zu sein. Eine Pension von 10000 Gulden jährlich gebe er ihr auf den Weg, und ihre sämtlichen privaten Besitztümer dürfe sie ebenfalls behalten. Das war immerhin ein ehrenvoller Abschied. Eine nähere Begründung lieferte der alte Haudegen nicht; er gab Ordre, man hatte zu parieren. Wilhelmine parierte nicht sogleich, aber der in diesen Fragen humorlose Herzog verlieh seinem Ausweisungsdekret mit militärischer Bedekkung und einer Portion Festungshaft gehörigen Nachdruck.

Wahrscheinlich war er der Launen und Schrullen der alternden Gräfin einfach überdrüssig. Er nahm sich eine andere, jüngere Geliebte. Viel Zeit, deren Aufmerksamkeiten zu genießen, hatte er freilich nicht mehr. Am 31. Oktober 1733 starb er, ein Dreivierteljahr nach August dem Starken, mit dem ihn scheinbar so vieles verband, von dem ihn aber die Auffassung, was einer Mätresse im Lande zu tun erlaubt sei, grundsätzlich unterschied. Was er an der harten Bestrafung der Gräfin Cosel exemplarisch demonstriert hat.

Gouvernante und Geliebte: Mme de Maintenon

Die Cosel starb im Alter von vierundachtzig Jahren. Ebenfalls vierundachtzigjährig starb, als die Cosel gerade ihr drittes Jahr auf der Festung Stolpen verbrachte und noch immer voller Hoffnung war, der König würde sich seiner Liebe wieder entsinnen und sie begnadigen, am 15. April 1719 Francoise de Maintenon. Auch Mme de Maintenon endigte ihr Leben in der Einsamkeit einer Klause. Doch war ihr Rückzugspunkt St. Cyr freiwillig gewählt, und ihre Lebensbilanz fiel zweifellos positiver aus als die der Gräfin Cosel. In dem Alter, in dem die Cosel die Mätresse Augusts des Starken wurde, wurde Mme de Maintenon zum ersten Mal Witwe. In dem Alter, in dem die Pompadour starb, wurde Mme de Maintenon die Vertraute des Königs, den man mit der Sonne verglich. Besondere Pikanterie würzt ihren Fall. Denn sie brachte es von der Gouvernante der Kinder, die der König von einer anderen Dame hatte, bis zur einflußreichsten Mätresse, die es je an einem Hof gab. Ihre Karriere ist einzigartig, und unter den bedeutenden Mätressen der bedeutenden Herrscher ist sie eine singuläre Erscheinung.

Am 12. Juni 1684 wurde es um Mitternacht in der Kapelle von Versailles plötzlich noch einmal lebendig. In aller Stille versammelten sich sechs Männer und eine Frau. Das Halbdunkel weniger Kerzen gab einen gespenstischen Hintergrund. Pater La Chaise, Beichtvater und Vertrauter des Königs, leitete die Zeremonie. Bontemps, der erste Kammerdiener des Königs, ministrierte. Der Erzbischof von Paris gab dem König und seiner fast fünfzigjährigen Braut den Hochzeitssegen. Trauzeugen waren Marquis de Louvois, Staatsminister und Oberintendant der königlichen Bauten, Künste und Manufakturen, sowie Marquis de Montchevreuil, ein Adliger, seit 1658 mit der Braut befreundet und auch unter der Gunst des Königs stehend. Nachdem das Paar sich das Jawort gegeben hatte, lief die Gesellschaft ohne alle Feierlichkeit, ohne Musik und ohne den geringsten Hochzeitspomp auseinander.

Francoise d'Aubigné, verwitwete Mme Scarron, seit 1674 Marquise de Maintenon, hat dreieinhalb Jahrzehnte zwar nicht Frankreich, dafür aber den französischen König regiert. Bei derart nachhaltigem Einfluß auf den ersten Mann im Staate, der von sich meinte, der Staat selbst zu sein, nimmt es nicht wunder, daß »von der Parteien Gunst und Haß verwirrt« auch ihr »Charakterbild in der Geschichte« schwankt. Elisabeth Charlotte von der Pfalz, seit 1671 die zweite Gemahlin von »Monsieur« – das ist der Hoftitel des Herzogs Philipp von Orleans – und damit »Madame«, spricht nie anders als mit speiendem Haß über die »alte Zott«. Der Herzog von Saint-Simon hingegen, im Gegensatz zu Liselotte Insider der Hofgesellschaft und, obwohl durch die Ungnade des Königs in seiner Karriere behindert, in seinen berühmten *Memoiren* weit eher nüchterner, ja protokollarischer Beobachter als die Deutsche, schildert das Mätressenwesen ohne alle Entrüstung: die Maintenon ist für ihn einfach eine naturgegebene Institution. Seine Kritik ist sachlich, kühl, vernichtend. In den *Memoiren* riecht man regelrecht den Mief, der von dem alternden Monarchen, seinem Starrsinn, der Bigotterie der Hofschranzen ausging, spürt die lähmende Langeweile und den zuckenden Altersschwachsinn der ganzen höfischen Gesellschaft.

Dreißig Jahre, bevor sie als Mme de Maintenon die allgemein anerkannte Favoritin und bald darauf die heimliche Gemahlin des Königs wurde, war Francoise d'Aubigné schon einmal eine ungleiche Ehe eingegangen: Mit Paul Scarron (1610–1660), dem wichtigsten Vertreter der antiklassizistischen, burlesken Literatur in Frankreich, der durch ein Jugendabenteuer an Händen und Füßen gelähmt war, »bucklig, lahm, häßlich ..., mit allen Gebrechen geschlagen, die das Schicksal zu vergeben hatte, und vielleicht gerade deswegen einer der unbestechlichsten Beobachter seines Jahrhunderts«. Francoise soll dem Dichter in ihrer achtjährigen »Ehe« eine aufopfernde Pflegerin gewesen sein. Als er 1660 starb, hat ihn die fünfundzwanzigjährige Witwe wohl aber kaum betrauert.

Francoise stammte aus einem alten, schon im 11. Jahrhundert nachweisbaren Adelsgeschlecht. Ihr Großvater, der Hugenottenführer Agrippa d'Aubigné, hatte noch Schulter an Schulter mit Heinrich IV. gekämpft. Ihr Vater aber kam auf die schiefe Bahn und endete 1647 als geächteter Strandräuber in

Westindien. Francoise selbst war 1635 in einem Gefängnisverließ geboren und von den Eltern in Martinique protestantisch erzogen worden. Nach dem Tode ihres Vaters wurde sie in einem Pariser Kloster nach langem Widerstreben zum Katholizismus bekehrt.

Durch ihren verstorbenen Mann war sie unter anderem in das Haus des Marschalls d'Albret eingeführt worden, in dem sie der künftigen Mme de Montespan begegnete. Ein schicksalsbestimmender Zufall; denn ein Jahrzehnt später sollte sich die Montespan daran erinnern. 1669 brachte die Mätresse dem König das erste ihrer unehelichen Kinder zur Welt. Der Montespan waren Kinder lästig, und der König, der Kinder mochte und besonders seine Bastarde abgöttisch liebte, wollte die Frucht seiner neuerlichen Ausschweifungen vor der neugierigen Öffentlichkeit verbergen. Da fiel der Montespan die arme Witwe Scarron ein. Die aber zierte sich; ein Verhalten, das Ludwig an Frauen nicht ausstehen konnte. Er empfing sie dennoch – das erste Treffen bestätigte seine Vorurteile gegen den »gezierten« Frauentyp – und überredete sie, die dritte königliche Kinderstube zu führen.

Ludwig XIV. war Frauen stets sehr zugetan gewesen. Schon 1651, die Fronde war noch im Gange und Ludwig noch keine dreizehn, erwies er Mlle Tareau auf einem Ball so heftige Aufmerksamkeiten, daß ihr Vater, ein Pariser Anwalt, sie nach Hause in Sicherheit bringen mußte. Im Sommer dieses Jahres unternahm Ludwig häufige Ausritte mit »Mademoiselle« – diesen Hoftitel für die älteste Tochter von »Monsieur« trug damals Anna, die Tochter Gastons von Orleans. Mit siebzehn interessierte sich Ludwig für Olympia Mancini, eine der Nichten Mazarins. Im Haus ihrer Mutter lernte er auch Marie, eine andere Mancini-Schwester kennen. Zu Beginn des Jahres 1657 entflammte er kurz für eine Blondine namens de La Motte-Argencourt, doch schon im Februar wußte der Hof, daß Ludwig und Marie Mancini einander innig liebten. Und diese Neigung

Ludwigs erwies sich als so dauerhaft, daß Mazarin alle Kunst höfischer Intrige aufbieten mußte, um die beiden zu trennen. Mazarin suchte nach geeigneten Sedativa, um das siedende Bourbonenblut zu kühlen. Prinzessin Marguerite von Savoyen zunächst; Ludwig nahm sie kaum zur Kenntnis. Dann Maria Theresia von Spanien, die er am 9. Juni 1660 heiratete. Ein Jahr später bemühte er sich so auffallend galant um seine Schwägerin Henriette, daß »treusorgende« Höflinge »Monsieur« und Maria Theresia ihr Mitgefühl über die Unbesonnenheiten Ludwigs aussprachen. »Monsieur« begann sogar, den gekränkten Ehemann zu spielen; auch wenn ihm der Ehestand ziemlich schnuppe war, diese Unverfrorenheit seines Bruders durfte er einfach nicht hinnehmen. Henriette kam auf den Einfall, Ludwig sollte so tun, als wäre er in eine ihrer Ehrendamen verliebt, eine kleine platinblonde Siebzehnjährige, Louise Le Blanc La Baume, Demoiselle de la Vallière. Dieser schüchternen, sanften Tochter eines Provinzadligen begegnete Ludwig nun täglich in den Gemächern »Madames«. Er besuchte schließlich die Herrin nur noch, um die Dienerin zu sehen. Auf diese Weise kam Ludwig zu seiner ersten offiziellen Mätresse. Aber der erste Schmelz war bald dahin, die Hingabe Gewohnheit geworden. Geheimnisse barg Louise für Ludwig bald kaum noch. Da gewann eine junge Frau die Zuneigung der La Vallière. Sie hieß Athenais de Rochechouart Mortemart, seit 1662 Marquise de Montespan. Sie schmeichelte der La Vallière, erschlich sich ihre Freundschaft, versuchte alles, um den König auf sich aufmerksam zu machen. Und es gelang ihr. Ludwig schätzte die Unterhaltungen à trois, und er war betrübt, wenn er Mme de Montespan nicht bei Louise antraf. Ein neuerliches Versteckspiel hob an. Diesmal war es gleich doppelter Ehebruch, und der Marquis de Montespan, der in schwarzbeschlagener Kutsche mit Hirschgeweih auf dem Verdeck in Versailles vorgefahren kam, blieb unberechenbar. Daher mußte Louise vorerst weiterhin den Schein der offiziellen

Mätresse wahren. Erst 1674 brauchte man sie nicht mehr und entließ sie in ein Karmeliterinnenkloster.

Mme de Montespan schenkte dem König im Laufe von neun Jahren sieben Kinder, von denen vier das heiratsfähige Alter erreichten. Eins nach dem anderen wurde in die Obhut Mme Scarrons gegeben. Sie versah ihren Dienst mit Sorgfalt, erwarb sich dadurch die Achtung und nach und nach die Sympathie des Königs. 1674 erhielt sie für ihre Dienste das westlich von Paris gelegene Marquisat Maintenon.

Erst jetzt dämmerte der Montespan, daß ihr Gefahr drohte. Auch der Hof erwartete nach dieser Standeserhöhung der Witwe Scarron einen Machtkampf der beiden Rivalinnen, die mit so ungleichen Waffen fochten. Die Montespan geriet in Wut, biß um sich und verführte den König mit gesteigerter Leidenschaft. Die Folge waren drei weitere Kinder. Die erste Schlacht um die Seele Ludwigs hatte Mme de Maintenon verloren. Der König näherte sich der vierzig und wurde von einer ersten Torschlußpanik ergriffen. Er trieb es schlimmer und unsteter als je zuvor, als habe er schon gewußt, daß er sich Mme de Maintenon unterwerfen würde und sich noch einmal richtig austoben wolle. Er naschte an Mme de Louvigny; der rothaarigen Mme de Soubise-Rohan machte er einen Sohn, den späteren Kardinal und Großalmosenier; Mme de Ludres, eine Stiftsdame de Pussay, Mlle de Theobon und andere Damen von Stand mußten im Sommer 1676 die Gunst des Königs auf sich nehmen. Im Sommer 1678 erschien Mlle de Fontanges auf der Bühne von Versailles, die letzte Mätresse des Königs. Die Montespan hatte endgültig ausgedient. Der König ließ sie die Rolle spielen, die einst bei ihr die La Vallière hatte spielen müssen; sie hatte als offizielle Mätresse von den neuen Amouren des Königs abzulenken. Als 1680 der große Giftmordskandal Frankreich erschütterte, war die Montespan endgültig ruiniert. Auch sie war in den Skandal verwickelt. Jahrelang hatte sie Ludwig »Liebestränke« verabreicht, und es war ein Wunder, daß er sie überlebte. Freilich konnte er sich nun manche Stunde des Kopfwehs und der Übelkeit erklären.

Ludwig hatte bei Durchsicht der Akten der Giftmordaffäre vor Abgründen der Verworfenheit gestanden. Eine einzige konnte ihm jetzt beistehen mit Rat und Tröstung, die eine, die schon vor Jahren recht gehabt hatte mit ihren Vorhaltungen: Mme de Maintenon. Im März 1680 weiß der Hof von endlosen Gesprächen zwischen ihr und dem König, im April gehören zwei Stunden Gespräch mit ihr nach dem Diner bereits zum Tagesprogramm, und im Sommer verbringt der König jeden Abend die Stunden zwischen sechs und zehn bei ihr, »beide in Armstühlen« – eine geradezu königliche Erhöhung von Mme de Maintenon, die keiner Mätresse je zuvor zuteil geworden war. Die kleine Fontanges hatte Grund, über Vernachlässigung zu klagen, aber sie hatte nicht mehr viel Gelegenheit dazu, weil sie schon im Juni des folgenden Jahres ziemlich unbeachtet starb.

Der Einfluß von Mme de Maintenon auf Ludwig stieg. So gelang es ihr sogar, eine Versöhnung zwischen ihm und der Königin herbeizuführen. Dieser Umstand wurde vom Hof mit großem Erstaunen registriert, denn es war nicht Mätressenart, dergleichen zu tun.

Wenn sich dieser im Mittelalter übliche Begriff mit Sinn anwenden läßt, dann ist Mme de Maintenon so etwas wie Ludwigs Seelenführerin gewesen. Ludwig ist für sie ein hehres Erziehungsziel, wie es vordem seine unehelichen Kinder gewesen sind. Sie hat ihn regelrecht bekehrt, und es ist ungerecht, wie Liselotte von der Pfalz ihre Frömmigkeit nur für Heuchelei zu halten. Die neue Frömmigkeit steckt auch den Hof an, der im Mai 1682 endgültig nach Versailles übersiedelt. Ludwigs Rache für die Fronde war vollendet. Der neue Regierungssitz macht den Louvre zum Museum und Paris zur Provinzstadt. Die Hofhaltung ist glänzend wie nie zuvor, aber langweiliger denn je. Besonders betroffen sind jene, die keine

Neigung verspüren, sich der urplötzlich gewandelten Moralvorstellung zu beugen. In den Gängen und Galerien, wo man sonst schon mal ein Paar beim Liebesspiel überraschte, ertappt man jetzt hochwohlgeborene Damen, in stundenlange Gebete und Bußübungen vertieft. Trunkenheit, lose Bekleidung, unsittliches Betragen und auch nur frivole Reden, vormals gang und gäbe oder höchstens als läßliche Sünden betrachtet, können einen jetzt beim König unmöglich machen.

Am 30. Juli 1683 starb die Königin dank der stümperhaften Behandlung der Leibärzte, die drei Jahrzehnte später mit ihren Pferdekuren fast die gesamte königliche Familie ausrotten werden. Drei Tage später begab sich der König zu Mme de Maintenon nach Fontainbleau und war fortan ganz der ihre. Daß sie als Königin von Frankreich anerkannt werden wollte, kann man ihr mit gutem Gewissen nicht nachreden. Mehr als sie hatte, konnte sie nicht bekommen. Wenn überhaupt sie politisierte, dominierte die Alkoven- die Kabinettspolitik. Aber ihr Einfluß im spanischen Erbfolgestreit war nicht unbeträchtlich, und als gewiß kann auch ihre hysterische Abneigung gegen die Jansenisten, die Schule von Port Royal und andere religiöse Abweichungen gelten. Die Aufhebung des Edikts von Nantes, das die Hugenotten in Scharen aus dem Land trieb, ist ohne Zweifel dem religiösen Eifer der Maintenon wesentlich geschuldet. »Der König endert in allem so erschrecklich, daß ich ihn nicht mehr kenne«, schreibt Liselotte von der Pfalz in jenen Tagen und befürchtet, »der König hier helt mich noch vor huguenot«. Und Saint-Simon bemerkt: »Der König war der Frömmelei verfallen, und dies bei völliger Ignoranz. Und mit der Frömmelei verband sich die Politik.«

Wer jedoch annimmt, Mme de Maintenons Einfluß auf den König wäre nach Lage der so beschriebenen Dinge lediglich rein geistiger oder gar geistlicher Natur gewesen, vergißt bourbonische Sinnenfreude und Manneskraft. Die fünfundsiebzigjährige Maintenon fragt ihren Beichtvater, ob sie ihrem siebzigjährigen Gemahl immer noch zweimal am Tag zu Willen sein müsse, es greife sie so an. Der wiederum fragt seinen Bischof, und der Bischof entscheidet, das Weib müsse dem Manne untertan sein, und es habe seine Ordnung mit zweimal am Tag. Ein einziger Brief ist erhalten, den Ludwig 1691 an die Maintenon geschrieben hat: »Ich benutze Montchevreuils Abreise, um Sie einer Wahrheit zu versichern, die mir zu angenehm ist, als daß ich je müde werden könnte, sie zu wiederholen: ich liebe Sie immer, und zwar unbeschreiblich; wieviel Zuneigung Sie auch für mich haben mögen, ich fühle mehr für Sie, da mein ganzes Herz Ihnen gehört.«

Als der König am 1. September 1715 stirbt, verteilt Mme de Maintenon alle ihre Möbel und zieht sich nach St. Cyr zurück, jener Erziehungsanstalt für Töchter verarmter Adliger, die auf ihre Veranlassung hin gegründet worden war. Von dort kehrt sie nie mehr in die Gesellschaft zurück. Vier Jahre nach dem König stirbt auch sie im Alter von vierundachtzig Jahren.

Die Zweitfamilie: Gräfin Lichtenau

Während die Seelenbraut des Sonnenkönigs Macht und Einfluß gewann, an ihr vorbei keine Entscheidung getroffen werden konnte und Mme de Maintenon eben deshalb den Haß ihrer Widersacher auf sich gezogen hatte, erregte die Gräfin Lichtenau, die Hauptmätresse des preußischen Königs Friedrich Wilhelm II., allein durch ihre bloße Existenz Wut und Entrüstung ihrer biederen Landsleute, wurde zur Quelle von philiströsen Pamphleten und Spottliedern der sonst so weltläufig sich gebenden Berliner. Preußen war eben nicht Frankreich.

Was Friedrich Wilhelm II. mit der Gräfin Lichtenau verband, verdiente eigentlich nicht den Namen Affäre. Es war eher eine Zweitehe mit Familieneffekt, die weder der Mätresse einen besonderen Einfluß auf die preußische Politik verschaffte, noch den König daran hinderte, sexuell in fremden Revieren zu wildern. Zur Affäre wurde diese Beziehung erst nach dem Tod Friedrich Wilhelms II. gemacht, und zwar von seinem Nachfolger.

Am 17. November 1797, dem Todestag König Friedrich Wilhelms II. von Preußen erhält der Herr Oberst v. Zastrow den Auftrag, im Namen seiner Majestät Friedrich Wilhelms III. – der König ist tot, es lebe der König – eine Dame zu verhaften und im Marmorpalais von Potsdam zu arretieren. Oberst v. Zastrow ist in einiger Verlegenheit, er weiß nicht recht, wie er die Dame ansprechen soll: Wilhelmine Encke, alias Madame Rietz alias Gräfin Lichtenau. Er weiß nur, daß die Mätresse des dahingegangenen Königs in Ungnade gefallen ist und daß ihr der Prozeß gemacht werden soll.

Wilhelmine Gräfin Lichtenau geht in ihrem Arrest unruhig auf und ab. Der Tod des Königs – er hatte an »Brustwassersucht« gelitten, auch die übliche Kur in Bad Pyrmont brachte keine Linderung – ist nicht überraschend gekommen, trotzdem trifft er sie unvorbereitet. Der König hatte ihr zehn Tage vor seinem Tode 500 000 Reichstaler in holländischer Währung vermacht. Alle hatten dies richtig verstanden, als Hinweis an Wilhelmine, sich ins Ausland abzusetzen; alle, nur Wilhelmine nicht. Sie hat keine Vorkehrungen getroffen, sich selbst und ihr Vermögen – allein eine halbe Million in Wertpapieren – rechtzeitig in Sicherheit zu bringen. Sie hat den König gepflegt bis zum letzten Moment. Jetzt will man ihr den Prozeß machen, heißt es. Aber was will man ihr vorwerfen? Staatsverbrechen? Verschwörung? Hochverrat? Unterschlagung?

Eine fünfköpfige Untersuchungskommission, gebildet aus dem Staatsminister v. d. Recke, Major v. Lützow, Geheimrat Pitschel, Kammergerichtsvizepräsident v. Kircheisen und dem Geheimen Rat Beyme, versucht, eine Anklageschrift zu konstruieren. Das Vermögen der Lichtenau wird kurzerhand eingezogen, ihre Güter werden konfisziert und annähernd tausend Briefe beschlagnahmt, gesichtet und zu den Akten genommen. Aber die Kommission kann Wilhelmine keine staatsfeindlichen Aktivitäten nachweisen. Sie bekommt nur heraus, was alle vorher schon wußten, daß der verstorbene König nichts getan oder beschlossen hat, ohne vorher Wilhelmines Rat einzuholen und daß er andererseits durch ihren Rat sich nicht im mindesten hat beeinflussen lassen. Franz Mehring, der sonst keinen Anlaß sah, mit den Hohenzollern sonderlich schonend umzugehen, schrieb über Friedrich Wilhelm II.: »Seine Mätressenwirtschaft ist sehr übertrieben worden, namentlich soweit es auf die Gräfin Lichtenau ankam, die bürgerlichen Ursprungs war; in die Politik hat diese nicht einmal sehr kostspielige Wirtschaft kaum übergegriffen, wie sich denn die Hohenzollern vom politischen Mätressentreiben überhaupt, namentlich im Vergleich mit anderen Fürstengeschlechtern, auffallend frei gehalten haben.« Keinerlei Verbindung zu ausländischen Mächten kann man der Angeschuldigten in die Schuhe schieben. Selbst die Protokolle zu Geistererscheinungen, mit denen Friedrich Wilhelms Interesse an mystischen Dingen befriedigt wurde, lassen sich für eine Anklage wegen Staatsverbrechens schwer gebrauchen. Die Justiz steht vor dem Dilemma, öffentliches Recht auf die Privatsphäre des Monarchen anwenden zu müssen. (Zweihundert Jahre später würde man es »Regierungskriminalität« nennen.) Man müßte erst den König verurteilen, um Wilhelmine anklagen zu können.

So bleibt dem neuen Monarchen nur der Schritt, Wilhelmine nach Glogau zu verbannen und sie dort unter Polizeiaufsicht stellen zu lassen. Das war zwar Unrecht und zudem noch ungerecht. Aber es lag in des Monarchen Machtvollkommenheit, so zu handeln. Und die Handlung wurde gedeckt mit dem Hinweis auf den gärenden Volkszorn.

Je mehr die Nachwelt Friedrich II. zum übermächtigen Nationalheros hochstilisierte, desto mehr ließ die Geschichtsschreibung seinen Neffen und Nachfolger zum Popanz verkommen. Die preußischen Hofhistoriographen hatten freilich auch gar kein großes Interesse daran, Friedrich Wilhelm II. sonderlich zu rühmen, eignete er sich doch vortrefflich zum Sündenbock: durch ihn war das Erbe des Großen Friedrich verschleudert, Moral und Sitten verludert, das feste Gefüge des friderizianischen Staates erschüttert und die Katastrophe von Jena letztlich verschuldet worden.

Geboren 1744 als Sohn des Prinzen August Wilhelm, des jüngeren Bruders Friedrichs II., avancierte er nach dem frühen Tode seines Vaters 1758 zum Thronfolger. Zu dieser Zeit zeichnete sich ab, daß es der König nicht mehr über sich bringen würde, mit seiner ungeliebten Frau einen legitimen Nachfolger zu zeugen. 28 Jahre lang verblieb Prinz Friedrich Wilhelm, den sie bald den »dicken Wilhelm« nannten, in dieser Warteschleife, im Schatten des Großen Friedrich. Diese achtundzwanzigjährige Untätigkeit, die unter dem Regime Friedrichs des Großen der Unmündigkeit gleichkam, dürfte nicht unwesentlich dazu beigetragen haben, den Thronfolger auf dumme Gedanken zu bringen. Friedrich Wilhelm war nicht nur von Natur aus kaum mit besonderem Genie begabt, von seinem Onkel, der ihn mit argwöhnischem Haß beobachtete, wurde er obendrein auch noch schlecht erzogen. Vor lauter Langeweile gab er sich sinnlichen Ausschweifungen hin, wie es übrigens Friedrich als Kronprinz auch getan hatte; jedoch gelangte Friedrich schon in jungen Jahren zur Regierung, so daß er »höheren Zielen nachtrachten konnte als leichten Siegen über willige Weiber«, wie Franz Mehring schrieb. Friedrich Wilhelm war schon 43, als er als zweiter dieses Namens auf den Thron der Hohenzollern stieg; »er befand sich in einem Alter, wo sich Lebensgewohnheiten nicht mehr zu ändern pflegen, wenigstens nicht bei schwachen Charakteren ...«. Der Hauptvorwurf der Mätressenwirtschaft, den man ihm mit gespielter moralischer Entrüstung macht, verdient indes Beachtung. Denn in der Tat scheint in Friedrich Wilhelm II. die Genußsucht und Liebe zur Prachtentfaltung seines Urgroßvaters, des ersten Königs aus dem Hohenzollernhause, wieder aufzuleben. Preußens Herrscher fallen sonst nicht gerade durch übertriebene Sinnenfreude auf. Sie sind entweder philosophisch oder militärisch gestimmt, Romantiker oder schwachsinnig. Mehr gab wahrscheinlich der karge märkische Boden nicht her. Die wirklich schönen Dinge des Lebens waren unter den roten oder schwarzen Adlern ganz Preußens selten zu haben.

Wenn ihm wirklich etwas vorzuwerfen ist, dann höchstens sein Talent, alle Seiten gegen sich aufzubringen. In der Außenpolitik hatte er keine glückliche Hand. Er trieb Preußen an der Seite Österreichs in die Koalitionskriege gegen Frankreich, in denen der legendäre Kriegsruhm des alten Fritzen bedenkliche Kratzer erhielt. Die zweite und dritte Teilung Polens wiederum, die Preußen bedeutenden Gebietszuwachs beschert hatten, verursachten nicht nur eine lange schwelende deutsch-polnische Feindseligkeit, sondern brachten ihn auch mit Österreich in Konflikt, so daß er mit dem Frieden von Basel 1795 aus der Koalition wieder ausscherte. Die Liberalen nahmen ihm die Verschärfung der Pressezensur übel und übersahen, daß er nur das in Gesetzesform brachte, was auch unter seinem Vorgänger schon Usus war. Daß er Friedrichs Toleranzedikt aufgehoben habe, ist auch mehr Legende als Wirklichkeit. Indes kostete ihn die Maßregelung Immanuel Kants die Sympathien der literarischen und philosophischen Salons. Er regierte ungern selbst. Die unangenehmen Geschäfte ließ er durch seinen Minister Wöllner erledigen. Im übrigen wollte er alles so laufen lassen, wie es lief. Das Ergebnis war, daß Preußen ohne Verbündete dastand, von Gott und den eigenen Untertanen verlassen, als es 1806 leichte Beute Napoleons wurde. Das dauerhafteste seiner Werke scheint die Erfindung der Bügelfalte gewesen zu sein, und auch das vollbrachte er unfreiwillig. Bei einem seiner Aufenthalte im Nobelkurort Bad Pyrmont hatte man versäumt, Sr. Majestät Beinkleid nach herrschender Mode rund zu bügeln. Friedrich Wilhelm begab sich mit Längsfalten in den Hosenbeinen auf die Promenade, und schon am nächsten Morgen ward die neue Mode kreiert – wer etwas auf sich hielt, bügelte sich Falten in die Hosen, nach Art des Königs von Preußen.

Wilhelmine Encke, die Friedrich Wilhelms Hauptmätresse wurde, obwohl sie selbst viel Wert darauf legte, als »treueste und beständigste Freundin« des Königs zu gelten und die Bezeichnung »Mätresse« nicht mochte, wurde am 19. Dezember 1753 als Tochter eines Dessauer Waldhornisten geboren. 1763 wurde der Vater in die Hofkapelle Friedrichs des Großen berufen und übersiedelte mit der Familie zuerst nach Berlin in die Spandauer Straße, später nach Potsdam, wo er unmittelbar neben dem Potsdamer Stadtschloß, dessen Mittelbau der Wohnsitz des Thronfolgers war, in der Schloßstraße 9 Wohnung nahm. Im Haus eines polnischen Grafen, der mit Wilhelmines älterer Schwester ein Verhältnis hatte und diese später sogar heiratete, verkehrten die Potsdamer Gardeoffiziere und gelegentlich auch der Thronfolger, der ja nichts anderes zu tun hatte, als seine Zeit abzuwarten.

Eines Tages bemerkt Friedrich Wilhelm, daß die dreizehnjährige Wilhelmine kein Kind mehr ist. Er bemüht sich fortan um deren Erziehung, indem er sie in Geschichte und Geographie unterweisen, sie Homer, Vergil und Shakespeare lesen läßt und ihr eine französische Gouvernante besorgt. 1766 wird sie zur Vervollkommnung ihrer Umgangsformen nach Paris geschickt. Dort verpaßt ihr die höfische Gesellschaft den letzten erotischen Schliff; zurückgekehrt und in Falkenhagen bei Nauen untergebracht, findet sie der Kronprinz nun reif zur Geliebten. Seine häufigen heimlichen Besuche haben zur Folge, daß Wilhelmine mit siebzehn Jahren ihr erstes Kind zur Welt bringt, das aber, wie auch zwei weitere Kinder, kurz nach der Geburt stirbt.

Der alte Fritz erfährt natürlich von dieser Liaison und ist weit entfernt, sie zu billigen. Längst hat er seine eigene Jugend vergessen und handelt, wie auch sein Vater gehandelt hatte, als er von den erotischen Eskapaden des Kronprinzen erfuhr: Er verheiratet Friedrich Wilhelm mit seiner Cousine, der Prinzessin Elisabeth von Braunschweig-Wolfenbüttel. Doch bewirkt diese Maßregel nichts gegen die ursprüngliche sexuelle Objektwahl. Die hübsche und lebenslustige Elisabeth hält sich für die Vernachlässigung durch ihren Gemahl mit dessen Gardeoffizieren schadlos. Nach der Geburt der Tochter Friederike wird die kronprinzliche Ehe wieder geschieden, weil der Hof, um es ganz dezent auszudrücken, die Legitimität des männlichen Nachwuchses für das Haus Hohenzollern nicht gewährleistet sieht.

Nach diesem Fiasko ist Friedrich II. unter bestimmten Bedingungen bereit, die Mätresse des Kronprinzen zu dulden. Es ist ihm denn doch lieber, der Thronfolger vergnüge sich mit des Landes eigenen Kindern als mit französischen Schauspielerinnen, hinter denen er sofort immer Spioninnen einer feindlichen Macht vermutet. So gibt er seinem Neffen 20 000 Taler zu, um ihr ein Haus in Charlottenburg zu verschaffen, schließt sie vom Hof aus und verheiratet sie mit dem Kammerdiener Johann Friedrich Rietz. »Meine Verheiratung mit der Gräfin geschah ohne Neigung und nur auf Befehl Sr. Majestät«, sagt Rietz später im Lichtenau-Prozeß aus. Auch Wilhelmine spricht von einer »Verbindung vorübergehender Art« – doch immerhin sind diesem neigungslosen Vorübergehen zwei Kinder entsprossen. 1770 geloben sich Friedrich Wilhelm und Wilhelmine ewige Treue – Friedrich Wilhelm hat sich an diesen Treueschwur bis zum Ende gehalten; auch als er sich nacheinander zwei weiteren Nebengemahlinnen antrauen ließ, einer Gräfin Ingenheim und einer Gräfin Dönhoff, die aber kaum mehr als eine marginale Existenz fristeten, zumal letztere, als sie sich anmaßte, in politische Dinge hineinzureden, in Ungnade fiel. Im gleichen Jahr wird der Kronprinz, im Interesse einer legitimen Thronfolge, zum zweiten Mal verheiratet. Der alte Fritz hat ihm diesmal die unattraktive Prinzessin Friederike von Hessen-Darmstadt ausgesucht, die nach dem Zeugnis von Zeitgenossen ein bißchen wunderlich – sie sah Geister und Gespenster und war überhaupt »ein unangenehmes Frauenzimmer, von niemandem geliebt« – gewesen sein soll. Aber Friedrich Wilhelm hatte seinen Willen durchgesetzt, seine Wilhelmine behalten zu dürfen. So scheute er sich nicht, im Gegenzug der hochfürstlichen Geisterseherin sechs Kinder zu machen und den Hohenzollernstamm königlichem Wunsche gemäß legitim fortzupflanzen. Friederike tolerierte auch die Musikantentochter neben sich. Wilhelmine, die es verstand, für Friedrich Wilhelm einen familiären Ruhepunkt zu schaffen – die Kinder, die in diese Familie hineingeboren wurden, liebte er abgöttisch –, hatte auch mit seinen sonstigen Liebschaften wenig Probleme. Ja sie wurde sogar zu seiner Vertrauten im Liebeskummer und sorgte, wenn sie ihm selbst nicht zur Verfügung stehen konnte, für sein sexuelles Wohlbefinden, indem sie ihm das eine oder andere Ballettmädchen zuführte. Wahrscheinlich haben diese lasziven Vergnügungen den Bildhauer Gottfried Schadow zu seinem Urteil hingerissen: »Zur Zeit Friedrich Wilhelms II. herrschte die größte Liederlichkeit. Alles besoff sich in Champagner, fraß die größten Leckereien, frönte allen Lüsten. Ganz Potsdam war wie ein Bordell; alle Familien suchten nur mit dem Könige, mit dem Hofe zu tun zu haben; Frauen und Töchter bot man um die Wette an, die größten Adligen waren am eifrigsten.«

Weniger tolerant gegenüber Wilhelmine war der Geheimbund der »Rosenkreuzer«, insonderheit ihre Mitglieder Johann Christoph Wöllner und Johann Rudolf von Bischoffswerder – beide Minister des Königs. Wöllner war ein kleiner Landpfarrer gewesen und hatte ein Fräulein von Itzenplitz geheiratet. Friedrich II., der solche Mesalliancen verabscheute, ließ

Wöllner in der Hausvogtei einbuchten, aber es half nichts. Als Friedrich Wilhelm den Thron bestieg, adelte er Wöllner und machte ihn zum Justizminister und Ressortchef für geistliche Angelegenheiten. Ihm hauptsächlich sind Zensuredikt, Religionsedikt und die Einrichtung mit dem ungeheuerlichen Namen »Geistliche Immediat-Examinationskommission« zu verdanken. Bischoffswerder, ein sächsischer Adliger, der sich im Besitz eines lebensstärkenden Wundermittels glaubte, war zuletzt Friedrich Wilhelms Außenminister. Der Thronfolger, ohnehin Aberglauben und Mystizismus zugeneigt, geriet als »Ormesus« in den Dunstkreis der Rosenkreuzer-Loge, wo ihn seine Logenbrüder »Heliconus« und »Farferus« alias Wöllner und Bischoffswerder nach Belieben lenken zu können glaubten. Ernsthaft redeten sie ihm ins Gewissen, sich des sündhaften Umgangs mit der bürgerlichen Madame Rietz zu enthalten. Wie die Minister Augusts des Starken in der Gräfin Cosel einen politischen Unsicherheitsfaktor sahen, so wollten die Minister Friedrich Wilhelms weder eine Mätresse noch eine »treueste und beständigste Freundin« zwischen sich und dem Thronfolger sehen.

1780 schickt Friedrich Wilhelm Madame Rietz mit ihrem angetrauten Kämmerer für einige Zeit nach Dessau. Das sind die Jahre, da Wilhelmine zum siebten und achten Mal Mutter wird, diesmal von Rietz. Bald kommt es zu unerfreulichen Szenen zwischen Wilhelmine und ihrem Ehemann, der glaubt, das Geld, das Friedrich Wilhelm ihr zukommen läßt, sei eheliches Vermögen und darüber habe er als Ehemann zu verfügen.

Die Maßregeln der Rosenkreuzer verfangen indes wenig. Friedrich Wilhelm teilt zwar nicht mehr das Bett Wilhelmines, aber ihren Tisch zu meiden, dazu läßt er sich nicht bestimmen. Zu sehr schätzt er die familiäre Atmosphäre, die er bei Hofe nicht finden kann. »Man hat sie wohl die preußische Pompadour genannt«, schrieb Franz Mehring, »was eigentlich doch nur insofern zutrifft, als sie nach dem Verblühen ihrer Reize entsagend genug war, dem Könige immer neuen Jungferntribut zu schaffen ... Sie war frei von dem Glimpf wie von dem Schimpf, der aus der Pompadour bei alledem eine historische Figur gemacht hat. Doch besaß sie bei aller Leichtfertigkeit eine große Gutmütigkeit; sie hat den König bis in die schrecklichen Stunden seines Todes gepflegt, als er von seinen Höflingen und Günstlingen und selbst von seiner legitimen Familie gänzlich verlassen war.« Wenn sie es, bewußt oder unbewußt, der Pompadour gleichtun wollte, versuchte sie es vor allem auf zwei Gebieten: Sie wurde, wie der Kulturhistoriker Hans Ostwald ermittelte, »die künstlerische Beraterin des Königs. Sie ließ allerlei Neuerungen in den Potsdamer Gärten anbringen und leitete die auf Wunsch des Königs vorgenommenen Parkanlagen auf der Pfaueninsel«; die endgültige Ausführung des dortigen Schlößchens geschah unter ihrer Anleitung. Zum anderen hatte sie bereits 1787 in Berlin Unter den Linden ein Privattheater gegründet; im Gegensatz zur Pompadour konnte sie aber kaum mit hochadeligen Mitspielern rechnen, und mehr als drei Aufführungen in zehn Jahren brachte das Liebhabertheater nicht zustande; eine davon war Goethes »Erwin und Elmire«.

Der dicke Wilhelm sendet seiner Freundin bei jeder Gelegenheit die zärtlichsten und vertrautesten Briefe in der zauberhaftesten verlotterten Orthographie, deren ein preußischer Monarch fähig ist. »Got der in meinem hertzen siehet weis wie hertzlich ich ihnen und meine zwei Kinder gut bin und das ich ohne ihnen zu sehn nicht volkomen glücklich sein kan und wen ich mir nun selbst unglücklich gemacht hätte so ist es sehr ungerecht von ihnen mir noch zu ergern, wenn ich gewis währe ihnen nicht mehr zu sehn so wolte ich lieber aus der welt seindt«, schreibt er nach der erzwungenen Trennung.

1795 geht sie auf eine längere Italienreise. Sie bleibt fast ein Jahr. Und es scheint ihr gefallen zu haben. Obwohl bereits etwas angejahrt, sonnte sie sich nicht nur unter Italiens azurblauem Himmel, sondern auch in der Gunst zahlreicher vornehmer Anbeter, deren wildester einer der *Chevalier de Saxe*, ein Sohn des sächsischen Prinzen Xaver, war.

1796 auf der Höhe ihrer Karriere, macht die sonst über Standesschranken so souverän hinwegblickende Wilhelmine vielleicht den entscheidenden Fehler. Um ihrer Tochter, die heiraten soll, eine standesgemäße Brautmutter zu sein, und weil sie auf ihrer Italienreise von Königin Caroline von Neapel nicht empfangen worden ist – der Affront galt nicht der königlichen Mätresse, sondern der bürgerliche Madame Rietz, denn später würde sich Königin Caroline mit der Geliebten von Admiral Nelson prächtig verstehen, aber die war ja auch eine rechtmäßig angetraute Lady Hamilton –, drängt sie den König, sie zur »Gräfin von Lichtenau« zu ernennen. Damit setzt sie sich ungeschickt zwischen alle Stühle: Der alte Adel ist über die Standeserhöhung der Hornistentochter genauso verbittert wie jene, aus deren Stand sie nun herausgehoben ward. Sogar der Kauf der Grafschaft Pyrmont wird erwogen, denn der Fürst von Waldeck, dem sie gehört, ist pleite und würde gegen Entrichtung eines entsprechenden Kaufpreises Wilhelmine heiraten. Doch sie kann die Summe nicht aufbringen, und der König stirbt, ehe das Projekt weiter ventiliert werden kann. Wilhelmine selbst hatte anscheinend keine Illusionen, wie ihre Erhebung in den Grafenstand bei den alteingessenen Standespersonen aufgenommen würde. Sie sei nicht so »einfältig, nicht zu wissen, nicht zu ahnden, was diese Standeserhöhung auf mich für nachteilige Wirkung haben mußte«. Sie weiß, daß sie nur der Gunst ihres königlichen Schutzherrn die Standeserhöhung verdankt und daß man sie nach seinem Tode nur um so tiefer erniedrigen wird.

Von allen ihren Vermögenswerten blieb ihr nach Friedrich Wilhelms II. Tod nur ein Haus in der Mohrenstraße. Alles übrige wurde konfisziert und gemeinnützigen Zwecken zugeführt.

Mit viel Rummel verkündete man, daß damit die Ausstattung der Charité verbessert würde. Und wie bei so vielen politisch intendierten Prozessen verlaufen auch die Ermittlungen im Falle Lichtenau endlich im Sande. Es ist gefährlich für einen König, über einen König zu rechten, wenn er selbst die Freiheiten eines Königs in Anspruch zu nehmen gedenkt. In aller Stille werden die Sanktionen gegen Wilhelmine aufgehoben. 1802 gestattet Friedrich Wilhelm III. ihre Wiederverheiratung mit dem 26 Jahre jüngeren Herrn Holbein von Holbeinsberg, dem Erfinder der Tantiemen für Theaterdichter, der sie um einer jüngeren Muse willen wenig später verläßt. Wilhelmine kann auch bald wieder über ansehnliche Geldmittel verfügen, und 1809 wird auch das Problem ihrer Leibrente zur vollsten Zufriedenheit geregelt. Am 9. Juni 1820 stirbt sie in Berlin an einem Leberleiden und wird in der St. Hedwigskirche beigesetzt.

Viertes Kapitel

Männer als Liebhaber

*Der Seelenführer: Elisabeth von Thüringen und Konrad von Marburg * Exkurs: Die Zweibeweibten – Philipp von Hessen – Der Graf von Gleichen – Fürst Pückler * Der Kardinal und die Königin * Der Ritter aus dem Norden * Inessa, die Kampfgefährtin des Diktators*

Männer haben's, wie man seit Herbert Grönemeyer weiß, schwer. Die Geschicke der Menschheit lasten auf ihren Schultern. Männer sind die eigentliche Menschheit. Nicht umsonst gehen in vielen Sprachen die Wortwurzeln von »Mann« und »Mensch« auf den gleichen Ursprung zurück. Auch Ernst Wasserziehers liebes altes »Ableitendes Wörterbuch der deutschen Sprache« führt das deutsche »Mann« nebst seinen althochdeutschen, -friesischen, -nordischen sowie gotischen, schwedischen, angelsächsischen und englischen Verwandten auf das altindische Wort »manu« für *Mensch* zurück. Tacitus berichtet über einen »Mannus« als Stammvater der Germanen: »In alten Liedern, der einzigen Art ihrer geschichtlichen Überlieferung, preisen die Germanen Tuisto, einen erdgeborenen Gott. Ihm weisen sie einen Sohn Mannus als Ahnherrn und Stammvater ihres Volkes zu ...« Die deutschen Männer tragen besonders schwer an ihrem Mann-/Menschsein; nur ganz schwer können sie's leicht nehmen.

Deutschland brachte viele Philosophen hervor. Das waren alles Männer. Da die Deutschen aus unerfindlichen Gründen ihre Philosophen mindestens so anhänglich lieben wie ihr Bier, fällt es ihnen besonders schwer, in Dingen der Liebe und der

Sexualität die traditionelle Mannesschwere und Biertumbheit abzuwerfen. Daß der »klassische« § 175 des Strafgesetzbuches nur gleichgeschlechtliche Beziehungen *zwischen Männern* unter Strafe stellte, lag nicht an der prüden Phantasie des Gesetzgebers, der sich homosexuelle Beziehungen zwischen Frauen nicht vorstellen konnte, sondern zu einem Gutteil an den Philosophen. In deren philosophischen Systemen hatte weibliche Sexualität keinen Ort. Dem Gehirn eines deutschen Philosophen mußte der weibliche Orgasmus fremd bleiben, weil sein geistiges Onanieren keinen Begriff davon gewinnen konnte. Während es in Frankreich schon eine Zivilgesetzgebung gab, die von der Gleichstellung von Mann und Frau ausging, bemühte sich in Deutschland einer der bis heute hochgeschätzten Geistesgiganten, die Unmöglichkeit der weiblichen Sexualität überhaupt nachzuweisen: »Das Weib kann sich nicht gestehen, daß sie sich hingebe … das Weib kann überhaupt sich nicht hingeben der Geschlechtslust, um ihren eigenen Trieb zu befriedigen; und da sie sich denn doch zufolge eines Triebes hingeben muß, kann dieser Trieb kein anderer sein, als der, den Mann zu befriedigen.« Geistiges Onanieren ins Körperliche transzendierend. Der Schöpfer dieses ebenso geschmacklosen wie grammatikalisch heillosen Satzes ist Johann Gottlieb Fichte. O Mannus!

Wenn man noch im 18. Jahrhundert (unter Männern) ernsthaft diskutierte, ob Frauen im engeren Sinne auch Menschen seien, nimmt es nicht Wunder, daß es Männern immer sehr schwerfiel (und bis heute schwerfällt), die Dominanz einer Frau in der Politik zu akzeptieren. Die Geschichte kennt viele Beispiele dafür, daß Frauen ins Spiel der Mächtigen eingriffen. Relativ selten waren sie selbst die Mächtigen, zu denen sich Männer in Beziehung setzen mußten. Frauen waren Regentinnen für ihre abwesenden Männer oder für die minderjährigen Kinder und Enkel. Frauen erbten Herrschaften, die sie nicht als Mitgift ansahen, sondern selbst regierten. War dies einmal der Fall, hat es nicht an Versuchen gefehlt, die Rolle dieser Frauen herunterzuspielen wie bei Maria Theresia oder Eleonore von Aquitanien, ihre Taten ins Legendäre zu verkehren wie bei Nofretete oder sie zu verleumden wie Kleopatra oder Maria Stuart, oder sie heiligzusprechen wie die Landgräfin Elisabeth von Thüringen. Wenn alles nichts half, wie bei der Jungfrau von Orleans, suchte man sie zu verleumden *und* heiligzusprechen. Mochten auch Verleumdung und Heiligsprechung zeitlich voneinander getrennt sein, beide Verfahren trugen dazu bei, die Lebensleistung dieser Frau der irdischen Wirklichkeit zu entrücken. Jeanne d'Arc wurde wegen ihres angeblich unweiblichen Verhaltens, dem Tragen von Männerkleidern, wegen ihres Einflusses auf Soldaten, Offiziere, Kleriker und sogar den König, wegen ihrer Visionen und ihres unwandelbaren Glaubens an ihre göttliche Mission der Hexerei für schuldig befunden und verbrannt. Das war 1431. Wegen des gleichen Verhaltens wurde sie allerdings auch heiliggesprochen. Das war 1920.

Schwierig für Mitwelt und Nachwelt war es stets, die Rolle einer außergewöhnlichen Frau an der Seite eines Herrschers zu beurteilen, schwer besonders dann, wenn der Herrscher sich als ziemlich gewöhnlich entpuppte. Auch hier entwickelten sich Verleumdung – wie am Beispiel der byzantinischen Kaiserin Theodora – und Verklärung – wie im Kult um Preußens Königin Luise – zu den beiden geläufigen Verfahren der historischen Beurteilung. Marie Antoinette etwa, neben der sich der biedere XVI. Ludwig etwa so passend ausnahm wie ein Skorpion auf einer Sachertorte, wurde kurzerhand die Schuld an der Französischen Revolution in die Schuhe geschoben. So leicht kann man sich's machen, wenn man als Sündenbock eine Frau zur Verfügung hat. Der Rückblick aus der Gegenwart in die Geschichte ist immer borniert; in manchen Fällen reduziert er die Vielschichtigkeit historischer Persönlichkeiten auf das First-Lady-Phänomen.

Fast immer wurden außergewöhnlichen Frauen erotische Affären unterstellt. Oft waren es pure Erfindungen. Manchmal waren es unwichtige, flüchtige Begegnungen. Manchmal verblaßte der Erfindungsreichtum hinter der Wirklichkeit, wie bei den theatergerechten Liebesaffären der Maria Stuart oder Elisabeths von England. In einigen wenigen Fällen aber kam der Weltgeist am Liebeslager eines Paares vorbei und änderte hinter den Bettpfosten die Richtung.

Der Seelenführer: Elisabeth von Thüringen und Konrad von Marburg

1230. In einem kleinen Kloster zu Wetzlar stellt der Kleriker Konrad von Marburg einer jungen Frau heimtückisch eine Falle. Er lauert Elisabeth auf, der verwitweten Landgräfin von Thüringen – seinem geistlichen Mündel und seiner großen Haßliebe zugleich. Deren Tochter hat er im Wetzlarer Kloster untergebracht. Elisabeth kommt aus dem nahen Marburg herüber, um ihr Kind zu besuchen. Konrad läßt die ahnungslose Elisabeth die Grenzen der Klausur überschreiten. Nach klösterlichen Regeln dürfte sie nun nie mehr in die »Welt« zurück. Doch sie weigert sich und verläßt das Kloster. Draußen wartet Konrad. Die Falle schnappt zu. Rohe Knechte ergreifen die zarte junge Frau und peitschen sie bis aufs Blut. Hilfe erflehend wendet sich Elisabeth an Konrad, doch ihr sadistischer »Seelenführer« steht daneben und delektiert sich an dem Schauspiel.

Die Frau ist ihm fürderhin ausgeliefert, und sie liefert sich ihm aus. Nicht nur einmal greift Konrad selbst zur Zuchtrute, nicht nur einmal befiehlt er Elisabeth, sich vor ihm zu entkleiden, stundenlang vor ihm zu knien, bis sie erschöpft zusammenbricht, nicht nur einmal peitscht er sie, um ihre Unbotmäßigkeit zu züchtigen, so lange, bis sich ihr geschundener Körper vor Schmerzen unter ihm windet. Konrad inszeniert wieder und wieder seine eigenen Gewaltpornos. Die rauschhafte Verbindung von Macht, Lust und Blut verschafft ihm jene Befriedigung, die er, vom Zölibat an natürlicher Sexualität gehindert, anders nicht finden kann. Und Elisabeth, die ihm allzugern nicht nur mit ganzer Seele gehört hätte, erduldet die Schläge, gibt sich ihnen hin.

Die so Gepeinigte war Zeit ihres Lebens Objekt sexueller, ökonomischer und machtpolitischer Begierden. Geboren 1207 als Tochter des ungarischen Königs Andreas II., wurde sie bereits ein Jahr später dem Musenhof des Landgrafen Hermann von Thüringen zu Eisenach zur Verheiratung angeboten. Man kam überein, sie dem Ältesten des Landgrafen zu geben. Dem Vertragsabschluß folgte eine kulturelle Umrahmung, die später zum *Sängerkrieg auf der Wartburg* hochgeblödelt wurde, weil man sich der Minnesänger bedient hatte, deren in Eisenach stets einige zur Hand waren.

Die vierjährige Elisabeth und der erst zwölf oder dreizehn Jahre alte Landgrafensohn wurden vor versammeltem Hof und geladenen Ständevertretern zueinander gelegt. Damit war der Vertrag von 1208 für jedermann sichtbar vollzogen und eine neue politische Realität geschaffen. Es tat der Sache keinen Abbruch, daß die künftige Landgräfin, erschöpft von Reise und Zeremoniell, auf dem Schaubette einschlief und die Würde des Augenblicks kaum begriffen hat.

Thüringen entwickelte sich zu dieser Zeit zu einem Machtfaktor ersten Ranges im Reich. Die Verlobung stellte eine familiäre Verbindung zum staufischen Kaiserhaus her; mütterlicherseits war Elisabeth mit Friedrich II. verwandt. Schon im 12. Jahrhundert hatten sich die Ludowinger, als sie in Thüringen ihren Landbesitz zusammenrafften, auf den König orientiert und waren nicht schlecht damit gefahren. Sie erkannten den umstrittenen König Lothar von Supplinburg an, und der bedankte sich durch die Verleihung der Landgrafenwürde – eine bedeutende Aufwertung des einstmals kleinen Grafengeschlechts. Geschickt schuf das Königtum damit ein Gegengewicht zu den mächtigsten Konkurrenten der Zentralgewalt, den großen Herzögen. Das Landgrafenamt gab den Ludowingern zugleich beste Möglichkeiten zur weiteren Anhäufung von Land und Besitz. Sie erwarben nördlich von Unstrut und Saale die Pfalzgrafschaft Sachsen, das Pleißen- und Osterland kamen unter ihre Gewalt und im Westen expandierten sie bis tief ins Hessische hinein, Marburg und Fritzlar gehörten damals zu Thüringen.

Doch die Kinderverbindung dauerte nicht lange. Ihr Zukünftiger starb 1216; mit neun Jahren war Elisabeth zum ersten Mal »Witwe«. Überdies verblich ein Jahr später auch ihr Schwiegervater in spe. So war – mit dem Wegfall der Geschäftsgrundlage – auch Elisabeths Zukunft in Frage gestellt. Sollte man sie nach Ungarn zurückschicken, wo ihre Mutter eben Opfer eines Mordanschlags geworden war?

Der neue Landgraf hieß Ludwig IV. Der Zweitgeborene kannte Elisabeth aus der gemeinsamen Kinderstube, in der sie wie Bruder und Schwester aufgewachsen waren. Nachdem er sich bei allerlei politischen Händeln seine ersten Sporen verdient hatte, fand er Elisabeth als aufblühende Schönheit wieder. Thüringen brauchte eine Landgräfin und Ludwig brauchte eine Frau. So heirateten beide 1221 in der Eisenacher Gertrudenkirche. Doch mehr als nur politisches Kalkül hatte diese Ehe gestiftet. Ludwig liebte seine Gemahlin zärtlich, behandelte sie mit Hochachtung, trat mit ihr gemeinsam auf, ließ sie an seiner Tafel Platz nehmen, wo gewöhnlich die Ritter unter sich blieben.

Ende März 1222 brachte Elisabeth – noch nicht fünfzehn Jahre alt – einen Knaben zur Welt. Allmählich wuchs sie an der Seite ihres Mannes in die Rolle einer Landgräfin hinein. Zu schön, um wahr zu sein, ist die Vorstellung, Elisabeth am

Musenhof zu Eisenach aufwachsen zu sehen, umgeben von Dichtern und Minnesängern, romantischen Szenen, wie sie Moritz von Schwind in seinen Fresken auf der Wartburg dargestellt hat. Auf dieser Feste herrschte damals reger Baubetrieb, so daß der Hof in der Stadt kampierte, während die Minnesänger auf der nahen Creuzburg weilten. Wahrscheinlich besuchte Elisabeth sie gelegentlich; als sicher gilt, daß sie in einem Raum der Creuzburg, der noch heute ihr Wappenzeichen erkennen läßt, ihr erstes Kind zur Welt brachte.

Sie sah das Elend im Lande und wie wenig ihre Almosen dagegen ausrichten konnten. Sie hörte vom Armutsideal der Franziskaner und vom Kinderkreuzzug. Sie vernahm die häretischen Lehren der Waldenser und Katharer. Auf der Suche nach geistiger Orientierung schwankte sie zwischen ihren ungarischen Lehrern und dem deutschen Hof. Ihre frühe Entwurzelung, ihre ungewisse Zukunft nach dem Tod des ersten Verlobten, ließen sie früh nach dem Sinn ihres Daseins fragen. Elisabeth fühlte sich von den Beguinenhäusern angezogen, die es in vielen Städten gab – auch in Eisenach. Dort lebten Frauen, die auf ihre weltlichen Güter verzichtet hatten, allein von ihrer Hände Arbeit. Ordensähnlich organisiert betätigten sie sich in der Armen- und Krankenfürsorge, betrachteten ihr Tun als Dienst zur Ehre Gottes.

Das glückliche Zusammenleben des Landgrafenpaares währte nicht lange. Mitte der zwanziger Jahre rief Kaiser Friedrich II. seine Ritter zum Kreuzzug. Auch Thüringen mußte aufrüsten. Landgraf Ludwig, mit dem Kommando über das deutsche Ritterheer betraut, holte das Letzte aus dem durch Dürre und Hungersnöte ausgebluteten Land heraus. In dieser Zeit begann Elisabeth zu Füßen der Wartburg mit dem Bau eines Hospitals. Franziskanischer Bettelordensgeist nistete sich am Hof ein. Ludwig schätzte zwar die Wohltätigkeit seiner Frau als Ergänzung seiner Machtpolitik, wollte aber nicht, daß sie seinen ganzen Besitz wegschenkte. Diesem Widerspruch entsprang eine der bekanntesten Elisabeth-Legenden: Die Landgräfin hatte ohne Erlaubnis aus den Speichern der Burg Lebensmittel für das Hospital genommen und unter ihrem weiten Mantel verborgen, als der Landgraf heranritt. Sie hätte nur Rosen gepflückt, um sie den Kranken zu bringen, schwindelte sie, und als Ludwig befahl, den Mantel zurückzuschlagen – siehe, da war ein Wunder geschehen und unter dem Mantel nichts als Rosen.

Zu dieser Zeit erscheint am Eisenacher Hof der Kleriker Konrad von Marburg. Als Sendbote des Papstes mit außerordentlichen Vollmachten. Denn auch für den Papst ist der Landgraf eine Schlüsselfigur. Dem Legaten offenbart Ludwig seine Sorge, Elisabeths soziales Engagement könnte während seiner Abwesenheit mit der Staatsraison und der Landeskasse kollidieren. Er überträgt ihm die Wahrnehmung der Patronatsrechte und nimmt ihn zum Beichtvater. Konrad lernt Elisabeths Auffassungen von christlicher Nächstenliebe kennen. Wortgewaltig und durchaus den zeitmodischen Armutsidealen nicht abgeneigt, bringt er »Ordnung« in die verwirrten Gefühle der achtzehnjährigen Landgräfin. Auf ausdrücklichen Wunsch Ludwigs wird er ihr »Seelenführer«. Diese eigens für höhere Stände eingerichtete geistliche Funktion eignete sich zur Kontrolle von Personen, an denen die Kirche besonderes Interesse hatte. Das Mündel hatte sich in diesem Falle freiwillig strengen Moralgeboten zu unterwerfen, um dem Leben nach Christi Gebot näherzukommen, und vor dem Vormund ein Gelübde abzulegen.

Genau das tut Elisabeth 1226 vor Konrad von Marburg. Es heißt für sie Verzicht auf den eigenen Willen und unbedingten Gehorsam dem Mann gegenüber, der den Willen Gottes verkörpert. Das Gelübde befreit sie aus der Bedrängnis zwischen geistlicher Überzeugung und weltlichen Tatsachen. Ludwig hat das Gefühl, Frau, Familie und Land in die Hand eines staatsklugen Verwesers zu geben. Und Konrad von Marburg kann dem Papst mitteilen, daß alles bestens läuft: Er verfügt über die kirchlichen Pfründe und lenkt die Geschicke der Landgrafschaft durch die »Seelenführung« Elisabeths.

Konrads Einfluß ist tiefgreifend und folgenreich. Elisabeth erkennt ihn als höchste Autorität nach ihrem Mann an. Er verschärft die von ihr selbst erlassenen Speisevorschriften, was praktisch andauerndes Fasten bedeutet. Er weckt sie oft mitten in der Nacht und läßt sie auf dem nackten Boden kniend beten. Er animiert sie dazu, sich selbst zu geißeln oder von ihren Dienerinnen auspeitschen zu lassen. Dergleichen Exerzitien waren in der Ordenswelt und in den Beguinenhäusern an der Tagesordnung. Elisabeth unterzieht sich ihnen willig, um die Sündhaftigkeit des Fleisches zu überwinden, die Schwäche des Körpers zu bekämpfen. Mag auch der Hof mit Erstaunen und zunehmend mit Befremden die Abhängigkeit der Landgräfin von einem fremden Kirchenmann beobachten, Elisabeth selbst fühlt sich durch Konrad bestätigt.

Im Juni 1227 verabschiedet sich Ludwig IV. von seiner Frau. Mit der Blüte der thüringischen Ritterschaft, unter der sich auch Graf Ernst von Gleichen befindet, bricht er zum Kreuzzug auf. Elisabeth begleitet ihren Mann bis zur Landesgrenze. Sie wird ihn nie wiedersehen. Ludwig stirbt am 11. September 1227 im süditalienischen Otranto an Typhus, ohne das Heilige Land betreten zu haben.

Zum zweiten Mal ist Elisabeth Witwe. Kaum von ihrem dritten Kind entbunden, sieht sie sich von Heinrich Raspe, dem jüngeren Bruder Ludwigs, aller Rechte und Einkünfte beraubt. Elisabeth, isoliert und quasi entmündigt, ist eine Gefangene. Ratlos und von allen verlassen flieht sie im Winter 1228 von der Wartburg. Sie irrt durch Eisenach, keiner will sie aufnehmen. Bald muß sie selbst um Almosen betteln. Ihr Seelenführer hatte in der Zwischenzeit dem Papst Gregor IX. Bericht erstattet, und dieser bestätigte in einer Urkunde, daß die Landgräfin unter seinem, des Papstes, persönlichen Schutz stünde. Mit dieser Urkunde hat Konrad nicht mehr nur die Seele, sondern Person, Besitz und Ansprüche Elisabeths in seiner Hand. Elisabeth aber hat das Hofleben satt und will Einsiedlerin werden. Konrad muß sie bewegen, ihre Ansprüche geltend zu machen. Entsagte sie ihres Besitzes, verlöre er all seinen Einfluß. Wenig später greifen die Verwandten mütterlicherseits nach der jungen Witwe. Elisabeths Onkel, Fürstbischof von Bamberg, möchte sie mit Kaiser Friedrich II. verheiraten, dessen zweite Frau gerade gestorben ist. Elisabeth weigert sich standhaft, und der Onkel setzt seine widerspenstige Nichte kurzerhand auf der Burg Pottenstein gefangen. Erst die thüringischen Ritter, die mit dem Sarg Ludwigs heimkommen, beenden diese Gefangenschaft. Konrad hat inzwischen von der Familie die Wittumsgüter ausgelöst, und im Sommer 1228 übersiedelt Elisabeth nach Marburg. Sie beginnt den Bau eines Hospitals auf ihrem Grund und Boden. Bald kommt es zu neuen Konflikten. Elisabeths Armuts- und Gleichheitsideal ist mit Konrads Gehorsam gegenüber der Kirchenhierarchie nicht vereinbar. Beider Leben scheint schicksalhaft verwoben. Sie kann sich nicht von ihm lösen, obwohl sie keinen Defensor mehr braucht, und ihn zieht es in ihre Nähe, er nimmt im Hospital Quartier. Die Exerzitien, denen sich Elisabeth unter Konrads Anleitung unterwirft, sind nichts anderes als geistlich motivierte sexuelle Ersatzhandlungen. Und je mehr Elisabeth ihm widersteht, desto mehr verschärft er die Vorschriften. In Eisenach wird man unruhig. Walter von Vargula, ein alter Vertrauter, ermahnt Elisabeth, sie möge »Sorge tragen und achthaben ihres guten Namens, denn um der vielen Gemeinschaft, die Ihr mit Meister Konrad habet, macht sich das törichte Volk böse Gedanken und redet unziemlich von Euch«. Vargulas Ermahnungen kommen zu spät. Konrad hat Elisabeth fest im Griff. Ist sie nicht gefügig, muß er sie zerbrechen. Er verjagt die ihr seit Kindertagen vertrauten Dienerinnen, verschärft die Fastenvorschriften, verlängert die

Nachtwachen und Gebete und baut schließlich seine Falle im Kloster zu Wetzlar.

Unter den andauernden Martern nimmt die Frau immer mehr ab. Noch auf dem Sterbelager will Konrad ihr ein Testament abtrotzen, diesmal ohne Erfolg. Physisch und psychisch zerbrochen stirbt sie im November 1231.

Doch auch der Toten war keine Ruhe vergönnt. Pilger strömten zusammen, um wundertätige Reliquien von der Leiche zu bekommen. Sie begnügten sich nicht mit Haarsträhnen und Fingernägeln, sondern schnitten der Aufgebahrten Ohrläppchen und Brustwarzen ab. Bald darauf begann die Prozedur ihrer Heiligsprechung. In den Annalen des Abtes Albert von Stade heißt es: »1236. Die heilige Elisabeth wurde in Marburg beigesetzt am 1. Mai in Anwesenheit des Kaisers und vieler Fürsten. Eine solche Menge Volkes versammelte sich dort, wie sie seit Menschengedenken niemand erblickt zu haben vermeint.«

Dem Seelenführer der Heiligen blieb das Glück nicht mehr lange hold. Des Objekts seiner Begierde verlustig gegangen, stürzte er sich wie wahnsinnig in Ketzerverfolgungen, manipulierte Prozesse, linkte Zeugenaussagen, wagte sich sogar an den Hochadel heran. Der verstand keinen Spaß mit dem größenwahnsinnigen Fanatiker. 1234 erschlugen ihn die Knechte eines Grafen.

Exkurs: Die Zweibeweibten

*Philipps Lust und Luthers Frust * Der Graf von Gleichen und Melechsala * Das heimliche Ja und das öffentliche Nein * Fürst Pückler auf Reisen*

Landgraf Philipp von Hessen war mit der Heiligen Elisabeth verwandt. Eine Seitenlinie hatte im 13. Jahrhundert die hessischen Besitzungen der Landgrafschaft geerbt.

Landgraf Philipp wird aus unerfindlichen Gründen Philipp der Großmütige genannt, wahrscheinlich weil er 1525 die aufständischen Bauern Thüringens abschlachten ließ. Man sieht, nicht nur die Verwandtschaft mit der Heiligen Elisabeth verband ihn mit Thüringen. Er führte aber auch die Reformation in Hessen ein und gründete 1527 in Marburg die erste protestantische Universität.

Als er fünfunddreißig war, begannen sich Wunsch und Wirklichkeit bei ihm zu verwirren. Er drang in die Marburger Elisabethkirche ein, knackte den Sarg seiner Ahne, der heiligen Elisabeth, und raubte ihre Knochen, die bis dahin vom Landkomtur des Deutschen Ordens verwaltet wurden. In einem Futtersack ließ er sie auf sein Schloß schaffen. Damit wollte der für seine ruhm- wie ruchlosen Taten bekannte Landgraf dem Heiligenkult um seine Vorfahrin ein protestantisches Ende machen.

Die Geschichte läßt manchmal solchen Frevel nicht durchgehen. 1547 muß Philipp, nach dem verlorenen Schmalkaldischen Krieg, die Reliquien wieder herausrücken. Laut Quittung werden noch »ein Haupt mit einem Kinnbacken, fünf Röhrenknochen, eine Rippe, zwei Schulterbeine und ein sonstiges breites Bein« wieder zurückgebracht.

Etwa um die Zeit des Reliquienraubes war ihm seine rechtmäßig angetraute Ehefrau, die Herzogin Christine von Sachsen, endgültig über. Philipp galt als ein sehr schöner Mann. Er hätte sich mit Mätressen vergnügen oder sich wohlfeile Dirnen ins Bett holen können. Das hat er früher getan, doch das hat er hinter sich. Es trug ihm wenig Erbauung ein, dafür aber sehr unangenehme Krankheiten und noch viel unangenehmere Kuren am Organ seiner Lust. Inzwischen ist er protestantisch geworden, und die Sitten sind nicht mehr ganz so locker. Der Papst war früher weit weg, aber Luther sitzt gewissermaßen in der Nachbarschaft. Philipp hat ein Auge auf eine der Hofdamen geworfen, Margarete von der Saale. Dieses Fräulein beabsichtigt er zu heiraten. Aber er möchte den Vorteil eines geregelten Sexuallebens nicht mit der Auflösung der dynastischen Ehe mit der Sächsin erkaufen. Mit anderen Worten, er will mit zwei Frauen gleichzeitig verheiratet sein.

Philipp von Hessen schreibt Luther einen Brief. Er betreibt die Sache streng vertraulich, »um einiger schwacher Christen wegen, die nicht mögen verärgert werden«. Die Intervention bei Luthern geschieht nicht ohne Heimtücke. Philipp erinnert sich an die Stellungnahme der Wittenberger anläßlich der Ehescheidung König Heinrichs VIII. von England. Luther hatte nachdrücklich für die verstoßene Königin Katharina Partei ergriffen. Er und Melanchton behaupteten damals, ein König dürfe das heilige Sakrament der Ehe nicht lösen, eher noch eine zweite Frau neben der ersten haben, denn Polygamie sei allemal besser als Scheidung.

Oft rächt sich solcherart propagandistische Übertreibung. Was als demagogische Spitze gegen den wilden Heinrich gerichtet war, kehrt sich nun gegen den frommen Martin. Und prompt nagelt Philipp die Wittenberger an ihrer eigenen Argumentation fest. Die Könige des Alten Testaments, erklärt er selbstbewußt, hätten auch alle mehrere Frauen gehabt. Und der Papst habe einst dem Grafen von Gleichen sogar die Zweitehe mit einer Muselmanin gestattet. Und überhaupt würde er sich an die kaiserlichen Räte wenden, was dann bestimmt der evangelischen Sache sehr abträglich wäre.

Das war natürlich glatte Erpressung. Melanchton bekam denn auch gleich nach dem Eingang des Briefes gastritische Zustände. Luther schäumte und fluchte wie ein Bauer. Mehr noch als die Drohung mit den kaiserlichen Räten verdroß ihn der Hinweis auf den Papst und auf den zweibeweibten Grafen.

Der Graf von Gleichen und Melechsala

Einst lebten auf einer thüringischen Burg bei dem Dorfe Wandersleben die Herren von Tonna zu Gräfentonna, die sich aus eigener Machtvollkommenheit seit dem 12. Jahrhundert zu Grafen ernannt und die Burg Gleichen erworben hatten. Fortan nannten sie sich Grafen von Gleichen und stiegen zu den bedeutendsten Adelsgeschlechtern Thüringens auf. Bekannt wurde ihr Name durch eine der berühmtesten Dreiecksgeschichten, der Legende vom zweibeweibten Grafen von Gleichen. Unbeweisbar und unwiderlegbar geistert sie durch die Jahrhunderte. In der ältesten schriftlichen Überlieferung von 1562 lautet sie ungefähr so: Ein Graf von Gleichen, der mit seiner Gemahlin ein ehrbares Leben geführt, geriet auf einem Zug gegen die Türken in die Gefangenschaft des Sultans. Nach einiger Zeit wurde des Sultans Tochter auf den Gefangenen aufmerksam. In Liebe entflammt, bewirkte sie gegen ein Heiratsversprechen seine Freilassung. Beide flohen und kamen nach Venedig, wo der Graf einen seiner Diener traf, der ihn suchte. Er erfuhr, daß seine angetraute Gemahlin mitsamt den Kindern sehnlichst auf ihn wartete. Der Graf begab sich mit der Türkin nach Rom und schilderte dem Papst seine verzwickte Lage. Der Papst erteilte Absolution, der Graf kehrte mit der

Muselmanin nach Thüringen zurück, wo die erste Gemahlin ihn und die Beischläferin in Freuden aufnahm. Alle drei verbrachten ihr Leben in Liebe und ohne Zwietracht. Gott aber, welcher gnädig diese Ehe gestattete, schenkte der ersten Gattin reichen Kindersegen, während die Muselmanin kinderlos blieb.

Die Sage beschäftigte die Gemüter. Bald spielte sie zur Zeit der Kreuzzüge, bald in der Zeit der Türkenkriege des 15. und 16. Jahrhunderts. Die Junggemahlin aus dem Morgenlande ist bald türkische Sultanstochter, bald sarazenische Prinzessin. Wir müssen die ethnischen Kenntnisse des Chronisten nicht allzu wörtlich nehmen. So wie dem heutigen Westmenschen alles »russisch« ist, was östlich von Polen haust, so war dem Chronisten von 1562 alles »türkisch«, was aus dem Morgenlande kam. »Der alt böse Feind, mit Ernst er's itzt meint; groß Macht und viel List sein grausam Rüstung ist, auf Erd ist nichts seinsgleichen.« Es war erst ein Menschenalter her, daß die Türken vor Wien lagerten, und noch über Generationen würden sie das Reich beunruhigen. Der Türke war das andere, das Böse schlechthin, wenn grad kein Jude zur Hand war. Und wer eine Türkin zur Frau nahm, konnte langandauernder Aufmerksamkeit gewiß sein. Man vermeint förmlich, das wollüstige Schaudern zu spüren, das den Chronisten erfaßt haben mag, als er den Namen niederschrieb: Melechsala.

Denn das ist der Traum des deutschen Mannes. Neben der züchtig waltenden Hausfrau am heimischen Herd, oft nicht mehr als ungeliebte aber unumgängliches Wirtstier für den legitimen Stammhalter, noch eine scharfe Exotin fürs Bett heimzuführen. Spätestens seit den Kreuzzügen, als mitteleuropäische Männer mit außereuropäischen Kulturen konfrontiert wurden, hatte die Begierde des Mannes ein Janusgesicht. Wonach es ihn verlangte, war zugleich verdammt. So war der außerehelichen Begierde gleich ein doppelter Schuldkomplex aufgeprägt – Ehebruch und Glaubensfrevel. Die Sage weiß ein harmloses Strafmaß: Die Muselmanin bleibt kinderlos, während der züchtigen Haufrau ein reicher Kindersegen beschert wird. Unübersehbar weist der moralisierende Zeigefinger des Chronisten Sexualität und Fortpflanzung jede auf ihren Platz.

Die Wirklichkeit war viel schlimmer. Die Hexenverfolgung trat nach den Kreuzzügen in ihre hysterische Phase. Tausende und aber Tausende Frauen wurden von ihren eigenen Ehemännern der Inquisition überantwortet. Der Zusammenprall der Kulturen hatte Begierden geweckt, die nur durch das Feuer ausgetilgt werden konnten. Die Frau, die diese Begierde zu erfüllen bereit war, mußte eine Hexe sein. Die Wiederentdekkung der Lust war für den Mann die Wiederentdeckung der Frau als Quelle des Urbösen. Er befleckte sich, wenn er sich hingab, wo er hassen und unterwerfen sollte.

Wahrscheinlich war es für die Gräfin von Gleichen ein großes Glück, daß ihr Alter sich eine Muselmanin mitgebracht hatte. Die Rollen waren aufgeteilt, die Affekte ausbalanciert und durch päpstlichen Dispens überdies dem katholischen Moralkodex Genüge getan. Die Grafen von Gleichen selbst glaubten so fest an die überlieferten Amouren ihres Ahnherren, daß sie alles sammelten, was mit der Sage in Verbindung stand. Besonders wird ein Wandteppich im Schloß Farnrode genannt. Er soll die Sage in acht handgeknüpften Bildern dargestellt haben. Goethes Schwager Vulpius hat ihn als letzter gesehen und beschrieben. Im 18. Jahrhundert wird auch noch eine dreischläfrige Bettsponde erwähnt, auf der sich der Graf mit seinen beiden Angetrauten vergnügt haben soll. Wichtigstes Zeugnis für die Sage war aber stets ein Grabstein des Grafen mit den zwei Frauen aus dem dreizehnten Jahrhundert, der heute im Erfurter Dom steht und früher zum Erbbegräbnis der Gleichener im Peterskloster gehörte. Während der Napoleonischen Zeit öffnete man das Grab, fand aber nicht die erhofften Beigaben, sondern nur Schädel und Gebeine. Nachdem ein Erfurter

Anatom drei der Schädel als die der Sagengestalten identifiziert zu haben glaubte, entbrannte erneut der Disput um den Wahrheitsgehalt der Legende.

Später hat die Sage auch literarische Gestalt gewonnen. Karl August Musäus legte der eigentlich nicht jugendfreien Story ein faltenreiches ironisches Gewand an und lenkte in *Melechsala* durch die Erfindung eines tolpatschigen Schildknappen die Aufmerksamkeit weg von den erotischen Tabuzonen. Dieser Knappe konterkariert das Schicksal des Grafen, indem er, treu allen sarazenischen Versucherinnen widerstehend, zu Hause angekommen seine bessere Hälfte bereits wieder verheiratet findet. Und nicht zuletzt ist Goethes *Stella* durch jene sagenhafte Geschichte geprägt worden. Inwiefern auch die *Wahlverwandtschaften*, »in welchem Roman er die Undurchführbarkeit und die Heiligkeit der Ehe nachwies«, während er zugleich höchst unstandesgemäß seine Melechsala, Christiane Vulpius, heiratete, von der Gleichen-Seuche infiziert sind, bedürfte gesonderter Untersuchung. Sogar der dickliche Franz Schubert, bestimmt kein Frauenheld oder Macho, war dem Gleichen-Fieber verfallen. Noch auf dem Sterbebette konzipierte er eine Oper, die *Graf von Gleichen* heißen sollte. Natürlich hatte die Zensur, die schon viel harmlosere Anmutungen für staatsgefährdend hielt, das verderbte Textbuch auf der Stelle verboten. Schubert war dennoch entschlossen, die Sache zu wagen, aber er starb darüber.

Einige Historiker sehen in Ernst III. von Gleichen den Bigamisten. Wenn er sich seine Melechsala vom eigenartig unkriegerisch verlaufenen Kreuzzug Kaiser Friedrichs II. mitgebracht hat – jenem Zug, auf dem Landgraf Ludwig IV. das thüringische Adelsaufgebot anführte –, dann hätte er sich seines doppelten Ehestands nicht lange erfreuen können. Ja, er hätte den Weg nach Hause nicht einmal geschafft, denn er starb schon 1228, und der Kreuzzug endete ein Jahr später. Allerdings wurde der Kreuzzug in Italien wegen der ausbrechenden Seuche unterbrochen; viele der Thüringer Ritter kehrten bereits im Frühjahr 1228 in die Heimat zurück. Ein anderer Ernst, vermutlich ein Neffe des Verstorbenen, regierte von 1228 bis 1287. Vielleicht hat er die Muselmanin vom Kreuzzug heimgeführt und auf der Burg nur noch die Witwe seines Vorgängers angetroffen. Vielleicht war Melechsala auch ein Beutestück aus der berühmten Festung Damiette in Ägypten, die 1219 von Kreuzfahrern erobert worden war. Vielleicht vererbte sie der Onkel dem Neffen. Vielleicht stammte sie auch gar nicht aus dem Morgenland, sondern vom Hof Kaiser Friedrichs II. – immerhin hielt der sich eine sarazenische Leibgarde. Warum sollte er nicht einen thüringischen Grafen auch mal mit einer muselmanischen Schönheit auszeichnen? Wie immer es in Wirklichkeit gewesen sein mag: Die Wahrheit der Sage ist unumstößlich, weil sie unbeweisbar und unwiderlegbar ist.

Das heimliche Ja und das öffentliche Nein

Auf diese Sage beruft sich also Philipp von Hessen. Man soll eben Politikern zwieschlächtige Worte nicht in den Mund legen. Sie besitzen selten genug Charakterstärke, sie mit der nötigen Vorsicht zu gebrauchen. Luther ist sauer, weil er unter Druck gesetzt wird. In der Ehesache selbst bleibt er lange unentschieden. Das Ansinnen widersprach zwar seinen eigenen Ehe-Vorstellungen; andererseits konnte man den hessischen Landgrafen auch nicht behandeln wie das gemeine Volk. Der Landgraf solle, bescheidet ihm schließlich ein Beichtrat Luthers vom Dezember 1539, in Gottes Namen seine Gretel haben. Aber nur ausnahmsweise. Denn es sei, heißt es in dem Schreiben, »ein großer Unterschied, ein gemein Gesetz zu machen, oder in einem Fall aus wichtigen Gründen und doch nach göttlicher Zusage eine Dispensation zu gebrauchen«.

Pikanterweise hatte dem Heiratsprojekt zuvor zwar die amtierende Gemahlin des Landgrafen zugestimmt, nicht aber die erwählte Neubraut, die Philipp erst einweihte, als alle Zusagen eingeholt waren. Hat Margarethe von der Saale als einzige die politische Dimension des Vorgangs erkannt? Hat sie kalte Füße bekommen so kurz vor dem Ziel, zweite Landgräfin zu werden? Oder sträubt sich ganz einfach ihr deutscher Biedersinn gegen die Bigamie? Jedenfalls hätte sie den ganzen Staatsakt beinahe noch geschmissen und muß zur Hochzeit regelrecht genötigt werden. Am 4. März 1540 endlich heiratet Landgraf Philipp seine zweite Frau, ohne von der ersten geschieden zu sein.

Die sogenannten großen Männer, die sich in den oberen Regionen von Politik und Geistesleben bewegen, neigen oft zu einer fast kindlichen Naivität. So hatten Luther und Melanchton ebenso wie Philipp angenommen, die Sache vor der Öffentlichkeit verbergen zu können. Das war auch in einer Zeit ohne Fernsehen, Rundfunk und Regenbogenpresse ein Ding der Unmöglichkeit. Natürlich wurde die Zweitehe ruchbar. Europa hatte einen Skandal ersten Ranges und die katholische Gegenpropaganda ihr Fressen gefunden, das ihr Luther frei Haus lieferte. Besonders der Rat der beiden Wittenberger nämlich, die Öffentlichkeit zu belügen, stand in allgemeiner Kritik. Melanchton – die Gastritis – meldete sich vor Ärger krank, und Luther schäumte auf gut bäurisch: »Was wäre es ob einer schon um Besseres und der christlichen Kirche willen eine gute starke Lüge täte ... Das heimliche Ja muß ein öffentliches Nein bleiben.« Die Jesuiten sagten es schlichter: Der Zweck heiligt die Mittel.

Die Heiratsaffäre jedenfalls schadete der protestantischen Sache mehr als alle Haupt- und Staatsaktionen dieser Jahre. Denn auch in Hessen galt die Halsgerichtsordnung Karls V., und der zufolge stand auf Bigamie »peinliche Strafe«. Auch Philipp, als Reichsfürst, war davon nicht ausgenommen. Um die Strafe von sich abzuwenden, schloß er mit dem Kaiser einen Geheimvertrag, der ihn verpflichtete, die gerade sich anbahnenden Verhandlungen des Schmalkaldischen Bundes mit Frankreich, England und Kleve zu hintertreiben, die gegenreformatorischen Maßnahmen der Habsburger nicht zu stören und die Nachfolge Ferdinands auf dem Kaiserthron anzuerkennen. Im Gegensatz zum Heiratskontrakt blieb dieser Vertrag wirklich geheim und zeitigte für die Protestanten verheerende Folgen. Dem Herzog von Kleve und Geldern wird der Beitritt zum Schmalkaldischen Bund verweigert. Die Kaiserlichen besetzten Geldern und erzwingen den Übertritt Kleves zum Katholizismus. Der Niederwerfung der Reformation im Kurfürstentum Köln schaut Philipp tatenlos zu. Und schließlich leistet der Schmalkaldische Bund dem Kaiser sogar Waffenhilfe gegen Frankreich und verliert damit jeden außenpolitischen Rückhalt. So standen die protestantischen Fürsten, als es 1546/47 zum entscheidenden Waffengang mit dem Kaiser, zum Schmalkaldischen Krieg kam, ohne Verbündete da.

Aber selbst innerhalb des Bundes ist Verrat zu wittern. Marx' wenig bekannte Notiz, daß, »wenn die bepißten Landgraf Philipp und Kurfürst Johann Friedrich nicht so schön das Feld geräumt hätten, Karl V. es hätte tun müssen«, ist nur eine drastische Beschreibung der seltsamen strategischen Inaktivität des Hessen. Am 19. Juli 1547 – »als der Esel Philipp, sich auf die Urkunden verlassend, ... zu Halle vor Karl V. erscheint« – kapitulierte er vor dem Kaiser. Karl V. sah keinen Anlaß, dem Verräter zu danken. Fünf Jahre saß der schöne Philipp in kaiserlicher Haft – und hatte somit auch nichts mehr von seinen beiden Gattinnen.

Wie anders aber hätte die Geschichte Europas verlaufen können, wenn nicht das Zentrum der protestantischen Opposition durch seine Affäre entscheidend geschwächt worden wäre. Wie anders, wenn er nie etwas vom Grafen von Gleichen und seinen beiden Frauen gehört hätte. Martin Luther hat das katastrophale Resultat seines Beichtrates nicht mehr erlebt.

Ach Melechsala.

Ach Machbuba.

Noch einmal feiert die Geschichte des Grafen von Gleichen ihre Reinkarnation. Wieder ist es ein deutscher Adliger, der sich im Morgenlande herumtreibt, dem sie die Auferstehung verdankt. Hermann Ludwig Heinrich Fürst von Pückler-Muskau: Der sächsischste aller Preußen, Händelsucher und Charmeur, Landschaftsarchitekt und Herumtreiber, Schriftsteller und Frauenheld, liberaler Feinschmecker und zynischer Aristokrat war extravagant bis zum Exzeß, ein Jet-Setter per pedes, ein Außenseiter, ein Exot unter den Stars des 19. Jahrhunderts, »der fashionabelste aller Sonderlinge, Diogenes zu Pferde«, dem Heine die *Lutetia* widmete, ein Dandy, ein Protodadaist.

Pückler war verheiratet mit der neun Jahre älteren Lucie, vormalige Reichsgräfin Pappenheim, geborene Hardenberg, die Tochter des preußischen Staatskanzlers. Pückler hatte eine zeitraubende und geldfressende Leidenschaft, die er mit vielen regierenden Fürsten des Barock teilt – das Bauen. Er begnügte sich aber nicht mit Häusern, ganze Landschaften mußten es sein. So wurde seine Standesherrschaft Muskau, die er im Laufe der Jahre zu einer einzigartigen Parklandschaft umformte, ein Faß ohne Boden. Kurz vor dem endgültigen Ruin machte ihm seine Frau, von Pückler zärtlich »Schnucke« genannt, den Vorschlag, die Ehe pro forma aufzulösen, damit sich Pückler in England eine »gute Partie« suchen könnte, um sich (und die Herrschaft Muskau) finanziell zu sanieren. Die Scheidung wurde vollzogen; die Brautschau in England geriet zum vollständigen Flop. Aber die Briefe, die der Pückler zweieinhalb Jahre lang an seine Schnucke geschrieben hatte, wurden – unter dem Titel *Briefe eines Verstorbenen* – ein enormer buchhändlerischer Erfolg. Sie trafen auf eine literarische Atmosphäre, die seit Heines *Reisebildern* für das Genre aufgeschlossen war. Sie rührten an den Zeitgeist und brachten jedenfalls mehr als die Reisekosten wieder herein.

Finanziell gestärkt durch weitere erfolgreiche Publikationen – zu den wichtigsten gehört *Tutti Frutti* von 1834, eine fünfbändige Sammlung von »Allotrien«, wie Pückler sie nennt, sowie aus dem gleichen Jahr die bis heute gerühmten und immer wieder aufgelegten *Andeutungen über Landschaftsgärtnerei* – ging Pückler wieder auf Reisen, nicht zuletzt, um mit neuen Reisebüchern neue Einnahmen zu erzielen. Die zweite Hälfte der 30er Jahre sah ihn in Algerien, Malta, Griechenland und den ägäischen Inseln, in Ägypten, Syrien, Palästina, in Kleinasien und auf dem Balkan. Aus Algerien schickte er seine Reisenotizen per Eilboten nach Muskau, sie erschienen 1835 als *Vorletzter Weltgang des Semilasso* in drei Bänden, aus Griechenland folgte *Semilasso in Afrika* nach, das 1836 erschien, seine Griechenland-Erlebnisse erschienen als *Der Vorläufer* 1838 in Buchform, während Pückler auf dem Nil schippert und mit dem nicht ganz rechtmäßigen Herrscher Ägyptens, Mehemed Ali, diniert. Pückler hat jene Reisen tatsächlich und in eigener Person unternommen, von denen ein Menschenalter später Karl May, ein literarisch ambitionierter sächsischer Landstreicher, nur fabulieren konnte.

Auf einem Sklavenmarkt kauft Pückler eines Tages die blutjunge und schöne Abessinierin Ajameh frei, die eigentlich, wie sich später herausstellt, Machbuba heißt. Auf der Reise durch Ägypten, Syrien und Palästina gewinnt sein Troß allmählich wahrhaft orientalische Formen. Neben Machbuba hat Pückler noch vier weitere Sklavinnen freigekauft, die nun gemeinsam mit den vier schon im Troß befindlichen Sklaven männlichen Geschlechts, dem von zu Hause mitgebrachten Kammerdiener Ackermann und dem ägyptischen Koch Ibrahim dem reisenden Fürsten nicht näher bezeichnete Dienste leisten. Seine eigentliche Favoritin ist Machbuba, auch wenn er später behauptet, ein lediglich väterliches Verhältnis zu ihr gehabt zu haben. Er ist entschlossen, sie nach Deutschland mitzunehmen. In einer Reihe von Briefen bereitet er seine »Schnucke« vorsichtig auf die junge Abessinierin vor. Aber dieser Wiederbelebung der Legende des Grafen von Gleichen widersetzt sich Lucie hartnäckig. In Smyrna bleibt Pückler mit seiner Machbuba wochenlang sitzen und rührt sich nicht vom Fleck. In Konstantinopel unternimmt das Mädchen, hin- und hergerissen von Heimweh, Neigung zu Pückler und Zukunftsangst, einen Selbstmordversuch. In Budapest, wohin sie ihrem Mann entgegengereist ist, trifft Lucie das erste Mal mit Machbuba zusammen. Sie erschrickt über die augenscheinliche existentielle Not des ungleichen Paares und läßt es wieder allein. Langsam schleppt sich die Karawane bis Wien weiter. Pückler zögert, als bedeute die Rückkehr nach Muskau etwas unumkehrbar Endgültiges. Machbuba kränkelt. Die Ärzte empfehlen eine Kur in Marienbad. Als die Reisegesellschaft endlich doch in Muskau ankommt, ist Machbuba schwerkrank. Wahrscheinlich ist es Unterleibskrebs, der ihr schreckliche Schmerzen bereitet. Pückler ist gleich nach der Ankunft nach Berlin weitergereist, wohin sich die »Schnucke« geflüchtet hat. Von Machbuba sieht er nur noch die ärztlichen Bulletins, die immer ernster werden. Am 27. Oktober 1840 stirbt die junge Abessinierin in der kalten Lausitz. Pückler hat nicht die Kraft oder nicht den Mut, zu ihrer Beerdigung zu kommen.

Machbubas Tod bedeutete eine Zäsur im Leben Pücklers. Innerlich hat er Muskau schon aufgegeben, der Tod der afrikanischen Gefährtin hat ihm all seine bisherigen Mühen und Freuden vergällt. Im Frühjahr 1845 wird er den Besitz verkaufen und auf dem alten Familiensitz Branitz noch einmal ganz von vorn beginnen. Der Fürst, geübt im Rollenspiel des Lebens, hat unfreiwillig ein Stück zu Ende gespielt, dessen erster Akt sechs Jahrhunderte zuvor begann und drei Jahrhunderte später einen zweiten Akt bekam. Die Legende vom zweibeweibten Grafen hat kein Happy-End, sie endet im 19. Jahrhundert tragisch.

Der Kardinal und die Königin

Im Paris des Jahres 1643 gibt es für Personen von Stand nur ein Thema: Schläft Kardinal Mazarin mit der Regentin?

Kardinal Richelieu – als finster blickende Eminenz aus tausendundeiner *Musketier*-Verfilmung bekannt – war im November des Vorjahres gestorben. Und fünf Monate später folgte ihm »sein« König, Ludwig XIII., ins Grab.

Die Königinwitwe Anna zieht ins Palais Cardinal um, das Richelieu der Krone vermacht hat und das nun Palais Royal heißt. Kaum eingerichtet, bietet sie Kardinal Mazarin, dem Ausländer und Emporkömmling, darin Wohnung an. Beide sind um die vierzig. Beide sind vom Schicksal geprüft und haben noch größere Prüfungen vor sich. »Die Tatsache, daß man unter einem Dach hauste«, meint Otto Flake, »bedeutete noch nicht Intimität, war ihr aber förderlich.«

Königin Anna war einst selbst als »Ausländerin« an den Hof gekommen. Die spanische Habsburgerin besaß, nach dem Zeugnis von Kardinal Retz, »die Art von Geist, die ihr nötig war, um von jenen, die sie nicht kannten, nicht für töricht gehalten zu werden. In ihrem Wesen lag mehr Bitterkeit als Stolz, mehr Stolz freilich als Größe, mehr Manieren als Moral, eher Sorglosigkeit in Gelddingen als Großzügigkeit, mehr Großzügigkeit immerhin als Eigennutz, mehr Eigennutz allerdings als Selbstlosigkeit; sie war eher anhänglich als leidenschaftlichen Gefühls, eher hart als hochmütig, entsann sich des Üblen, das man ihr antat, leichter als des Guten; zur Frömmigkeit zog es sie hin, ohne daß sie ihr sehr nahe kam, sie besaß mehr Hartnäckigkeit als Festigkeit, und vor allem andern, wovon die Rede war, Unfähigkeit«.

Königin Anna war vom Liebesglück nicht gerade verwöhnt worden. Ludwig XIII., der schon früh seine homosexuellen Neigungen bemerkt hatte, machte wenig Gebrauch vom ehelichen Bett. Nach zwei Fehlgeburten am Beginn ihrer Ehe traute man dem königlichen Paar und insonderheit dem Monarchen selbst, der überdies häufig kränkelte, gar keinen Thronfolger mehr zu und begann sich bereits auf den Herzog von Orleans als möglichen Prätendenten zu orientieren. Als der Dauphin am 5. September 1638 schließlich doch noch geboren wurde – Anna war bereits siebenunddreißig –, fehlte es nicht an bösen Zungen, die Ludwigs Vaterschaft anzweifelten. Annas Liebesaffären, zum Beispiel das Intermezzo mit dem Herzog von Buckingham – bekanntlich gehört die Ermordung Buckinghams zu den dramatischen Höhepunkten jeder Musketier-Verfilmung –, machte die Staatsraison zunichte. Und die Staatsraison wurde verkörpert durch den politischen Übervater des Königs, den Kardinal Richelieu.

Um so überraschender ist es, von der Herzogin von Chevreuse, einer der bekanntesten Dreckschleudern ihrer Zeit, zu hören, daß ausgerechnet der gestrenge Richelieu im Herbst 1632 in einem Anfall von Vergnügungssucht der Königin »unvorstellbare Schmeicheleien« gesagt hätte. Mit schlichten Worten: Er wollte ihr an die Wäsche. Einst war es ihm gelungen, Maria de Medici in sich verliebt zu machen, um politischen Einfluß zu gewinnen. Damals war er jung und knackig. Zwei Jahrzehnte später mißlingt ihm ein ähnliches Unterfangen vollständig. Der von schweren rheumatischen Anfällen und Abszessen geplagte Mann heißt bei Anna und ihrer Vertrauten »der vergammelte Hintern«.

Die dreißigjährige Königin stand damals in der Blüte ihrer Jahre. Wir müssen sie uns etwa so vorstellen, wie Rubens sie auf seinem Gemälde zeigt: ein volles, etwas maskenhaftes Gesicht, ein kleiner Mund und eine Neigung zum Doppelkinn – keine Schönheit, aber nicht uncharmant, ein barocker Durchschnittstypus. Ein reichliches Jahrzehnt später sehen wir sie wie auf dem Gemälde von Nanteuil: das Doppelkinn ist nun da, die große habsburgische Nase dominiert das matronenhafte Gesicht, der Ausdruck der Augen müde. Vielleicht ist auch die Basedowsche Krankheit im Spiele. Anna ist von den Strapazen des Hoflebens gezeichnet. Mag sein, daß Jules Mazarin nicht nur als Seelenführer der Königin zur Seite stand, wenn sie erschöpft von den höfischen Verpflichtungen heimkehrte. Und wer wollte es der sexuell vernachlässigten Frau verdenken, wenn sie sich ein Schäferstündchen mit dem eleganten Italiener erlaubte, der alles andere war als ein »vergammelter Hintern«? Und sollte sich Mazarin mit Grisetten einlassen, wenn er die Königin haben konnte?

In Paris entwickelten sich die Dinge inzwischen weniger bukolisch. Während die französischen Unterhändler zu Münster in Westfalen den Friedensschluß Jahr um Jahr hinauszögerten, um die französische Stellung auf dem europäischen Schachbrett zu verbessern, hat 1645 der siebenjährige König, den man einmal mit der Sonne vergleichen würde, eine Parlamentssitzung eröffnet und mit einstudierter drohender Miene und überschlagendem Knabensopran die Eintragung von anderthalb Dutzend Verordnungen verlangt. Das Procedere war seit alters so vorgeschrieben, aber die Stände reagierten heuer beunruhigt. Es ging ums Geld, wie man sich denken kann, und natürlich wußte jeder, daß hinter dem königlichen Knaben die Regentin stand und hinter der wiederum der Kardinalminister Mazarin.

Als Ludwig XIII. gestorben war, hatte seine Witwe als erstes das Testament, das einen Regentschaftsrat vorsah, vom Pariser Parlament kassieren lassen. Hernach trat sie persönlich die Regentschaft für den erst fünfjährigen Thronfolger an. Wen sie zu ihrem Ersten Minister ernennen würde, wußte niemand zu sagen. Die Königin-Witwe wußte es selbst nicht. Sollte sie Mazarin in dem Amt bestätigen, in das er nach Richelieus Tod berufen wurde? Sollte sie ihn fallenlassen, wie es der Hofadel von ihr erwartete? Sie entschied sich für Mazarin. Damit begann die dauerhafte Verbindung Annas mit dem galanten Kardinal, die das Schicksal Frankreichs nachhaltig beeinflussen sollte.

Jules Mazarin, 1602 als Giulio Mazarini in Italien geboren und nach militärischer und diplomatischer Karriere als Mündel Richelieus zu politischer Größe aufgewachsen, war für den alteingesessenen Hochadel Frankreichs ein Greuel. Mazarins Vater war Sizilianer gewesen und hatte im Dienst der einflußreichen römischen Familie Colonna gestanden; nach einigen Quellen soll er Hutmacher, nach anderen Knopfmacher gewesen sein. Giulio genoß seine Ausbildung bei den Jesuiten, studierte Jura in Spanien und brachte es zum Kapitän der päpstlichen Armee. Durch diplomatisches Geschick – er vermittelte im Mantuanischen Erbfolgekrieg, verhinderte 1630 eine Schlacht zwischen Spaniern und Franzosen – erwarb er die Aufmerksamkeit Richelieus, der den jungen Mann förderte. Seit 1634 päpstlicher Nuntius in Frankreich, trat er fünf Jahre später in französische Dienste. Ein Emporkömmling undurchsichtiger Herkunft, ein Ausländer zudem; noch zu frisch war die Erinnerung an den unheilvollen Einfluß des Italieners Concini, der nicht erst die Ermordung Heinrichs IV. abwartete, um der Geliebte der Königin Maria Medici zu werden. Damals war die französische Politik von einem Glücksspieler und Schmierenkomödianten aus dem Bett der Königin-Witwe heraus gelenkt worden.

Kardinal Retz, einer der Führer der Fronde nach Ludwig XIII. Tod, charakterisiert Mazarin denn auch auf eine Weise, die keine Gelegenheit ausläßt, um den Minister herabzusetzen und ihn in die Nähe Concinis zu rücken: »Von niedriger Abkunft, verlebte er eine schmachvolle Kindheit. Am Ausgang des Kolosseums lernte er beim Spiel betrügen, was ihm Stockschläge von einem römischen Goldschmied namens Choreto eintrug. Er wurde Infanteriehauptmann im Veltlin, und Bagni, sein General, hat mir erzählt, daß er während jenes Feldzugs, der nur drei Monate dauerte, lediglich als Gauner galt.« Allerdings ist Retz, mit eigentlichem Namen Gondi, selbst italienischer Abkunft. Der Neid des früher Gekommenen

– zur fraglichen Zeit ist er Koadjutor des Erzbistums Paris – auf den nachrückenden und noch dazu erfolgreicheren Emporkömmling führt ihm die Feder: »Durch sein Glück verblendet, wie alle andern mit ihm, wollte und sollte er die Rolle eines Richelieu spielen; doch über schamlose Nachahmung kam er nicht hinaus. Ihm geriet zur Schande, wo der andere Ehre geerntet hatte. Über Religion spöttelte er.« Retz empört sich als »richtiger« Kirchenmann über den Karrieristen, der Kardinal wurde, ohne je über die niederen Weihen hinausgekommen zu sein. Seine übrigen Eigenschaften werden folgendermaßen charakterisiert: »Er versprach alles, da er nichts zu halten gesonnen war. Er war weder zartfühlend noch grausam, da er für Wohltaten sowenig wie für Beleidigungen ein Gedächtnis hatte.« Es ist wahrlich eine schlimme Voraussetzung für höfische Intrigen, wenn man jemanden beleidigen will, und der merkt sich das nicht mal, ganz zu schweigen von den vergeblichen Speichelleckereien und Geldzuwendungen, für die er kein Gedächtnis hat. »Er liebte sich selbst allzu sehr, was in der Natur feiger Seelen liegt; und er achtete sich nicht genug, was zum Wesen jener gehört, denen nichts an ihrem Rufe liegt. Da er oft Angst hatte, sah er Schlimmes mit ziemlicher Sicherheit voraus … Was keiner vor ihm fertiggebracht hatte: Er trug die Gaunerei ins Ministeramt; und dieser Gaunerhaftigkeit wegen paßte das Ministeramt, selbst unumschränkt und mit Glück verwaltet, nicht zu ihm, und Verachtung schlich sich ein, die gefährlichste Krankheit für den Staat …«

Unter der Hand und gegen seine Absicht zeigt Retz in seinem Porträt einen geradlinigen und zugleich vorsichtig agierenden Politiker, der nicht gewillt ist, sich in jedem Falle an die höfischen Spielregeln zu halten, der aber genau weiß, was er will: den Machtspielraum der Krone gegenüber den Ständen erweitern.

Die Königin-Witwe hat jedenfalls aus den gleichen Anzeichen – sollte sie diese gesehen haben wie Retz – etwas anderes gelesen als der verbitterte Frondeur. Während Mazarin bei Anna einwohnt, fehlt es nicht an Versuchen, die beiden auseinander zu bringen. Es gibt Gerede. Ein Fräulein von Hautefort, Hofdame Annas, fällt in Ungnade, weil sie es wagt, auf die umgreifende Mißstimmung aufmerksam zu machen. Ein Kammerdiener des kindlichen Königs erlaubt sich eine anzügliche Bemerkung und fliegt achtkantig raus. Anna ist taub für Einflüsterungen und stumpf gegen Intrigen. Ihre etwas schlichte Gemütsart, jene »Art von Geist, die ihr nötig war, um von denen, die sie nicht kannten, nicht für töricht gehalten zu werden«, machte den Höflingen einen Strich durch die Rechnung. Sie hält unbeirrbar an Mazarin fest – »eher anhänglich als leidenschaftlichen Gefühls« – aber eben anhänglich. Und sie gibt ihm auch keinen Grund zur Eifersucht. Die letzte Liebe ihres Lebens will sie nicht durch Affären gefährden. Nur ihre vielen Besuche in Kirchen und Klöstern gehen dem Kardinal auf die Nerven; er findet sie überflüssig, beichten könne sie auch bei ihm. Und so notiert Mazarin vergnatzt, daß die Zeit, die diese Fremdgänge kosten, die Regentin von ihm fernhalte.

Noch aus einem anderen Grund ist der alteingesessene Adel sauer auf Mazarin. Der Kardinal hat eine große Familie. Unter anderem verfügt er über sieben Nichten. Mazarin ist entschlossen, sie so gut wie möglich zu verheiraten. Aus diesen Familienbanden gedenkt er politisches Kapital zu schlagen. Drei der jungen Damen werden noch im zarten Kindesalter nach Paris geholt, alsbald der Königin vorgestellt und für hübsch befunden. Kleine Fräulein, die nichts haben und die alles haben werden, munkelt man in Paris. Und mit sprachlosem Staunen vernimmt man die Anordnung Annas, die drei namenlosen Mädchen im Palais Royal wohnen und mit Ludwig XIV. zusammen erziehen zu lassen. Für Ludwig kommt die Anregung durch das andere Geschlecht gerade zur rechten Zeit, er findet daran Geschmack, und sein Mätressenwesen wird später sprichwörtlichen Ruhm erlangen. Bei seinem jüngeren Bruder

Philipp schlägt die Kur genau anders an. Er entwickelte eine Vorliebe für Schminke, Frauenkleider und weibliche Beschäftigungen. Darin wird auch er es zu europäischem Ruhm bringen, sehr zum Kummer seiner späteren Frau, Liselotte von der Pfalz, die sich vor Kummer über die sexuelle Vernachlässigung durch »Monsieur« dick und rund frißt.

Als der Dreißigjährige Krieg endet und Frankreichs Truppen von den Kriegsschauplätzen heimkehren, finden sie Paris, das Parlament und die Damen der Gesellschaft in voller Aufruhr gegen den Kardinal. Anna und Mazarin fliehen aus Paris nach Saint-Germain. In dieser Zeit wird die Idee geboren, den Hof der Unberechenbarkeit der Pariser zu entziehen. Ludwig XIV. wird sich später in Versailles seine eigene höfische Welt erschaffen. Die Fronde nimmt ihren Fortgang. Zeitweilig ist Anna wenig mehr als eine Gefangene. Aber die Frondeure, scheinbar in der Vorhand, sind ratlos, wie es weitergehen soll. Mazarin wartet in Brühl bei Köln auf seine Stunde, den Tag der Volljährigkeit Ludwigs im September 1652. Er stellt ein Heer auf, vereinigt es mit den Truppen des Königs bei Sedan. Im Oktober ziehen Anna und Ludwig in Paris ein. Zur Siegesfeier gibt der junge König im »Ballet de la Nuit« den *Roi soleil* und ertanzt sich damit »die Rolle seines Lebens und seinen Titel vor der Weltgeschichte«, wie Richard Alewyn kommentiert. »Als Tänzer eroberte er zuerst Hof und Nation.«

Mazarin, noch in Sedan, ermahnt die Königin zur Mäßigung gegen die Feinde, und sie folgt seinem Ratschlag auch hierin. Im Februar 1653 ist das Paar wieder vereint. Sein Palais findet Mazarin verwüstet und geplündert. Er siedelt zu Anna in den Louvre über. Bis zu seinem Tode 1661 steht er beim König in höchstem Ansehen und wird mit Gütern und Herrschaften reich ausgestattet. Anna überlebt ihren intimsten Freund um fünf Jahre. Ihrer unwandelbaren Treue zu Mazarin verdankt es Ludwig XIV., daß er nach dessen Tode keinen neuen Ersten Minister mehr zu berufen braucht. Die Position des

Königs in der höfischen Gesellschaft ist so gefestigt, daß er seine Rolle in der gesellschaftlichen Figuration allein spielen konnte, ohne eine Stütze, ohne Minister, absolut, sonnengleich.

Der Ritter aus dem Norden

Der Liebesaffäre einer Königin zu einem Ausländer verdankte die französische Monarchie ihre absolutistische Stellung, denn Ludwig XIV. wäre ohne die Liebe Annas zu dem befähigten Staatsmann Mazarin niemals das geworden, was die Geschichtsschreibung an ihm rühmt. Und den Affären einer Königin verdankte die französische Monarchie, daß ihr absolutistischer Anspruch ein für allemal verlorenging. Allerdings war es eher die sogenannte Halsbandaffäre als erotische Verstrikkungen, die den Sturz Ludwigs XVI. beschleunigten. Wenn es auch eine sehr schlichte Betrachtungsweise ist, die Große Französische Revolution auf die Verschwendungssucht einer einzelnen Dame zurückzuführen, bleibt doch unbestritten, daß sich das Volk, wenn es in revolutionären Situationen zum Pöbel wird, sehr gern ein Symbol sucht, auf das es eindrischt und an dem es seine ganze Wut abreagieren kann. So ein Symbol wurde den Franzosen die Ausländerin Marie Antoinette. Am Ende ihres Lebens stand die große verzweifelte Liebe zu einem Ausländer. Diese Liebe ließ sie von der affektierten, geistlosen Hofpuppe zur reifen, klugen Frau werden. Zu spät für sie, zu spät für Frankreich.

Der Abend des 20. Juni 1791 schien in den Tuilerien genauso zu verlaufen wie jeder andere. Um dreiviertel zehn hatte sich die königliche Familie nach einem rasch eingenommenen Abendbrot im großen Salon der Königin versammelt. Für eine Viertelstunde setzte man sich zusammen und schwieg. Sie alle waren Gefangene der Nationalgarde, und deren Verhalten in den letzten Wochen und Monaten hatte gezeigt, daß sie keine Hand rühren würde, um den König zu schützen. Die Stimmung war gedrückt; dennoch spürte man an der inneren Unruhe der Versammelten.

In dieser Nacht endlich soll der bis ins kleinste Detail ausgearbeitete Fluchtplan in die Tat umgesetzt werden. Der König und die Königin werden mit ihren Kindern nach Varennes und von dort über die Grenze fliehen. Auch der Graf von Provence – der künftige Ludwig XVIII. – wird mit seiner Familie in dieser Nacht reisen, aber zur Ablenkung der Häscher auf einer anderen Route. Nur wenige sind in das Unternehmen eingeweiht worden, aber, gemessen am Ernst der Lage, sind es eigentlich schon zu viele. Der Troß, mit dem man reisen würde, ist für eine heimliche Flucht viel zu groß. Daß man sogar den unzuverlässigen und hysterischen Hoffriseur eingeweiht und ihn mit dem Schmuck der Königin vorausgeschickt hat, grenzt schon an Torheit.

Als die Kaminuhr im Salon die zehnte Stunde schlägt, verläßt Marie Antoinette die Runde und geht nach oben, um ihre Kinder zu wecken, die zuerst das Schloß verlassen sollen. Durch die endlos langen Gänge der Tuilerien, den Dauphin auf dem Arm, gefolgt von ihrer Tochter und einer Kammerfrau, erreicht Marie Antoinette eine kleine unbewachte Tür, die auf den Fürstenhof führte. Es ist inzwischen dreiviertel elf, die Stunde, da die Höflinge und Beamten zum Coucher des Königs erscheinen. Draußen nimmt sie die matt schimmernden Laternen eines Wagens wahr und in deren Schein einen Schatten, den als Kurier verkleideten Grafen Hans Axel von Fersen. An den herumlärmenden Kutschern, Lakaien und Nationalgardisten vorbei bringt er die Kinder in den Wagen. Marie Antoinette kehrt noch einmal ins Schloß zurück. Sie läßt sich auskleiden, bestellt einen Wagen für eine Spazierfahrt am anderen Morgen, legt sich zu Bett und entläßt die Dienerschaft. Viertel nach elf. Kaum allein geblieben, legt sie ein unauffälliges graues Seidenkleid, einen breitkrempigen Hut und einen schwarzen Umhang an, nimmt ihren falschen Paß, der sie als Baronin Korff ausweist, und promeniert Arm in Arm mit einem verkleideten Leibgardisten an den Wachen vorbei zum Wagen. Fersen wird ungeduldig, der König läßt auf sich warten. Das Coucher hat sich ausgerechnet heute ungewöhnlich lange hingezogen. Erst gegen halb zwei erreicht man die Pariser Zollschranken. Eine weitere halbe Stunde vergeht, bis der komfortable Reisewagen, den Fersen besorgt hat, endlich gefunden ist.

Marie Antoinette umarmt Axel von Fersen. Der Abschiedskuß, den sie ihm gibt, ist alles andere als höfisch. Sie hat Tränen in den Augen. Der König blickt betreten zur Seite. Es ist schon nach zwei Uhr, wertvolle Stunden sind verloren, als sich der schwere Reisewagen endlich in Bewegung setzt und Fersen betont laut ausruft: »Leben Sie wohl, Madame de Korff!«

Marie Antoinette war dem schwedischen Grafen Hans Axel von Fersen im November 1773 vorgestellt worden. Diese erste Begegnung blieb folgenlos. Für die Tochter Maria Theresias, seit dreieinhalb Jahren mit dem französischen Thronfolger, dem gutmütigen, lauteren und ein wenig dicklichen Ludwig verheiratet, hatten sich die hochgespannten Erwartungen in die Liebeskraft der Bourbonen nicht erfüllt. Daß Ludwig XVI. nicht von der leidenschaftlichen Art seiner Vorgänger war, hätte sie ja vielleicht noch verschmerzt. Daß er aber, einer kleinen physischen Unpäßlichkeit wegen – von der auf diplomatischen Kanälen nach und nach ganz Europa Kenntnis erhielt und alle darüber redeten, nur das Thronfolgerpaar selbst nicht –, trotz anfänglich heftigen Bemühens überhaupt nicht mit ihr schlafen konnte, setzte die junge Dame heftigen sexuellen Frustrationen aus, die sie mit nicht minder heftiger Vergnügungssucht zu kompensieren trachtete. Erst Jahre später wurde das Übel, nachdem sich Ludwig mit seinem Schwager, Joseph II., von Mann zu Mann ausgesprochen hatte, vermittelst einer kleinen Operation beseitigt. In der Nacht des 30. Januar 1774 erkannte Marie Antoinette auf einem der vielen Karnevalsbälle, die sie besuchte, den jungen stattlichen Schweden wieder. Geschützt von Maske und Domino plauderte sie mit ihm und verließ den Ball anschließend in bester Laune. Fersen hat damals die Dauphine entweder nicht erkannt, oder sie ist nicht sein Typ gewesen. In seinem intimen Tagebuch widmet er dieser Begegnung nur zehn nichtssagende Zeilen.

Vier Jahre später war Fersen wieder nach Versailles gekommen. Marie Antoinette, mittlerweile Königin von Frankreich, erkannte ihn sofort. Doch Fersen blieb, wie um das Klischee des kühlen Blonden zu befriedigen, sehr zurückhaltend. Marie Antoinette begann, um den schwedischen Ritter zu werben. »Die Königin, welche die reizendste und liebenswürdigste Fürstin ist, die ich kenne, hatte die Güte, sich öfter nach mir zu erkundigen«, schrieb Fersen an seinen Vater, einen schwedischen Feldmarschall und Staatsrat. Im Laufe des Frühlings und Sommers 1779 wurde Axel von Fersen allmählich in den Freundeskreis der Königin in Versailles und Trianon einbezogen. Er spielte sich nie in den Vordergrund, er gab keinen Anlaß für Gerede ab und war nicht in Skandale verwickelt. Aber der dreiundzwanzigjährige Cherubino hatte sich unsterblich in die gleichaltrige Königin verliebt und ertrug es seinerseits nicht, die Angebetete von Rose zu Rose flattern zu sehen. So nahm er kurz entschlossen ein Kommando in Nordamerika an. Erst die bevorstehende Abreise brachte Marie Antoinette zu Bewußtsein, daß sie für den zurückhaltenden, ernsten Schweden mit den melancholischen Augen mehr empfand, als für die leichtsinnigen jungen Männer, die sie auf ein Fingerschnippen haben konnte. Fersens Abreise nach Amerika im März 1780 war ihr an die Nieren gegangen. Allmählich wurde sie erwachsen. Die Geburt ihrer Tochter trug ein übriges dazu bei.

Eines schönen Juninachmittags des Jahres 1783 klopfte es an der Tür zu Marie Antoinettes Salon. Axel von Fersen stand wieder vor ihr. Weder hatte er seine »Eroberung« vergessen, noch sie die melancholischen Augen, die ihr so lange gefehlt hatten. Sie tat alles, um ihrem Schweden ein Kommando zu besorgen. Und als er sich hoch verschuldete, um sich eine Obristenstelle kaufen zu können, sorgte sie dafür, daß er eine jährliche Leibrente von 20000 Livres bekam.

Im Sommer 1784 besuchte der schwedische König Gustav III. inkognito Frankreich. Während der sechs Wochen jagte ein Fest das andere. Von der Rückreise, auf der Fersen seinen König begleitete, schrieb der Graf von jeder Etappenstation einen Brief an eine geheimnisvolle »Josephine«. Unter diesem Namen unterhielt Fersen seine geheime Korrespondenz mit Marie Antoinette, die erst 1878 – mit großen Auslassungen – publiziert wurde. Seit etwa 1900 sind die meisten Originale verschollen. Enthüllten sie zuviel von einer großen Leidenschaft, die nicht sein durfte, daß man noch ein Jahrhundert später die Schere der Zensur ansetzte?

Marie Antoinettes Beziehungen zu Fersen wurden nicht nur wohlmeinend beurteilt. Ein Jahr vor der Revolution wurde Ludwig XVI. ein Päckchen mit Briefen zugesteckt. Erschüttert las er Beschuldigungen und Verleumdungen gegen Axel von Fersen. Er sprach mit der Königin darüber. Marie Antoinette erklärte sich bereit, Fersen nach seiner Rückkehr aus Schweden nicht mehr zu empfangen, aber Ludwig redete ihr das aus, und als der Schwede nach Frankreich zurückkehrte, besuchte er die Königin fast täglich in Versailles. Beide, Ludwig ebenso wie Marie Antoinette, hatten mit sicherem Instinkt erkannt, daß die Kabale sie von dem einzigen ihnen vorbehaltlos ergebenen Freund trennen wollte. Was immer man über die Leichtlebigkeit Marie Antoinettes behaupten will: in Bezug auf Axel von Fersen hat sie ihren Mann nie hintergangen. Ihr intimes Verhältnis zu dem Schweden hat er zumindest stillschweigend toleriert.

Seit der Revolution von 1789, und besonders seit den Schreckensstunden vom 6. Oktober, als ein aufgeputschter Mob die königliche Familie zwang, von Versailles nach Paris überzusiedeln, lebt Axel von Fersen nur noch einem Ziel: die Geliebte vor der Revolution retten. Und aus Marie Antoinettes Wesen ist nun alle Koketterie verschwunden. Alle Leichtigkeit ist von ihr abgefallen. Anstelle ihres gutmütigen Mannes, der sich der Situation nicht mehr gewachsen zeigt und hilflos im Strom der Revolution treibt, versucht sie das Staatsruder in die Hand zu bekommen und Monarchie und Recht und Gesetz zu retten, solange noch etwas zu retten ist.

»Ich lebe ... O wie habe ich mich um Sie gesorgt, und wie leid tut mir alles, was Sie durchgemacht haben, weil Sie nichts von uns hörten. Gebe der Himmel, daß diese Nachricht Sie erreicht! Schreiben Sie mir nicht, das würde uns kompromittieren, und kommen Sie vor allem keinesfalls zurück. Man weiß, daß Sie uns von hier forthalfen; alles wäre verloren, wenn Sie wieder auftauchten. Man bewacht uns Tag und Nacht, das ist mir gleichgültig ... Seien Sie unbesorgt, es wird mir nichts geschehn. Die Nationalversammlung wird Milde walten lassen. Adieu ... Ich kann Ihnen nicht mehr schreiben.« Das teilt Marie Antoinette dem Geliebten unmittelbar nach der mißglückten Flucht mit, die nur sechzehn Meilen vor der Grenze, bei Varennes, gescheitert war. Im Oktober aber meint sie, »das Volk bleibt sich immer gleich, bereit, Schreckliches zu tun; man sagt, es sei für uns. Ich für meinen Teil glaube nichts davon. Ich kenne den Preis, der für das alles bezahlt werden muß ...« Warum wird sie mit solchem Haß verfolgt? »Niemals bewußt grausam oder herzlos, Fehlern gegenüber nachsichtig, allzu bereit, Leuten, die dessen vielfach unwürdig waren, zu Posten und Pensionen zu verhelfen, mag Marie Antoinette töricht und sorglos gewesen sein, doch diese Eigenschaften konnten kaum den Haß rechtfertigen, der wie eine Woge über Frankreich hinwegging«, schrieb Joan Haslip. Jetzt ist sie eine reife, fünfunddreißigjährige Frau, vielleicht nicht mehr so hübsch wie als junges Mädchen, dafür aber schön; ihre Züge sind gezeichnet vom Erleben der letzten beiden Jahre. Ihr liegt nichts mehr an den Extravaganzen der Garderobe und der Frisuren, die sie in Europa berühmt gemacht hatten. Ihr aschblondes Haar ist nach der Katastrophe von Varennes weiß geworden. Sie ahnt, daß sie schon unterm Fallbeil lebt und die Nationalversammlung nichts Dringenderes zu tun hat, als sich einen »legalen« Dreh für den Königsmord auszudenken.

Sie spürt auch, daß sie keine Zeit mehr hat, mit ihren Gefühlen für Axel von Fersen hinterm Berg zu halten. Am 4. Juli 1791 schreibt sie ihm: »Ich habe eine Gelegenheit, Ihnen zu sagen, daß ich Sie liebe, doch keine Zeit zu weiterem. Es geht mir gut. Machen Sie sich meinetwegen keine Sorgen; ich wüßte gern, daß Sie das nicht tun. Schreiben Sie mir mit Chiffre per Post; adressieren Sie an M. de Browne – mit einem zweiten Umschlag an M. Gougens. Lassen Sie Ihren Diener die Adressen schreiben. Geben Sie mir Nachricht, wohin ich Ihnen schreiben kann, denn ohne das kann ich nicht leben. Adieu geliebtester und liebendster aller Männer. Ich umarme Sie von ganzem Herzen.«

So schreibt keine Königin an ihren Lakaien, auch nicht an den edlen Ritter, mit dem Sie nur platonische Liebe verbindet. Die Zeit von Richard Wagners volltönigem Bramarbasieren ist noch nicht gekommen, und der Brief des Rokoko kennt sicher allerlei Floskeln, aber nicht »geliebtester und liebendster aller Männer«.

Trotz aller Warnungen läßt sich Axel von Fersen nicht abhalten, die Geliebte zu besuchen. Im Februar 1792 gelangt er auf verschlungenen Pfaden nach Paris. Er findet den geheimen Weg zum Gemach der Königin noch immer unbewacht und unverschlossen. Unterm 13. Februar notierte er in sein Tagebuch: »Ging auf meinem üblichen Wege zu *ihr*, hatte

Angst vor den Nationalgardisten; sie wohnt herrlich; den König sah ich nicht. Blieb dort.«

Die beiden letzen Worte sind im Original von fremder Hand geschwärzt worden. Die spätere Herausgeberin der Korrespondenz hat sie dennoch lesen können. Diese beiden entscheidenden Worte haben ausgiebig Anlaß für Spekulationen geboten. Eine Schule der Historiker meint, Fersen »blieb« nur aus Angst vor den Nationalgardisten »dort«, und »dort« bedeute das Schloß und durchaus nicht Marie Antoinettes Bett. Die andere Schule der Historiker meint, Fersen habe nun endlich die Gelegenheit benutzt, da der König nicht da war, mit Marie Antoinette zu schlafen. Alles betrachtet, was man sich heute zusammenreimen kann, liegen die einen so daneben, wie die anderen unrecht haben. Natürlich verspürte Fersen keine Neigung, im Angesicht der Nationalgarden durchs geheime Pförtlein hinaus und am andern Tag wieder herein zu schlüpfen. Er »blieb«, aber warum hätte er deshalb die Königin von der Bettkante stoßen sollen? Unerfindlich naiv übrigens auch anzunehmen, dies sei die erste Gelegenheit zur Intimität gewesen. Das Paar konnte sich auch bei Anwesenheit des Königs lieben, schließlich hatte der ebenso sein eigenes Schlafzimmer wie die Königin. Spätestens anläßlich der intensiven Vorbereitungen der Flucht aus den Tuilerien haben sie miteinander geschlafen. Wer hätte sie in dieser Zeit, da alle gesellschaftlichen Normen zerbrachen, auch daran hindern sollen?

Die heimliche Begegnung im Februar 1792 war nicht die erste, sondern die letzte Gelegenheit für die Liebenden, ganz beisammen zu sein. Denn Axel von Fersen spürt bei all seinen diplomatischen Aktivitäten, daß die Emigranten und die europäischen Großmächte die königliche Familie, die als Gefangene in den Tuilerien hauste und nach dem Tuileriensturm vom August 1792 in einem Turm des Temple in Schutzhaft genommmen wird, bereits aufgegeben haben. Die einzige Möglichkeit, die Geliebte zu retten, wäre eine neuerliche Flucht. Aber der König ist seit Varennes zu keinem neuen Abenteuer mehr bereit, wohl auch zu keinem Entschluß mehr fähig. Er wird in einem widerlichen Schauprozeß zum Tode verurteilt und am 21. Januar 1793 hingerichtet. Frankreich ist Republik; Marie Antoinette fortan nur noch die »Witwe Capet«.

Unmittelbar darauf scheitert ein mit dilettantischen Mitteln inszenierter Fluchtversuch aus dem Temple. Fersen, der im Ausland unermüdlich für sie tätig ist, läßt ihr einen Abschiedsgruß zukommen: einen Siegelabdruck, der Fersens Emblem darstellt, das Marie Antoinette übernommen hatte, eine Taube im Flug mit dem italienischen Sinnspruch »Tutto a te me guida« – *Alles führt mich zu dir.* »Ich wünsche«, schreibt sie an den künftigen Ludwig XVIII., »daß Sie ihn der Person übergeben, von der Sie wissen, daß sie mich im vergangenen Winter aus Brüssel besuchen kam, und daß Sie ihr sagen, daß die Devise niemals wahrer gewesen ist.«

Nichts kann die »Witwe Capet« mehr retten. Ein »außerordentliches Gericht« veranstaltet einen »Prozeß«, wie ihn der »Volksgerichtshof« oder Stalins Sondertribunale perfider nicht hätten ersinnen können. Die Anklage verdreht alle geschichtlichen Tatsachen. Marie Antoinette tritt ihren Henkern gefaßt gegenüber. Erst als man nicht davor zurückschreckt, ihr blutschänderische Beziehungen zu ihrem eigenen Sohn zu unterstellen, erleidet sie einen Nervenzusammenbruch. Im September beginnt die jakobinische Blutherrschaft. Am 16. Oktober wird Marie Antoinette unter dem Jubel des Pöbels hingerichtet.

Hans Axel von Fersen traf die Nachricht tief: »Alles, was ich besaß, habe ich nun verloren«, schreibt er an Sophie Gräfin Piper. »Sie, die mein Glück war, um deretwillen ich lebte – ja, meine liebe Sophie, ich habe niemals aufgehört, sie zu lieben, und *alles* hätte ich für sie geopfert. Ich fühle es in diesem Augenblick. Sie, die ich liebte, für die ich tausend

Leben hätte geben mögen, ist nicht mehr. Ach, mein Gott, warum legst du eine solche Bürde auf mich, womit habe ich deinen Zorn verdient? Sie lebt nicht mehr. Mein Schmerz ist unsagbar.«

Am 20. Juni 1810, auf den Tag genau neunzehn Jahre nach der Flucht nach Varennes, holte Hans Axel von Fersen, Marie Antoinettes untadeligen Ritter ohne Furcht, sein Schicksal ein. Schwedens Kronprinz war plötzlich gestorben. Irgendwer streute das Gerücht aus, Fersen hätte ihn vergiftet. Eine aufgeputschte Menge zerrte den Fünfundfünfzigjährigen aus seiner Karosse, die den Kondukt begleitete, erschlug den Mann und mißhandelte den Leichnam. So teilte er im Tode noch das Schicksal seiner Freunde.

Inessa, die Kampfgefährtin des Diktators

Lenin erhielt die Nachricht vom Tode Inessa Armands am 25. September 1920. Noch wenige Wochen zuvor hatte er seine Genossin, mit der er seit mehr als einem Jahrzehnt aufs engste befreundet war, geradezu beschworen, sich aus dem verwahrlosten, hungernden Moskau zur Erholung in den Süden zu begeben. Und er hatte Ordschonikidse, den Sonderkommissar für Südrußland und Leiter des kaukasischen Büros im Zentralkomitee der bolschewistischen Partei, persönlich beauftragt, alles für die Sicherheit Inessas Notwendige zu veranlassen, gegebenenfalls – wegen der unruhigen Lage im Kubangebiet – auch deren rechtzeitige Evakuierung. Es ist schon merkwürdig, daß sich der Vorsitzende des Rates der Volkskommissare, der sich während des Bürgerkrieges in Rußland für die rücksichtsloseste Anwendung des Terrors auch gegen Unbeteiligte ausgesprochen hatte, mit dem Auftrag, eine zarte, kränkliche Frau zu beschützen, ausgerechnet an denjenigen seiner Genossen wendet, den er wegen dessen besonders grausamer Ausführung des Terror-Dekrets kritisiert hat. Was aber der Diktator im Kreml und sein kaukasischer Paladin weder mit Terror noch mit Leibwachen verhindern können: Inessa Armand infiziert sich in Baku mit der dort grassierenden Cholera, der sie am 24. September 1920 erliegt.

Lenin erleidet einen Nervenzusammenbruch, als er das Telegramm mit der Todesnachricht erhält. Augenzeugen berichten, er sei buchstäblich innerhalb weniger Minuten um Jahre gealtert.

Als Lenin im Jahre 1909 die 35jährige kennenlernt, ist Inessa Armand bereits Mutter von fünf Kindern und eine überzeugte Verfechterin der freien Liebe. Für den Führer des bolschewistischen Flügels der russischen Sozialdemokratie, dessen Auffassungen von Liebe, Familie und Sexualität den Bering seiner gutbürgerlichen Herkunft bis dahin nie überschritten hatten, war diese atemberaubende Frau eine völlig neue Erfahrung. Übelmeinende vermuteten damals, man brauche sich nur die Krupskaja, Lenins angetraute Ehefrau, anzuschauen, um zu wissen, daß sich der Berufsrevolutionär aus Frauen nicht viel machte. Die orthodoxe stalinistische Geschichtsschreibung hat es denn auch fertiggebracht, ihre revolutionären Leitbilder zu geschlechtslosen Wesen umzumythisieren; an ihrer Seite befanden sich niemals Frauen, sondern Kampfgefährtinnen.

Inessa Armand, in Paris 1874 als Tochter eines Opernsängers geboren und auf den Namen Elisa standesamtlich eingetragen, wuchs in Moskau auf und erhielt eine solide Bildung: Sie sprach neben Russisch fließend Französisch und Englisch und schlug sich nach dem frühen Tod ihres Vaters als Hauslehrerin durch. 1893 – Wladimir Uljanow schrieb seine ersten politischen Traktate – heiratete sie den Kaufmannssohn Alexander Armand. Acht Jahre führte sie das sorglose, von Wohlstand, Reisen, Geschmack und Langeweile durchtränkte Leben der russischen Oberschicht. Dann ereignete sich eine Wendung wie aus dem Geist Tschechows: Inessa verliebte sich in den jüngeren Bruder ihres Mannes. Sie trennte sich vom älteren Bruder und heiratete den jüngeren. Sie schloß sich der revolutionären Bewegung in Rußland an. Sie emigrierte. An der Universität Brüssel legte sie ihr Examen als Volkswirtschaftlerin ab. Doch ihr zweiter Mann starb Anfang 1909 an Tuberkulose. Im gleichen Jahr lernte sie Lenin kennen.

Was den umstrittenen Revolutionsführer und die feinsinnige Kaufmannswitwe zueinander zog, wird schwer zu ergründen sein. Beide hatten den ersten Frühling ihres Lebens hinter sich. Beide konnten nach der Hälfte des Lebens keine allzu erfreuliche Bilanz ziehen. Der Berufsrevolutionär hatte eine erste gescheiterte Revolution hinter sich und sah eine zweite erfolgreiche von Ferne noch nicht heraufziehen, er war ein Rebell im Exil, der seine bolschewistische Parteielite in immer neue aufreibende Fraktionswirren und Flügelkämpfe führte, die von den westeuropäischen Sozialisten weder verstanden noch ernstgenommen wurden, was den ehrgeizigen Lenin wohl mehr schmerzte als die gescheiterte Revolution. Die russisch-französische Volkswirtschaftlerin sah sich, nach einer gescheiterten Ehe und ihren fünf Kindern entfremdet, alleingelassen am Grab ihres zweiten Mannes. Zwei Strauchelnde beschlossen, einander zu stützen.

Aber da war noch eine dritte Person, Lenins Ehefrau und »Kampfgefährtin« Nadeshda Krupskaja. Sie ertrug die Herausforderung mit äußerlicher Gefaßtheit und innerem Gleichmut. Alexander Solshenizyn hat Nadeshdas Haltung in dieser eigentümlichen Dreiecksbeziehung wahrscheinlich am treffendsten beschrieben: »Was ihre Nebenbuhlerin betraf, so erlaubte sie sich kein böses Wort gegen sie, auch wenn es einmal etwas zu sagen gegeben hätte. Sie mußte ihr freudig entgegentreten wie eine Freundin, um weder die Stimmung Wolodjas (Lenins – *Th.W.*) zu trüben noch seine Stellung unter den Genossen zu gefährden.«

Für Lenin war die gebildete, frankophone Frau sehr nützlich; sie übersetzte zahlreiche Artikel und Pamphlete Lenins ins Französische und sichtete für Lenin die Auslandspresse. So wurde sie, die Geliebte, ihm immer mehr zur unentbehrlichen Mitarbeiterin. Als Lenin im März 1917 seine legendäre Reise im versiegelten Waggon von der Schweiz quer durch Deutschland und Skandinavien in das von der Februarrevolution erschütterte Rußland unternahm, befand sich auch Inessa Armand in seiner Gesellschaft.

Nachdem die Bolschewiki im Oktober 1917 die Macht an sich gebracht hatten und ihr Rätesystem Schritt für Schritt zum Pressionsinstrument der Parteibürokratie ausbauten, sah Lenin, der im Epizentrum jener Beben stand, die Rußland damals erschütterten, seine Geliebte seltener. Schon während des Krieges hatte er sich die private Korrespondenz aushändigen lassen; viele der persönlichsten und zärtlichsten Briefe sind vernichtet worden. Leider paßt diese Tatsache vorzüglich zur später postulierten Geschlechtslosigkeit der kommunistischen Führer und zum Rollenbild der Frau als treu dienende »Kampfgefährtin« des Revolutionärs.

Inessa Armand rieb sich im Dienste der Revolution auf, sie übte mehrere regionale und zentrale Funktionen aus, war seit 1918 Leiterin der Frauenabteilung im ZK der Kommunistischen Partei. Dennoch blieb Lenin mit ihr in Verbindung, sorgte er sich mehr um Inessas Gesundheit als um seine eigene, die spätestens seit dem Attentat der Sozialrevolutionärin Fanija Kaplan angeschlagen war. Nach der offiziellen sowjetischen Geschichtsschreibung verübte Fanija Kaplan am 30. August 1918 das Attentat, bei dem Lenin durch zwei Pistolenkugeln verletzt wurde, im Auftrag der Partei der Sozialrevolutionäre, die von den Bolschewiki im Sommer 1918 von der Regierungsbeteiligung verdrängt worden war. Den Untersuchungsakten zufolge hat Kaplan den Anschlag nie geleugnet; die unübersichtliche Aktenlage und spätere Ermittlungen – u.a.

stammte die zweite, erst im April 1922 aus Lenins Schulter entfernte Kugel nicht aus der vermeintlichen Tatwaffe – lassen weder den Schluß zu, daß sie die einzige Attentäterin war, noch daß sie überhaupt auf Lenin geschossen hat. Ungeachtet dessen war Lenins Verletzung schwerwiegend, nicht zuletzt dürfte die dreieinhalbjährige Anwesenheit eines Bleigeschosses seiner Gesundheit abträglich gewesen sein.

»Die Schüsse einer Frau, die Lenin haßte, hatten ihn an den Rand des Todes gebracht. Der Tod einer anderen Frau, die Lenin liebte, stürzte den Diktator im September 1920 in eine nicht weniger lebensgefährliche Krise. Es war ein seelischer Zusammenbruch, gegen den die Ärzte kein Medikament kannten«, schrieb Heinz Sponsel. Seit dieser Krise war Lenin nicht mehr der gleiche wie vorher. Sein Stil wurde schroffer, seine Entscheidungen grausamer, sein Leben einsamer. Seit 1921 litt er unter Schlaflosigkeit, Kopfschmerzen, schneller Erschöpfung. Konzentrationsmängel häuften sich. Dem geübten Rhetoriker, der seine politischen Gegner in mancher Redeschlacht niedergezwungen hatte, versagten plötzlich die Worte. 1922 und 1923 setzten ihm mehrere Schlaganfälle zu. Seit dem März 1923 dämmerte er, halbseitig gelähmt und mit dem Sprachvermögen eines Kleinstkindes, seinem Ende und der Wiederauferstehung im Lenin-Kult Stalins entgegen. Am 21. Januar 1924 erlöst ihn der Tod.

Seine Gefährtin Inessa Armand kennt heute kaum noch jemand. Standard-Lexika wie die Brockhaus-Enzyklopädie halten ihren Namen nicht für erwähnenswert. Lediglich Spezialwerke oder Nachschlagewerke aus der DDR-Zeit führen sie und ihren Briefwechsel mit Lenin »als wertvolle Quelle für die internationalistische Tätigkeit der Bolschewiki im 1. Weltkrieg« an.

Fünftes Kapitel

Die vom Theater

*Der besondere Reiz * Theodora und Justinian * Corona * Die Lady aus dem Sumpf * Königsmord: Richard Wagner, Cosima v. Bülow und Ludwig II. * Die fesche Lola * Lolus * Im Bett hinkte er nicht * Osten erglüht * Ladies first – First Ladies*

Lange bevor ein Schauspieler Präsident der Vereinigten Staaten wurde, hatten Herrscher und Politiker aller Couleur gelegentlich eine Liason mit Thalia. Der römische Kaiser Nero hielt sich für einen Dichter und verlor darob den Verstand; er zündete der Legende nach Rom an, rupfte die Lyra und trat mit eigenen Werken als Sänger sowie als Schauspieler und Wagenlenker öffentlich auf. Höhepunkt seines Irrsinns bildete eine Gastspielreise durch Griechenland, Aufstände und Meutereien waren die Folge, am Ende brachte er sich selbst um. Dieser Fall blieb, mit seinen extremen Folgen, die Ausnahme. Doch viele Herrscher liebäugelten mit den schönen Künsten, und je nachdem, welchen Rang die Schauspielkunst im gesellschaftlichen Gefüge einnahm, befand sich auch das Theater unter den hochwohlgeborenen Liebhabereien. Rollenspiel, Verstellung, Masken und Schminken, die Selbstinszenierung auf dem Welttheater übten stets unwiderstehliche Anziehung auf die politisch Mächtigen aus.

Bei den alten Griechen war der Schauspieler noch ein freier Bürger, der die Achtung der Mitbürger genoß. Schon in Rom spielten in aller Regel Sklaven oder Freigelassene im Theater, sie konnten mit ihrer Kunst Reichtum erwerben, aber nie Achtung und Ehrbarkeit eines römischen Vollbürgers. Das ganze Mittelalter hindurch war der Spielmann, der Nachfahre des römischen Mimus und des Jokulators, ein geächteter Beruf, obwohl man auf ihn nicht verzichten wollte, nicht in der Stadt und nicht auf der Feudalburg, wie Otto Borst feststellt: »Der Spielmann ist beides, ein gern gesehener und gern gehörter Unterhalter, und Prügelknabe, Sündenbock und billiges Aggressionsobjekt.« Ein christliches Begräbnis stand ihm nicht zu. Aber gerade im Mittelalter flirteten Männer von Adel besonders heftig mit den schönen Künsten; das Ergebnis heißt Minnesang, es ist darin mehr von Liebe die Rede, als die prosaische Wirklichkeit ungemütlicher enger Burgen wahrscheinlich gestattete. Von Ludwig XIV. weiß man, daß er sich in einer Ballettaufführung als *Roi soleil* die Rolle seines Lebens und seinen Namen in der Weltgeschichte ertanzte. Die Pompadour entdeckte die komödiantischen Talente der höfischen Chargen und begründete ein Liebhabertheater. Dichtende Barockfürsten schlossen sich in der Fruchtbringenden Gesellschaft zusammen. August der Starke frönte der Leidenschaft, als Herkules oder als römischer Imperator oder als schlichter Gastwirt bei seinen pompös inszenierten Festlichkeiten aufzutreten. Friedrich II. traktierte sehr begabt die Flöte, Herzog Karl August sprang, als der Schauspieler erkrankte, als Pylades in Goethes *Iphigenie* ein. Spätere Herrscher, als man sie Politiker nannte, begnügten sich damit, Sprech- und Schauspielunterricht zu nehmen, um sich für ihre politischen Auftritte zu rüsten, und sahen von eigener Theaterarbeit in aller Regel ab. Herzog Georg II. von Meiningen, übrigens in dritter Ehe verheiratet mit der Schauspielerin Ellen Franz, die er zur Helene Freifrau von Heldburg erhob, bildete mit seiner Theaterleidenschaft eine Ausnahme, die die Regeln bestätigt. Von mimenden Windsor-Prinzen und singenden Grimaldi-Prinzessinnen sehe man bitte ab. Allerdings neigen totalitäre Regimes, gleich welcher politischen Richtung, zur totalen Selbstdarstellung, zu der Großveranstaltungen, Paraden, Demonstrationen,

Kundgebungen und andere theatralische Einstudierungen gehören: Die Wirklichkeit wird zur Kulisse, der Aufmarsch davor zur eigentlichen Lebensform. Es ist die Lebensform des »Als ob«. Daran erinnert auch der Witz, der noch vor der Wende 1989 in Dresden kursierte: Die Staatssicherheit hätte vom Schauspielhaus ein Transparent entfernt. Es trug die Aufschrift »40 Jahre DDR – 40 Jahre Staatsschauspiel«.

Der besondere Reiz

Heftiger als mit der Kunst liebäugelten die Mächtigen dieser Welt allerdings mit den Künstlern. Regelmäßig waren die Mächtigen männlichen, die Künstler aber weiblichen Geschlechts. Sei es, daß man den Schauspielerinnen lockere Sitten nachsagte – seit der Römerzeit standen sie im gesellschaftlichen Rang Huren und Bademägden ungefähr gleich – und deshalb besondere sexuelle Erfahrungen und Qualitäten bei ihnen vermutete, oder sei es, daß Schauspielerinnen besonders unterhaltend waren und man ihnen wegen ihres berufsmäßigen Rollenspiels auch Variantenreichtum im Liebesspiel unterstellte, sei es schließlich, weil sie sich als bühnenerfahrene Frauen besonders selbstsicher gaben und sich gut verkaufen konnten – keine andere Berufsgruppe jedenfalls kam so häufig ins Gerede, wenn es um die Affären der Mächtigen ging, wie die Schauspielerinnen. Noch größer als der Reiz, selbst Rollen zu spielen, war die Versuchung, mit sich spielen zu lassen. Einige erlagen der Versuchung so stark, daß ihre Bettaffären zu politischen Affären wurden. Schauspielerinnen machen bis in die jüngste Zeit Fürsten und Politikern zu schaffen – solche die es sind, und solche, die vorgeben, es zu sein. Der Qualitätsverfall ist bedeutend. Grace Kelly schaffte den Sprung auf den Thron von Monaco, Evita Peron den Schritt zum Präsidentensessel. Marilyn Monroe entschwebte mittels etlicher Medikamente in die Ewigkeit, Gennifer Flowers, die unbedingt eine Affäre mit US-Präsident Clinton gehabt haben will, gelangte lediglich auf die Titelseiten einiger Magazine.

Theodora und Justinian

Hätte Prokop gewußt, daß ein Jahrtausend nach ihm die Druckpresse erfunden werden würde, hätte er wahrscheinlich bedauert, ein Jahrtausend zu früh geboren worden zu sein. Denn dann hätte er zur Druckpresse die Regenbogenpresse gleich dazuerfunden – allerdings auch wieder fünfhundert Jahre zu früh. Als Sekretär des byzantinischen Feldherrn Belisar war er Augenzeuge aller Haupt- und Staatsaktionen, beschrieb die Kriege der justinianischen Zeit aus eigener Anschauung und würdigte in einem eigenen Werk die Bautätigkeit des Kaisers. Daneben aber führte er eine Art geheimes Tagebuch, die Geheimgeschichte des Reiches und seiner Würdenträger, die Klatschkolumne des justinianischen Zeitalters. Diese nach seinem Tod herausgekommene Geheimgeschichte *Anekdota* gibt sich kompetent, weil sie den Eindruck vermittelt, ihr Verfasser gehöre zu den Insidern und kenne aus eigener Anschauung, wovon er berichte. Jedoch sind es eher Klatsch und Verleumdungen, die kein Pressegesetz heute mehr ungesühnt ließe, die Prokop notiert. Manchmal schreibt er, wie Robert Browning vermerkt, besonders wenn es um das Vorleben der Kaiserin Theodora geht, »mit der neurotischen Geilheit der Prüderie«.

Theodora war die Tochter eines Tierwärters im Zirkus zu Konstantinopel. Als der Vater starb, litt die Familie bitterste Not. Der Stiefvater war ebenfalls im Zirkus angestellt. Die ältere Schwester trat bald in derben Komödien und Possen als Schauspielerin auf. Auch Theodora übernahm kleine Rollen und galt wegen ihrer Fertigkeiten im Imitieren und Improvisieren als sehr begabt. Prokop schrieb: »Zu der Zeit konnte sich Theodora, noch nicht reif, eines Mannes Bett zu teilen, zwar noch nicht als Frau betätigen; doch pflegte sie mit üblen Burschen wie ein Lustknabe schmählichen Umgang ... Mit dieser widernatürlichen Preisgabe ihres Körpers brachte sie ziemlich lange Zeit in einem Bordell zu. Sobald sie erwachsen und reif war, ging sie gleich unter die Schauspielerinnen und wurde eine gewöhnliche Hetäre, eine ›Hetäre zu Fuß‹, wie die Alten sagen. Sie konnte weder Flöte spielen noch Laute schlagen, nicht einmal als Tänzerin war sie ausgebildet, sie mußte vielmehr ihre Schönheit allein unter Einsatz aller körperlichen Reize dem Nächstbesten hingeben ... Sie war nämlich sehr nett und witzig und erregte dadurch in Kürze allgemeine Aufmerksamkeit ... Sie entblößte Vorder- und Hinterteil und zeigte dem Nächstbesten unverhüllt, was Männern verborgen und unsichtbar sein sollte.« Sie habe sich einmal mit zehn oder mehr jungen Männern »auf der Höhe ihrer Kraft« vergnügt, und, da ihr das noch nicht reichte, auch noch mit deren Sklaven, »etwa dreißig an der Zahl«, die sie einen nach dem anderen vernaschte. »Diese Schilderungen – sie scheinen dem Drehbuch eines zeitgenössischen Pornofilms entnommen zu sein und belegen immerhin, daß die Phantasie der Uhse, Orlowski & Co. das Niveau des 6. Jahrhunderts noch nicht wesentlich überschritten hat – offenbaren freilich mehr über die Sexualpraktiken im alten Byzanz und über die sexuellen Wünsche eines an die Schreibstube gefesselten, alternden Historikers als über die tatsächlichen Lebensumstände der Theodora. So ist auch die Mitteilung mit äußerster Vorsicht zu genießen, die Prokop von einem Hetärengelage macht: »Obwohl sie mit drei Öffnungen ihrem Gewerbe nachging, machte sie der Natur doch bittere Vorwürfe, daß diese ihr nicht auch die Brüste so erweitert habe, um damit noch eine weitere Art von Beischlaf halten zu können.«

Man könnte bei der Lektüre glatt auf den Gedanken kommen, daß Prokop die Kaiserin nicht mochte. Sicher gehörte Theodora in ihrer Jugend einem Berufsstand an, der nicht zur unbedingten Tugendhaftigkeit verpflichtet war. Durchaus denkbar auch, daß Theodora die sexuelle Freizügigkeit nicht mit ausgesprochenem Mißvergnügen praktizierte. Aber im Grunde war sie eine beliebte und erfolgreiche Schauspielerin; Robert Browning nennt sie »eine Art Soubrette mit Talent zum Striptease«.

Theodora dachte an ihre Altersvorsorge. Sie wäre gern die Mätresse eines hohen Beamten geworden. Sie landete schließlich bei einem afrikanischen Provinzgouverneur, der sie nach kurzer Zeit vor die Tür setzte. Durch Prostitution erwarb sie das Geld für die Heimreise. Zur Bühne kehrte sie nicht mehr zurück, lebte vielmehr in einem kleinen Haus beim Palast und verdingte sich als Wollspinnerin. Als Justinian sie traf und zu seiner Geliebten machte, soll sie, mit fünfundzwanzig schon eine Frau mit Vergangenheit, immer noch auffallend schön gewesen sein. Justinian, unter den Anwärtern auf die Thronfolge der aussichtsreichste, war vierzig; »von mittelgroßer Statur, hatte er ein ernstes, leicht gerötetes Gesicht. Äußerlich ziemlich zurückhaltend, zwar zugänglich, doch nicht gerade gesellig, saß er mit Ausdauer über den Staatsakten ... In entscheidenden Augenblicken aber verließ ihn manchmal der Mut, konnte er sich zu keiner Entscheidung durchringen«. Theodora ergänzte diese Eigenschaften auf ideale Weise. Von umfassender, wenn auch nicht allzu tiefer Bildung, war sie alles andere als menschenscheu und kontaktarm, sie verfügte über ein phänomenales Gedächtnis und über die Fähigkeit, sich in der Öffentlichkeit sicher und überzeugend zu bewegen. Vor allem eignete ihr ein grenzenloses Selbstbewußtsein. Sie kannte keine Furcht, und das Wort Niederlage existierte für sie nicht. Mit dieser Eigenschaft bewahrte sie im Jahre 532, während des sogenannten Nika-Aufstandes der Bürger Konstantinopels,

Justinian vor der Katastrophe, indem sie den ratlosen Kaiser und seine schon zur Flucht entschlossenen Generäle in einer flammenden Rede zum Ausharren und zum Widerstand aufforderte; die Niederschlagung des Aufstandes gelang, im Hippodrom blieben 30 000 tote Rebellen auf dem Platze. Im Laufe der Zeit mutierten Selbstbewußtsein zu Herrschsucht, Entschlossenheit zu Erbarmungslosigkeit. Zehn Jahre nach dem Nika-Aufstand gereichten ihre Charaktereigenschaften dem Reich nicht zum Nutzen. In einer kritischen Lage – der Kaiser an Pest erkrankt, die Goten in Italien auf dem Vormarsch, die Berber in Afrika im Aufstand, die Perser plündernd im Osten und die Bulgaren verheerend im Norden – nutzte sie die Monate des Jahres 542, da sie alle Entscheidungen quasi allein traf, um sich an ihrem Intimfeind Belisar zu rächen. Warum? Belisar war mit ihrer besten Freundin aus Hetärentagen, mit Antonina verheiratet. Belisar wurde gesteckt, daß sich seine Frau mit beider Adoptivsohn aufs trefflichste vergnügte. Daraufhin ließ er den Adoptivsohn einlochen, was wieder Theodora auf den Plan rief, die nicht einsehen wollte, warum Belisar ihrer besten Freundin nicht das Vergnügen eines jungen Liebhabers gönnen wollte, während der Feldherr an der Front war. Die Verstimmung war gründlich und irreparabel. Heftige und sicher nicht immer jugendfreie Worte dürften gefallen sein. Als nun der Kaiser krank war, löste sie Belisar von seinem Kommando in Italien ab, setzte dessen Stellvertreter Buzes gefangen und löste dessen Leibgarde, die *bucellarii,* auf – das am besten ausgebildete Korps des Heeres. Die militärischen Konsequenzen dieser eigensinnigen Entscheidung waren verheerend; in Italien wurde Byzanz um die Früchte zehnjähriger Kämpfe gebracht. Am Ende ihrer Tage – Theodora starb 548 an einem Krebsleiden – erlag die große Kaiserin jener Hetärenmentalität, die Prokop ihrer Jugend andichtete. Sie war ordinär, anmaßend, schamlos und von hemmungslosem Geltungsdrang. Dieses Verhalten gegen seinen Dienstherren Belisar war es, was Prokop so gegen sie aufbrachte, daß er sie mit allen Mitteln des Klatsches und der Verleumdung in seiner Geheimgeschichte schmähte. Ihr Vorleben war zwar abgeschlossen, als Justinian sich in sie verliebte, aber in ihrem Charakter hatte es unauslöschliche Prägungen hinterlassen.

Bevor Theodora überhaupt Kaiserin werden konnte, hatte ihr damaliger Liebhaber, der Thronfolger Justinian, noch eine Kleinigkeit erledigen müssen. Als graue Eminenz seines Onkels, des regierenden greisen Kaisers Justin, schob er diesem ein Edikt unter, das seine Verbindung zu Theodora erst ermöglichte. Es erlaubte Schauspielerinnen, die ihrem früheren Lebenswandel abgeschworen hatten, legal zu heiraten und, wenn man ihnen hohe Würden zuerkannt hatte, auch Personen von Rang zu ehelichen. Das Gesetz war auf Theodora zugeschnitten, Justinian erhob sie in den Rang einer *patricia*. 525 heiratete er sie. Auch ihre Schwester und ihre Freundin Antonina profitierten von dem Edikt; sie heirateten beide hohe Militärs. Zwei Jahre später, am 1. April 527, bestimmte der greise Justin seinen Neffen Justinian zum Mitkaiser, drei Tage später wurden Justinian und Theodora gekrönt. Im Zirkus, wo einst ihre Karriere begonnen hatte, nahm sie die Huldigungen des Volkes entgegen. Im schweren Ornat, mit dem Reif auf der Stirn, vollbrachte sie die beste schauspielerische Leistung und trat in die schwierigste und größte Rolle ihres Lebens ein. Prokop wird ihr nachsagen, daß sie auch die ernstesten Staatsgeschäfte in eine lächerliche Farce zu verwandeln wußte, »wie wenn auf der Bühne oder im Theater ein Stück zum besten gegeben wird«.

Corona

Die Byzantinier unter Justinian fühlten sich als Römer, als die legitimen Erben des römischen Imperiums. Ihre Kultur, ihre Sprache, ihre Tradition waren griechisch geprägt. Prokop, der informierteste Chronist und zugleich unzuverlässigste Klatschreporter dieser Epoche, schrieb in einem kultivierten attizistischen Griechisch. Seine Schriften wurden zum Vorbild für die oströmisch-byzantinische Historiographie. Die Griechen selbst nannten sich Hellenen. Von den Illyrern und von den Italikern wurden sie Griechen genannt. Nach dem Untergang des weströmischen Reichs wurden die den Ostteil dominierenden Griechen zu Römern. Und bis heute heißt Griechentum eigentlich Römersein. Die Griechen, wie wir aus der *Ilias* und der *Odyssee* kennen, sind nicht die Griechen der klassischen Zeit gewesen, die die Römer meinten, sondern Achaier, die um 1900 v.u.Z. auf den Peloponnes einwanderten. Ist die Verwirrung komplett?

Ob Goethe sich über das ethnische Wirrwarr Gedanken machte, als er die *Iphigenie* zu schreiben begann, wissen wir nicht. Immerhin hat er Tauris mit Taurien verwechselt. Vermutlich aber hatte er andere Dinge im Sinn, als er sich dem Atridenstoff näherte. Man geht nicht fehl, die Anwesenheit einer Frau in Goethes Leben zu vermuten, wenn er ein bedeutsames Werk hervorbrachte.

Am 16. November 1776, etwa zwei Wochen, bevor Jakob Michael Reinhold Lenz wegen einer nicht näher definierten Taktlosigkeit – wahrscheinlich erlaubte er sich eine allzu lokkere Bemerkung über Goethes vertrauten Umgang mit einigen vornehmen Damen der Weimarer Gesellschaft, wenn nicht sogar über Goethes Verhältnis zur Herzogin selbst – aus Weimar ausgewiesen wurde, traf eine junge Dame in der thüringischen Residenzstadt ein, die nicht nur auf Empfehlung Goethes kam wie seinerzeit Lenz, sondern auch wie dieser ausersehen war, ein Stein des Anstoßes zu werden. Sie hieß Corona Schröter und war Schauspielerin und Sängerin. Aus der Goethe-Literatur weiß man, daß sie bei der Uraufführung der *Iphigenie* die Titelrolle gab, während Goethe den Orest spielte und der Herzog selbst bei einer der weiteren Vorstellungen einmal als Pylades einsprang. 1751 in Schlesien geboren, ließ sie schon als Kind frühzeitig musikalische Talente und eine hübsche Stimme erkennen, so daß ihr die Bühnenlaufbahn vorbestimmt schien. Vom ehrgeizigen Vater zum Wunderkind getrimmt, von Auftritt zu Auftritt gehetzt, wurde ihre junge Stimme frühzeitig überfordert und erlitt irreparable Schäden; Coronas Laufbahn als Sängerin, das wußte sie, war zeitlich begrenzt, und innerhalb dieser Frist mußte sie es »geschafft« haben. Ihr Talent als Schauspielerin legte es ihr nahe, von der Opernbühne und vom Konzertsaal auf die Schauspielbühne zu wechseln. Doch Schauspielhäuser im heutigen Sinne gab es kaum. Während die Primadonnen des Gesanges mit phantastischen Gagen bedacht wurden und Hofchargen erhielten, reisten die Schauspieltruppen als fahrendes Volk komödiespielend durch das Land, immer von der Geschäftstüchtigkeit des jeweiligen Impressarios und noch mehr von der Gnade adliger Gönner abhängig. Goethes *Wilhelm Meister* weiß einen Roman davon zu singen.

Vielleicht machte diese Aussicht es Corona Schröter leichter, Goethes Anerbieten aus Weimar anzunehmen. Bereits in Leipzig war der neunzehnjährige Goethe auf die siebzehnjährige Elevin aufmerksam geworden, die »wegen ihrer schönen Gestalt, ihres vollkommen sittlichen Betragens und ihres ernsten, anmutigen Vortrags eine allgemeine Empfindung erregt, welche sich, je nachdem wer die Personen waren, mehr oder weniger als Neigung, Liebe, Achtung oder Verehrung zu äußern pflegte«, schreibt Goethe, als er an *Dichtung und Wahrheit* arbeitete, in einer Notiz zum *Leipziger Theater 1768*. Und er vergißt nicht, sich in die Renommierpose zu werfen und seine angeblich schon damals herausgehobene Position zu unterstreichen: »Verschiedene ihrer Anbeter machten mich zum Vertrauten und erbaten sich meine Dienste, wenn sie irgendein Gedicht zu Ehren ihrer Angebeteten heimlich wollten drucken und ausstreuen lassen.«

Dabei hat Goethen selbst ihr in einem Gelegenheitsgedicht, *Auf Miedings Tod,* kräftig gehuldigt:

Ihr Freunde, Platz! Weicht einem kleinen Schritt!
Seht, wer da kommt und festlich näher tritt!
Sie ist es selbst – die Gute fehlt uns nie –
Wir sind erhört, die Musen senden sie.
Ihr kennt sie wohl! sie ist's, die stets gefällt;
Als eine Blume zeigt sie sich der Welt;
Zum Muster wuchs das schöne Bild empor.
Vollendet nun, sie ist's und stellt es vor.
Es gönnten ihr die Musen jede Gunst,
Und die Natur erschuf in ihr die Kunst.
So häuft sie willig jeden Reiz auf sich,
Und selbst dein Name ziert, *Corona,* dich.

Sie tritt herbei. Seht sie gefällig stehn!
Nur absichtslos, doch wie mit Absicht schön.
Und hocherstaunt seht ihr in ihr vereint
Ein Ideal, das Künstlern nur erscheint.

Am 11. Juni 1776 war Goethe in den Staatsdienst getreten. Gegen entschiedenen Widerstand der adeligen Hofbeamten hatte Herzog Karl August den dichtenden Bürgersohn zum Geheimen Legationsrat mit Sitz und Stimme im Geheimen Conseil ernannt. Goethe in Weimar ist nicht zuvörderst der Dichterfürst, der neben Schiller auf dem Sockel vor dem Nationaltheater steht, sondern Entertainer, Theaterdichter und Schauspieler, Zeichner und Kulissenmaler, Planer und Arrangeur von Maskenzügen, Schlittschuhpartien, Schlittenfahrten und musikalischen Divertissements; zugleich loyaler Staatsbeamter, Verwalter der Bergwerke, oberster Straßenmeister,

Wächter des Staatsetats, Industriemanager; dabei auch Mentor der Universität, Mineraloge, Geologe, Anthropologe von beachtlichem Erfolg und Physiker von beachtlichem Mißerfolg und nicht minder beachtlicher Sturheit in optischen Angelegenheiten – übereinstimmend wird berichtet, daß man sehr wohl an seinem *Faust* mäkeln und bei Goethe damit auf Verständnis stoßen konnte, daß aber das geringste Anzeichen dafür, daß man seiner *Farbenlehre* nicht mit der gebotenen Begeisterung beistimmte, ihn tief verletzte und jeden Dialog unmöglich machte; vor allem aber war er oberster Kunstrichter, Initiator von Wettbewerben und Kunstausstellungen und zugleich deren erbarmungslosester Kritiker: »Gemüt wird über Geist gesetzt, Naturell über Kunst, und so ist der Fähige wie der Unfähige gewonnen. Gemüt hat jedermann, Naturell mehrere; der Geist ist selten, die Kunst ist schwer.«

Ganz unzweifelhaft hegte Goethe für Corona Schröter mehr als nur kollegiale Empfindungen. In einem Brief an Charlotte von Stein schrieb er: »Die Schröter ist ein Engel – wenn mir doch Gott so ein Weib bescheeren wollte dass ich euch könnt in Frieden lassen – Doch sie sieht dir nicht ähnlich gnug.« Das hat vermutlich schon ausgereicht, um bei Charlotte von Stein die Alarmglocken schrillen zu lassen. Auch in einem Brief an den Herzog nannte Goethe Corona »einen Engel«. Der Herzog war, nachdem er des Starletts zum ersten Mal ansichtig geworden war, ebenfalls dieser Meinung. Wir wissen von den erotischen Neigungen Karl Augusts sonst wenig. Seine Affären waren meist nicht interessant genug, um der Nachwelt überliefert zu werden. Allem Anschein nach hat er aber der Schauspielerin deutliche Zeichen seines Begehrens gegeben. Während Goethe noch Charlotte von Stein gnädig zu stimmen suchte, die Coronas wegen verschnupft war, unternahm es der Herzog, das Starlett zu verführen.

Goethe geriet dadurch gleich in mehrfacher Hinsicht in eine schiefe Lage. Einerseits fühlte er sich für Coronas Karriere verantwortlich, andererseits wurde Goethe, als derjenige, der das Subjekt angeschleppt hatte, vom Weimarer Hof sowohl für die Leidenschaften des Landesherrn verantwortlich gemacht, als auch für die vermeintlichen Handlungen und Fehlhandlungen seines theatralischen Schützlings in Anspruch genommen. Und die adeligen Hofbeamten nahmen selbstverständlich mit Freuden die Gelegenheit wahr, den Bürgerlichen Goethe bei Anna Amalia anzuschwärzen. Auch die junge Herzogin Louise, fast möchte man sagen, standesgemäß unglücklich verheiratet, hatte Grund zur Klage, noch dazu, wenn es so aussah, als ob Goethe ihrem Gemahl eine Mätresse zugeführt hätte, während sie selbst sich vernachlässigt fand. Jahre später, wenn sich der Herzog abermals eine Schauspielerin, Karoline Jagemann, zur Mätresse nehmen wird, wird die Position der Herzogin durch die Geburt des Thronfolgers gewissermaßen abgesichert sein, sie wird die Eskapaden ihres Mannes mit größerer Gelassenheit betrachten können.

Goethe wiederum sah sein Verhältnis zu Karl August gestört, auch dies in zweierlei Hinsicht: Zum einen verletzte ihn, daß der Herzog Coronas Spitzenunterwäsche mehr Aufmerksamkeit schenkte als der hehren Männerfreundschaft, zumal er, Goethe, doch mittels seiner durch und durch geistigen, durchgeistigten und endlich zölibatären Liaison mit Charlotte von Stein deutlich signalisiert hatte, daß er an Heirat und Fortpflanzung nicht denke und daß die Liebeshändel, die seinen Ruhm als Dichter begründet hatten, durchaus nur im Bering der Literatur ausgetragen werden. Zum anderen beneidete er, selbst mit einer schweren Sexualhemmung behaftet, die ihm den ersten erfolgreichen Geschlechtsverkehr erst im siebenunddreißigsten Lebensjahr gestattete, den Herzog um seinen Erfolg bei Frauen.

Corona hingegen, der unfreiwillige Gegenstand all dieser Ärgernisse, wollte einfach geliebt werden, gleichgültig von wem. Es verdroß sie, von Goethe zur Kühle gegen den Herzog ermahnt zu werden, während ihr Mentor es ihr gegenüber nicht einmal zu einem heißen Kuß kommen ließ. Sie fühlte sich ungerechterweise aufs trockene gesetzt.

Daß Herzog Karl August kein deutscher Durchschnittsfürst wurde, sondern seine Freundschaft mit Goethe eine der fruchtreichsten Epochen deutscher Geistes- und Kulturgeschichte begründete, verdankte er einer Reihe von Zufällen. Am 3. September 1757 geboren, wurde er, noch nicht ein Jahr alt, Halbwaise. Das vormundschaftliche Regime übernahm seine Mutter Anna Amalia. Da kaum ein Beispiel bekannt ist, daß ein Thronfolger unter der Zucht seines Vaters besonders wohl geriet – das ganze monarchische Erbfolgeprinzip leidet an schwersten ödipalen Belastungen –, muß man dies wohl als einen Glücksumstand ansehen. Im Alter von vier Jahren wurde er der Erziehung eines Hofmeisters anvertraut und erhielt in den folgenden Jahren Unterricht in Schönschreiben, Musik, Mathematik, Geographie und Geschichte, in Latein und Französisch sowie im Tanzen, Fechten und Reiten. Dann übernahm Christoph Martin Wieland, just in dem Jahr 1772, als sein Staatsroman *Der goldene Spiegel* erschien, in dem er das Idealbild eines aufgeklärten Fürsten entwarf, die Erziehung des Prinzen und unterwies ihn in Natur- und Völkerrecht, allgemeinem Staatsrecht, der Polizeiwissenschaft (unter der man das allgemeine Funktionieren staatlicher Institutionen verstand) und Fragen der Landesverwaltung. Vom Herbst 1774 bis Frühjahr 1775 ging er auf Kavalierstour. Am 3. September 1775 übernahm er die Regierung als *Herzog in Sachsen, Jülich, Cleve und Berg, auch Engern und Westfalen*. Der ebenso klangvolle wie maßlos übertreibende Titel bedeutete die Herrschaft im Staate Sachsen-Weimar Eisenach – einem Territorium, das etwa fünf kleinere Landkreise groß war und von 120000 Untertanen bewohnt wurde, von denen jeweils vier- bis sechstausend in acht außerordentlich unbedeutenden Städten, die übrigen auf dem Lande lebten. Karl August war gleich zu Beginn seiner Herrschaft bemüht, die traditionelle Regierungsapparatur zu erneuern; seine Prinzenerzieher wurden ihm zugeteilt, den Fürstenberater wählte er selbst aus. Und er wählte Goethe. Ein herzliches Verhältnis zwischen dem Newcomer und dem enttäuschten, aufs Abstellgleis geschobenen Wieland konnte sich also kaum einstellen.

Anders als sein acht Jahre älterer Berater litt Karl August nicht an einer Sexualhemmung; er griff recht munter unter Weiberröcke, während Goethe schon bei allzu heftigen Küssen vorzeitige Ejakulationen bekam, was ihn einerseits zur Ausübung körperlicher Liebe unfähig machte, ihm andererseits ein Gefühl überstarker Männlichkeit suggerierte, die es geistig zu beherrschen galt – bis eine junge italienische Witwe dem siebenunddreißigjährigen deutschen Dichter die Neurosen wegblies und ihm erstmals einen Begriff von sexueller Erfüllung gab. »Und in diesem Zusammenhang ist der doppelte Aspekt von Goethes Verhältnis zum Herzog überaus bemerkenswert, insofern als dieser sowohl Arbeitgeber und höchste Staatsautorität war als auch Schüler und jüngerer Freund. Gewiß war das eine willkommene Situation, alte ödipale Konflikte auszuleben und alte narzißtische Wunden zu heilen, in der zudem Aktivität und Passivität auf ein einziges Objekt konzentriert werden konnten«, schrieb Kurt R. Eissler in seiner psychoanalytischen Studie über Goethe. »Aber es war auch eine Beziehung, welche direkte Rivalität um dieselbe Frau nicht zuließ.«

Corona Schröter war vorübergehend eine echte Gefahr für die Freundschaft zwischen Goethe und Karl August. Goethe hatte sich mit Anna Amalia verbündet, beide hatten sich Karl August vorgeknöpft und den Herzog bewogen, von seinem erotischen Trachten nach Corona abzulassen. Das war Anfang Februar 1777. Für nahezu zwei Jahre scheint hernach Ruhe eingekehrt zu sein. Am 10. Januar 1779 plötzlich dann eine

Eintragung im Tagebuch über eine »radicale Erklärung« zwischen dem Herzog und ihm »über Cr. Meine Vermuthungen von bisher theils bestätigt theils vernichtet«. Bestätigt hatte sich, daß der Herzog wieder begonnen hatte, Corona nachzustellen – die Schwangerschaft der Herzogin Louise machte es Karl August noch schwerer, Beherrschung zu üben –, vernichtet hatte sich die Befürchtung, daß der Herzog bei Corona tatsächlich zum Zuge gekommen wäre.

Einen Monat später beginnt Goethe, die *Iphigenie* zu diktieren. Die übertriebenen Motive und Reaktionen, die Goethe seinen Figuren mitgibt, sind kaum anders zu verstehen als ein Abarbeiten psychotischer Zustände. Wieso fährt Thoas auf Iphigenie los, als hätte er die letzte und schmutzigste Hure vor sich? »So kehr zurück! Tu, was dein Herz dich heißt, ... sei ganz ein Weib und gib dich hin dem Trieb, der zügellos dich dahin oder dorthin reißt. Wenn ihnen eine Lust im Busen brennt, dann hält kein heilig Band sie vom Verräter ab, der sie dem Vater oder dem Gemahl aus langbewährten treuen Armen lockt ...« (I, 3) Dabei hatte sie doch bloß den Wunsch geäußert, nicht das Bett des fremden, ungeliebten Königs teilen zu müssen und eines Tages vielleicht doch nach Hause zurückkehren zu dürfen.

Goethe läßt den König Thoas sehr entschiedene sexuelle Absichten gegen Iphigenie hegen. Damit transformiert er des Herzogs Werben um Corona ins Gewalttätige. Der Bote Arkas übermittelte ihr zuvor: »Der König hat beschlossen, heute mit dir zu reden. Ich bitte dich: mach's ihm leicht.« (I, 2) Die Anzüglichkeit ist unüberhörbar, und Corona wird vielleicht darüber erschrocken sein, was hier im klassischen Gewand verhandelt wurde. Man wundert sich noch im nachhinein, wie leicht diese Provokation beim Weimarer Hof durchging. Iphigenie/Corona pointiert ihre Erwiderung denn auch in der Frage: »Wie, sinnt der König, ... mich mit Gewalt von dem Altar in sein verhaßtes Bett zu ziehen?« (I, 2)

Es ist von Literaturwissenschaftlern oft angemerkt worden, daß die erste Prosafassung bereits stark zum Jambus drängte, die Umwandlung in die Versfassung wäre daher ein logischer Schritt gewesen. Warum hat Goethe die Prosafassung dann mehrfach überarbeitet und sich mit der Versfassung sieben Jahre Zeit gelassen? Warum schrieb er überhaupt eine Prosafassung, da doch seine dichterischen Fertigkeiten ihm ohne weiteres erlaubt hätten, die Jamben ad hoc aus dem Ärmel zu schütteln? Wenn er dies gewollt hätte! Wenn er es aber nicht gewollt hat, werden die Passagen, bei denen ihm der jambische Vers unterläuft, verräterisch: Es sind zum Beispiel die zitierten, der Ausbruch des Thoas, Iphigenies Erwiderung auf Arkas' unzweideutiges Angebot, Stellen im Stück, wo die Figuren in Erregung geraten, und wo die Erregung auch Goethe erfaßt und ihn mitreißt – und diese nicht ohne Grund. Die außerordentlich kurze Entstehungszeit – teilweise schrieb er auf Reisen, während Goethe im Auftrag und in Begleitung des Herzogs Rekruten musterte; ein Besucher fand Goethe einmal inmitten eines Musterungs-Bureaus von lauter ratlosen, halbbekleideten Rekruten umstellt, hektisch an der *Iphigenie* schreibend – gar nicht einmal berücksichtigt, die eine vollkommen rationale Kontrolle über die Formung des Stoffs eingeschränkt hat, bestand für Goethe Anlaß, sich der jüngst zurückliegenden Ereignisse zu erinnern und mit dem Stück gewissermaßen eine Erklärung abzugeben. Sein dramatischer Wurf sollte die Hof- und Staatskrise ein für allemal bereinigen. Ernst ist das Leben, heiter ist die Kunst. Na ja.

Da der Herzog sehr ungeduldig auf einen Thronfolger wartete und durch die Geburt einer Tochter enttäuscht war, dürfte Goethe die im Stück obwaltende Konstellation nicht ohne Hintergedanken gewählt haben. Thoas ist kinderlos. Orest behauptet, er sei den Göttern dankbar für seine Kinderlosigkeit und will auch Iphigenie kinderlos ins Grab nachziehen.

Die Ehe des Herzogs war ebenfalls vier Jahre kinderlos geblieben, bevor Karl August am 3. Februar 1779 Vater wurde.

Das delphische Orakel, daß die Schwester – Apollons Schwester Diana – ihn von seinen Leiden errette, wird von Orest umgedeutet: Nicht Dianas Standbild aus dem taurischen Heiligtum, sondern Orests leibliche Schwester Iphigenie bringt die Erlösung. Cornelia, Goethes über alles geliebte, früh verstorbene Schwester, erlebt im Stück ihre dramatische Auferstehung. »So also ist *Iphigenie* eine grandiose Wunscherfüllung«, wie Eissler schreibt, »eine eindrucksvolle Rationalisierung, die Wiedergeburt einer erhabenen Schwester, die in Wirklichkeit auf elende Art gestorben und von ihrem vom Glück begünstigten Bruder verlassen worden war, dem es endlich zu gelingen schien, die Erinnyen zu beruhigen ...«

Und so waren Corona, der Herzog, die verstorbene Schwester Cornelia, Frau von Stein, Wieland, Anna Amalia und alle übrigen Mitwirkenden, die sich für Hauptdarsteller hielten, nichts als Statisten, die dazu dienten, Goethes Seelenleben wieder in Ordnung zu bringen? Die Beinahe-Affäre des Herzogs von Sachsen-Weimar war nicht bedeutend genug, um eine politische Krise heraufzubeschwören. Sie reichte aus, um Goethe in eine Krise zu stürzen. Das Ergebnis war die *Iphigenie*. Bedeutenderes hat die erotische Aufwallung eines Herrschers selten zustande gebracht.

Zu Beginn des Jahres 1777, als Herzog Karl August Corona Schröter nachzustellen begann, wurde dem Oberbibliothekar der Herzogin-Witwe Anna Amalia in Weimar ein Töchterchen geboren: Karoline Jagemann, die im Kirchenchor sehr hübsch sang, genoß später bei Iffland in Mannheim ihre schauspielerische Ausbildung; als Fünfzehnjährige trat sie zum ersten Mal auf die Bretter der renommierten Mannheimer Bühne. Während der Koalitionskriege gegen Frankreich war auch Karl August mehrfach durch Mannheim gezogen und auf sein schauspielendes Landeskind aufmerksam geworden. Anfang

1797 kam Karoline nach Weimar zurück und erhielt eine Anstellung mit Pensionsberechtigung am Weimarischen Theater. Die kleine Weimarer Bühne, die sich nur 11 Schauspieler und 10 Schauspielerinnen leisten konnte, war über den Zuwachs aus der berühmten Theaterstadt Mannheim sehr froh; schon am 18. Februar gab Demoiselle Jagemann in Wielands Versmärchen »Oberon« und Wranitzkys gleichnamiger Oper ihr Debüt.

Anders als 20 Jahre zuvor wurde Goethe angesichts dieser Neueinstellung nicht von erotischen Krisen durchgerüttelt. Und auch der Herzog interessierte sich anfangs nicht sehr für sie, bevor er Jahre später, 1801, um sie zu werben begann. Karoline ihrerseits überlegte lange, bevor sie einwilligte, herzogliche Geliebte zu werden. Es schaut mehr nach Berechnung aus als nach brennender Leidenschaft. Goethe wiederum, der 25 Jahre zuvor mit sich und um Corona Schröter gerungen hatte, wurde diesmal zum Postillon d'amour bestellt, er sollte über die Weihnachtsfeiertage 1801 bei der Herzogin Louise vorfühlen, wie diese zu einer Liaison zwischen dem Herzog und der Schauspielerin stünde. Überraschenderweise – die Ehe hatte ihre Funktion erfüllt, die dynastische Erbfolge war gesichert, und Louise schaute fast apathisch auf die Reste einstigen Familienlebens – zeigte sich die Herzogin fast unberührt von dieser Anmutung und ist auch späterhin Karoline Jagemann freundlich entgegengetreten. Also alles in Butter? Walter Fellmann hat dem widersprochen: »Karoline legte Wert auf eine sorgfältige Trennung zwischen ihrem Theater- und ihrem Liebesleben, doch das konnte schon deshalb nicht glücken, weil ihr Theaterdirektor, Johann Wolfgang von Goethe, befreundet war mit Carl August, ihrem Liebhaber. Dieses Wechselspiel von Abhängigkeiten und persönlichen Beziehungen schloß ein kompliziertes, für alle Beteiligten störungsanfälliges Verhältnis ein.« Dennoch pflanzte sich über nahezu 200 Jahre das Gerücht fort, Goethe und Karoline Jagemann seien einander spinnefeind gewesen. Noch in der 19. Ausgabe der Brockhaus-Enzyklopädie findet sich die Behauptung: »Ihre Intrigen waren die Ursache für Goethes Rücktritt vom Theater (1817).« Wenn man dies auch mittlerweile besser weiß – Goethe nahm den durch den Herzog persönlich durchgesetzten Auftritt des »Hundes Dragon« zum Anlaß, sich aus der seit längerem schon nicht mehr geliebten Intendanz zurückzuziehen –, dürfte das Verhältnis zwischen Goethe und der Schauspielerin nicht gänzlich spannungsfrei gewesen sein. »Karoline verstand Goethes Direktorat im jugendlichen Drang als recht antiquiert und sah ihn in seinem Haus am Frauenplan schreibend besser aufgehoben als im Sessel des Regisseurs«, merkt Fellmann an; andererseits war die Jagemann auch »für Goethe sicher keine bequeme Schauspielerin. So wurde der Spielplan häufig zur Quelle von Differenzen. Karoline wollte bestimmte Rollen übernehmen, lehnte andere ab, bestand wegen eines Gastspiels in Berlin oder Wien auf Terminverschiebungen, oder sie überwarf sich mit dem Kapellmeister«. Aus dem Jahre 1809 berichtet Wilhelm von Humboldt über Querelen, die mühsam wieder aus der Welt geschafft worden waren. Eine Rivalität zwischen beiden, die noch dazu am gleichen Wirkungsort aufeinandertrafen, konnte nicht ausbleiben. Jedoch hat Karoline nach Goethes Rücktritt keine Neigung gezeigt, die Macht am Theater zu übernehmen, obwohl ihr der Herzog diesen Wunsch, hätte sie ihn geäußert, mit Vergnügen erfüllt hätte.

Goethe ist durch Karoline Jagemann nie zu großen künstlerischen Taten inspiriert worden. Er war seit der Jahrhundertwende voll und ganz damit beschäftigt, eine Schaffenskrise ganz anderer Art zu überwinden. Er vollzog den Umbau der mickrigen Wirklichkeit, die ganze Scharen von Romantikern an der Welt verzweifeln ließ, zu seinem klassischen Gegenentwurf. Und er beendete sein Sexualleben, indem er die »Wahlverwandtschaften« schrieb und Christiane Vulpius heiratete.

Für Karl August blieb Karoline Jagemann 27 Jahre lang, bis zu seinem Tode, eine Quelle der Erheiterung und des erotischen Vergnügens. Das Land hatte keine Mätressenwirtschaft zu erdulden, denn Karoline mischte sich in die Regierung nicht ein, sie war dem Land auch finanziell keine Last, denn sie blieb bis 1825 eine gut (aber nicht übertrieben hoch) bezahlte Schauspielerin. 1809 zur Gräfin Heygendorf geadelt, bedachte sie der Herzog mit einem Gut bei Allstedt, das durch Aussterben einer alten Adelsfamilie an ihn zurückgefallen war. Unter all den fürstlichen Mätressen, die vom Theater kamen, bildete sie die Ausnahme: Sie vertauschte nie die Bühne mit der Loge. Und sie hatte ihren schauspielerischen Glanz ohne fürstliche Protektion errungen. »Mochte so manche Schauspielerin ihre Karriere einem Mätressendasein verdanken, Karoline hatte allen Grund, einen solchen Vorwurf zurückzuweisen.«

Die Lady aus dem Sumpf

BRITONS! Your NELSON is dead! schrien die Plakate und Flugblätter in ganz England. Die britische Flotte hatte am 21. Oktober 1805 die verbündeten französischen und spanischen Geschwader bei Kap Trafalgar vor der spanischen Küste vernichtend geschlagen – Frankreich und Spanien schieden damit faktisch als Seemächte aus, und Napoleon büßte die Fähigkeit zur Invasion Englands ein –, aber der Oberkommandierende der Briten in dieser Schlacht, Vizeadmiral Viscount Horatio Nelson, war gefallen. Nelson ohne militärischen Rang und ohne Titel in den Depeschen und Plakaten zu nennen, war kein Zeichen mangelnden Respekts, sondern nach britischer Tradition höchster Ausdruck von Hochachtung und Verehrung. Den Briten war der Sieg jedenfalls so viel wert, daß sie einen zentralen Platz Londons nach dem Schlachtort benannten, ihrem Admiral eine Säule mit seinem Standbild errichteten, seinen Bruder in den Grafenstand erhoben und ihm und seinen Nachkommen, einzig weil sie den Namen Nelson trugen, eine jährliche Apanage von 5 000 Pfund aussetzten, die tatsächlich bis 1951 gezahlt wurde.

Der Erste Lord der Admiralität unterrichtete in einem persönlichen Schreiben Lady Fanny Nelson vom Ableben ihres Mannes. In Merton, einem Landsitz sechs Meilen vor London, wartete eine andere Frau auf Nachrichten von der Schlacht; ihr überbrachte ein subalterner Offizier die Nachricht. »Mylady, wir haben einen großen Sieg errungen«, begann der Offizier. Ehe er weitersprechen konnte, brach die Dame ohnmächtig zusammen. Sie hatte begriffen, welche Botschaft mit diesem Satz eingeleitet wurde.

Mit dem Branntweinfaß, in welchem eingelegt die Leiche des tödlich verwundeten Admirals nach England zurückgebracht wurde – die Überführung dauerte in Segelschiffzeiten lange –, gelangte auch der letzte Brief Nelsons an jene Dame auf die Insel, den er am Tag der Schlacht im »Anblick der Vereinigten Flotten Frankreichs und Spaniens, Entfernung etwa zehn Meilen« vor Zeugen aufgesetzt hatte: »Die herausragenden Dienste der Emma Hamilton, der Witwe des Sehr Ehrenwerten Sir William Hamilton, gehörten zu den größten Diensten für unseren König und unser Land, ohne nach meinem Wissen jemals weder von unserem König noch vom Land eine Belohnung erfahren zu haben … Wenn ich selbst diese Dienste belohnen könnte, würde ich mich nicht an mein Land wenden; da es jedoch nicht in meiner Macht steht, hinterlasse ich also Emma Lady Hamilton, meinem König und dem Lande als Vermächtnis, ihr eine reichliche Versorgung zu geben, damit sie ihren Lebensstil beibehalten kann. Ich überlasse der Wohltätigkeit meines Landes ebenso meine Adoptivtochter Horatia Nelson Thompson; und ich wünsche, daß sie in Zukunft nur den Namen Nelson trägt.«

Die Frau, der dieses huldigende Testament galt, wurde von einer gewiß nicht neidlosen Zeitgenossin aus der Londoner Gesellschaft folgendermaßen beschrieben: »Ihre Figur ist kolossal, aber abgesehen von ihren Füßen, die gräßlich sind, wohlgestaltet. Ihre Beine sind lang, und sie ist übermäßig beleibt. Sie ähnelt der Büste der Ariadne; ihre Gesichtszüge sind fein wie auch die Form ihres Kopfes und besonders ihre Ohren; ihre Zähne sind etwas unregelmäßig, aber hinreichend weiß; ihre Augen sind hellblau mit einem braunen Fleckchen in einem, der, wenn auch ein Defekt, nichts von der Schönheit ihres Ausdrucks nimmt. Die Augenbrauen und Haare sind dunkel und ihre Gesichtsfarbe grob. Ihr Gesichtsausdruck ist stark gezeichnet, wandelbar und interessant; ihre Bewegungen im alltäglichen Leben sind ungraziös, ihre Stimme laut, doch nicht unangenehm.«

In dem »stark gezeichneten« Gesichtsausdruck spiegelte sich die Lebensgeschichte dieser jungen Frau, die 1765 in der Familie eines englischen Schmiedes geboren worden war, in der es sehr ärmlich zuging. Ihre Mutter gab die Dreizehnjährige in eine Schankwirtschaft als Magd in Dienst, um die überzählige Esserin los zu sein. Dort geriet sie an den Seekapitän und nachmaligen Admiral Payne, der vorgab, ihr Unterricht zu erteilen, weil er ihren lebhaften Geist entdeckt hätte, doch vermutlich war er an ihrem lebhaften Hintern mehr interessiert. Jedenfalls gab der Kapitän seine pädagogischen Bemühungen alsbald auf. Emma stand an dem Scheideweg, dessen einer Abzweig sie zu einer zweifelhaften Karriere als Hafendirne geführt hätte. Denn sie geriet an einen Wüstling des schwer aussprechlichen Namens Featherstonhaugh, der sie auf seinem entlegenen Landgut ebenso regelmäßig sexuell mißbrauchte wie ihrer Langeweile überließ; nicht bekannt ist, was davon sie mehr zur Verzweiflung und schließlich zur Flucht trieb, die sie in London auf der untersten Stufe der Bettelei und Prostitution anlangen ließ. Eines Tages ging sie einen gewissen

Dr. Graham an, der neben allerlei Scharlatanerien auch eine Mischung aus Nachtbar, Massagesalon und Hygienemuseum betrieb. Vor gutbetuchten und genußsüchtigen Männern trat Emma fortan nackt und schleierumflossen und die Posen antiker Plastiken nachahmend als Göttin Hygiea auf. Ihr nicht zu magerer Körper, ihre langen Beine und ihr blauäugiger, durch eine winzige Unregelmäßigkeit in der Iris geheimnisvoll wirkender Blick, mochte bei den Männern wohl andere als hygienische und ästhetische Empfindungen verursachen. Das Harmloseste, was sich über diese Darbietungen sagen läßt, ist, daß Emma damit zur Schöpferin der lebenden Bilder, der sogenannten »Attitüden« wurde. Einer der Männer, die Emma zu faszinieren verstand, hieß Charles Greville. Er versprach ihr ein sorgenfreies Leben und sogar die Ehe, wenn sie nur ihm allein gehören wollte. Dem Eheversprechen zu glauben, war ziemlich blauäugig von Emma, denn Greville hatte sein Vermögen leichtfertig verpulvert und mußte sich nach einer »guten Partie« umsehen, um sich finanziell zu sanieren. Er hatte aber einen reichen Onkel, der gerade verwitwet war, dem er die junge Dame, die sehr an ihm hing, andiente: Sir William Hamilton, Gesandter Englands am Hof des Königreichs beider Sizilien zu Neapel. Seiner Lordschaft gefiel die junge »Teebereiterin« ganz ausnehmend gut. Der Deal wurde abgekartet, ohne daß Emma etwas davon wußte. Emma wurde erst in Neapel bewußt, daß sie getäuscht und abgeschoben worden war. Entrüstet schrieb sie an Greville: »Ich werde niemals seine Geliebte werden. Wenn Sie mich beleidigen, werde ich ihn dazu bringen, mich zu heiraten.« Damit aber hatten beide keine Eile. Sie lebte im Haus des Botschafters, bereitete ihm den Tee und faszinierte die Besucher. Goethe traf sie auf seiner Italienreise. »Der Ritter Hamilton, der noch immer als englischer Gesandter hier lebt, hat nun nach so langer Kunstliebhaberei, nach so langem Naturstudium den Gipfel aller Natur- und Kunstfreuden in einem schönen Mädchen gefunden. Er hat sie bei sich, eine Engländerin von etwa zwanzig Jahren. Sie ist sehr schön und wohlgebaut. Er hat ihr ein griechisch Gewand machen lassen, das sie trefflich kleidet, dazu löst sie ihre Haare auf, nimmt ein paar Shawls und macht eine Abwechslung von Stellungen, Gebärden, Mienen etc., daß man zuletzt wirklich meint, man träume. Man schaut, was so viele tausend Künstler gerne geleistet hätten, hier ganz fertig, in Bewegung und überraschender Abwechslung. Stehend, kniend, sitzend, liegend, ernst, traurig, neckisch, ausschweifend, bußfertig, lockend, drohend, ängstlich etc., eins folgt aufs andere und aus dem andern ... Der alte Ritter hält das Licht dazu und hat mit ganzer Seele sich diesem Gegenstand ergeben.« Da haben auch Goethe die erotischen »Attitüden« der schweren dunkelhaarigen Schönheit den Atem genommen. Später würde eine adelige Klatschkolumnistin des 19. Jahrhunderts schreiben: »Emma Hamilton war nicht wie Venus aus dem Schaum des Meeres, sondern aus dem Schlamm der Sünde hervorgegangen.« Am 6. September 1791 ließ sich Seine Lordschaft während eines Urlaubs in London dann schließlich doch mit Emma trauen. Er war zu diesem Zeitpunkt 61 Jahre alt, die neue Lady Hamilton ganze 26.

Emma lernte außerordentlich schnell, die Pflichten einer Botschaftergattin zu erfüllen. Sie sprach bald besser Italienisch als ihr Mann. Der neapolitanische Hof akzeptierte Emma; zu wichtig war England als verbündete Seemacht, als daß man den Botschafter des Vereinigten Königreiches durch einen Affront gegen die Frau mit der zweifelhaften Vergangenheit zu brüskieren gewagt hätte. Neben den politischen trat ein persönlicher Aspekt: Die Macht im Königreich beider Sizilien übte weniger der törichte König Ferdinand, sondern seine Gemahlin aus, die Königin Maria Carolina, die von ihrer Mutter Maria Theresia Tatkraft und Intelligenz geerbt hatte und trotz ihrer achtzehn Schwangerschaften die Regierungsgeschäfte fest in der Hand hielt. Mit der lebendigen und lebenslustigen Emma

Hamilton kam Maria Carolina besser zurecht als mit dem langweiligen kunstsammelnden Lord. So nimmt es nicht wunder, daß Emma die eigentlich handelnde Gesandte Englands in Neapel war: Ihre guten Beziehungen zur Königin ermöglichten es ihr, England Dienste zu erweisen, zu denen der behäbige Lord Hamilton schwerlich in der Lage gewesen wäre. 1796 nämlich ließ Spanien die Absicht erkennen, aus der antifranzösischen Koalition auszuscheren und, an der Seite Frankreichs, England den Krieg zu erklären. König Ferdinand hatte von seinem Bruder, dem König von Spanien, eine geheime Nachricht über den bevorstehenden Bündniswechsel erhalten. In seiner Dusseligkeit zeigte er diesen Brief seiner Frau, die nichts Eiligeres zu tun hatte, als Lady Hamilton zu informieren. Dadurch erfuhr England rechtzeitig von der drohenden Kriegsgefahr und konnte Präventivmaßnahmen zum Schutz der eigenen Schiffahrt ergreifen. In der Seeschlacht vor Sao Vicente (Februar 1797) vernichteten die Briten den größten Teil der spanischen Flotte, wobei der Kapitän Horatio Nelson sich besonders hervortat, so daß er mit dem Ritterkreuz des Bath-Ordens ausgezeichnet, in den Adelsstand erhoben und zum Konteradmiral befördert wurde. Den zweiten Dienst erwies sie England, als sie den durch die militärischen Erfolge Napoleons verängstigten Hof von Neapel dazu bestimmte, Nelsons Mittelmeergeschwader zu unterstützen, das seit zwei Monaten vergeblich hinter Napoleons Invasionsflotte, die von Toulon mit unbekanntem Ziel abgesegelt war, hinterherjagte. Am 1. August 1798 stellte Nelson die Franzosen in der Reede von Abukir im Nildelta und vernichtete die Flotte, die Napoleons ägyptische Operation decken sollte, fast vollständig.

Dies waren jene beiden Dienste Emmas um König und Land, die Nelson in seinem Vermächtnis erwähnte.

Schon 1793 war Nelson den Hamiltons das erste Mal begegnet, als er als Kapitän der Fregatte *Agamemnon* dem britischen Gesandten in Neapel eine dringende Botschaft überbringen sollte. Zu diesem Zeitpunkt war er ein 35jähriger, ehrgeiziger Seeoffizier, der sich in nichts von den vielen Männern unterschied, die Emma aus ihrem Vorleben kannte; höchstens vielleicht darin, daß man seine unbedingte Prinzipientreue leicht für Arroganz halten konnte, und daß die Sturheit, mit der er seine Ansichten vertrat, ihn zum Glauben an die eigene Unfehlbarkeit und gleichzeitig zu Disziplinlosigkeiten verführte, die sich nahe an der Grenze zum Hochverrat bewegten. Von Statur war er eher hager als heldisch stattlich, seine Zähne waren schlecht, seine Bewegungen von hektischer Unruhe gezeichnet, seine Stimme durchdringend, bisweilen schrill, sein ganzes Auftreten Sinnbild für den karrierebewußten Neurotiker. Nichts funkte jedenfalls zwischen Emma und Horatio.

Als Nelson im September 1798, nach dem Sieg von Abukir, abermals vor Lady Hamilton stand, waren beide nicht nur fünf Jahre älter, der Admiral bot auch einen mitleiderregenden Anblick. Das rechte Auge war 1794 bei einer Landungsoperation von Splittern verletzt worden und erblindet. Und 1797 hatte ihm bei einer gescheiterten Attacke auf die Kanarischen Inseln eine Kanonenkugel den rechten Arm zerschmettert, der von einem Schiffsarzt oberhalb des Ellenbogens so schlecht amputiert worden war, daß die Wunde monatelang eiterte. Das starre rechte Auge und der Armstumpf, der bei den hektisch unruhigen Bewegungen, besonders wenn er in Erregung geriet, unkontrolliert zuckte und an dem am Rock festgenähten Ärmel der Uniformjacke riß, machten ihn im gesellschaftlichen Verkehr zumindest auffällig.

Nach der siegreichen Schlacht bei Abukir wurde Nelson wie ein Held gefeiert. In Neapel feierte man mit Feuerwerken, Empfängen und Festessen den englischen Sieg. Die Botschafterresidenz der Hamiltons war ein Zentrum dieser Feierlichkeiten, und bei einer dieser Gelegenheiten sind sich der 40jährige Admiral und die 33jährige Botschaftergattin nähergekommen. Vielleicht war der Anlaß, daß Nelson für Emma aus Ägypten ein »lebendiges« Präsent mitgebracht hatte: Er schenkte ihr das Nubiermädchen Fatima als Kammerzofe. Der Zeitmode, in der High Society farbige Sklaven zu beschäftigen, folgte später auch Fürst Pückler. Durch das exotische Geschenk aus dem Morgenlande animiert, führte Emma, von einem langen blauen Seidenschal umhüllt, ihren berühmten Schaltanz auf, der in Frankreich von Julie Récamier und in Deutschland von Sophie Schröder nachgeahmt wurde. Nicht ausgeschlossen, daß auch Richard Strauss, als er *Salomes Tanz* schrieb, auf diese Anregung zurückgriff. Um den Seehelden war es von Stund an geschehen. Er konnte sich der erotischen Ausstrahlung Emmas nicht mehr entziehen. Nelson, der »gut verheiratet« und alles andere als ein Schürzenjäger war, weigerte sich lange, wie bei Neurotikern nicht unüblich, seine psychische Verfassung zur Kenntnis zu nehmen. Aber merkwürdig war es schon, wenn er an seinen militärischen Vorgesetzten, den Admiral St. Vincent, plötzlich schrieb: »Wundern Sie sich bitte nicht über das wirre Durcheinander in diesem Brief. Während ich dies schreibe, sitze ich Lady Hamilton gegenüber. Ich zweifle stark, ob Eure Lordschaft noch so klar und besonnen schreiben könnten, säßen sie in diesem Augenblick an meiner Stelle.«

Und Emma und ihr Gatte? Der alte Diplomat verspürte keine Lust, auf seine alten Tage noch eine Änderung seiner Lebensumstände in Kauf zu nehmen. So tolerierte er die intime Beziehung Emmas zu Nelson, solange sie seinen gesellschaftlichen Rang nicht beeinträchtigte, und »hielt das Licht dazu« – unter den sexuellen Freuden des Alters wäre dies die ungewöhnlichste nicht. Als Emma schwanger wurde, wußte er sehr wohl, von wem. Das Mädchen, das Emma in aller Stille, und eine vorübergehende Erkrankung vorschützend, zur Welt brachte, wurde Horatia genannt und einer Londoner Amme zur Pflege übergeben.

In diesen zwei Jahren nach Abukir entwickelte sich eine Affäre von weltpolitischem Gewicht. Der diplomatische Kopf, der politische Arm und das maritime Schwert Englands führten eine Ehe zu dritt. Was sich in diesen Jahren im Mittelmeer tat, läßt sich nur aus dieser Konstellation erklären. Nelsons emotionales Hochgefühl wurde jedoch auffallend von militärischen Mißerfolgen konterkariert. Er hatte, Emmas Beziehung zum Hof in Neapel ausnutzend, Sizilien in den Krieg gegen Frankreich getrieben, der, als die Unterstützung Österreichs ausblieb, zu einem Fiasko wurde. Im Juli 1800 holte Nelson seine Flagge ein und begab sich auf dem Landweg über Wien, Prag und Dresden nach England zurück. In Dresden malte Johann Schmidt jenes Porträt Emma Hamiltons, das Nelsons Lieblingsbild war und das er stets in der Kajüte des Schiffes aufhängte, auf dem er seine Admiralsflagge setzte.

In England war man weniger als in Neapel bereit, die seltsame Beziehung des Kleeblatts zu tolerieren. Nelson trennte sich von seiner Frau und überließ ihr die Hälfte seines Vermögens und seiner Einkünfte. Lord Hamilton, der auch in London das Dreiecksverhältnis aufrecht erhielt und mit Nelson freundschaftlichen Umgang pflegte, war weniger großzügig; als er 1803 starb, erbte Emma fast nichts. Daher empfahl Nelson sie, als er seinen letzten Brief schrieb, der Fürsorge des Staates. »Welch ein Kind war doch mein Nelson!« soll Emma gesagt haben, als sie von dem Brief erfuhr.

Das offizielle England nahm zynische Rache an seinem widerspenstigen Admiral, den es nicht mochte und dem es so viel verdankte: Während es Nelson Denkmale setzte und seine Verwandten, die mit seiner historischen Leistung in gar keiner Beziehung standen, mit Ehren und Pensionen überschüttete, bekam die hinterbliebene Geliebte keinen Penny. Eine Frau, der sparsames Wirtschaften vertraut war, hätte dennoch finanziell über die Runden kommen können. Emma Hamilton konnte es nicht. Sie wurde mit ihren Schulden ebensowenig fertig wie mit ihrer Einsamkeit und ihrer verblühenden Schönheit. Ihre »Attitüden«, mit denen sie sich wie früher Geld verdienen wollte, erregten nur noch Gelächter. Schließlich landete sie im Schuldgefängnis. Im Januar 1815 starb sie. Ihre Tochter Horatia konnte nicht einmal das Begräbnis bezahlen. Sie heiratete später einen englischen Pfarrer und wurde achtzig Jahre alt.

Königsmord: Richard Wagner, Cosima v. Bülow und Ludwig II.

Im Frühjahr 1864 ist Richard Wagner wieder einmal auf der Flucht. 1849 trieben ihn die politischen Umstände nach dem gescheiterten Dresdener Maiaufstand in die Schweiz. Nun entrann er seinen Gläubigern wiederum über den Bodensee. In Wien wurde der *Tristan* vom Spielplan abgesetzt. Man hielt ihn nach 77 Proben für unspielbar. Eine geplante Konzertreise durch Rußland platzte wegen der Unruhen in Polen. Verschwenderisch gab er sein letztes Geld aus. Seine Sollsaldo betrug, als ihm sein Anwalt zur Flucht riet, allein in Wien an Wechselschulden umgerechnet 100 000,– Mark heutigen Geldes. Wohin sollte er sich wenden? Otto Wesendoncks Gastfreundschaft hatte er sechs Jahre zuvor damit vergolten, daß er mit dessen Frau schlief und überdies die außergewöhnlich schwülstigen Wesendonck-Lieder komponierte. Er kroch für den Anfang bei Eliza Wille unter, doch deren Mann komplimentierte den anstrengenden Gast höflich, aber entschieden hinaus. Wagner hegte Selbstmordgedanken und reiste nach Stuttgart, wo er am 29. April eintraf. Er wollte mit einem Bekannten irgendwo in der rauhen Alb verschwinden, um endlich die *Meistersinger* zu vollenden, jene Oper, die wie keine zweite Wagners Sehnsucht nach bürgerlicher Reputation ausdrückt und auf die der Verleger Schott immer nachdrücklicher Anspruch erhob, weil er sie nämlich quasi schon bezahlt hatte.

Wagner ahnte nicht, daß seit geraumer Zeit ein hoher bayerischer Beamter seiner Fluchtroute folgte und ihn immer knapp verpaßte. Am Abend vor der Abreise in die Rauhe Alb wird für Wagner eine Karte abgegeben: Der Secrétaire aulique de S.M. le roi de Bavière wünsche Herrn Richard Wagner zu sprechen. Wagner, erschrocken, daß man ihn im letzten Moment und sogar hier noch aufgespürt hat, läßt sich verleugnen. Er eilt in sein Hotelzimmer, daß Freunde diskret für ihn bezahlen, und packt die Koffer. Am andern Morgen zehn Uhr steht der bayerische Hofrat Franz Seraph von Pfistermeister vor der Tür. Da er Wagner schon seit zwei Wochen sucht, ihm sogar nach Zürich und Wien nachgereist ist, sozusagen immer den geplatzten Wechseln nach, ist er nicht gesonnen, sich noch einmal abweisen zu lassen. Das Gespräch findet unter vier Augen statt und dauert lange. Der Kabinettssekretär König Ludwigs II. von Bayern überbringt ihm eine mündliche Botschaft, einen Ring, eine Einladung und ein Porträt seines Monarchen, der selber erst seit sechs Wochen regiert. Ludwig II. will Wagners Schulden übernehmen und ihm die Möglichkeit zu unbeschwerter Arbeit geben; alles aus Liebe zu seiner Kunst. Nachmittags fünf Uhr besteigen Pfistermeister und Wagner den Zug. »Der gefahrvolle Weg, auf den mich heute mein Schicksal zu höchsten Zielen berufen hatte, sollte nie frei von Sorgen und Nöten von bis dahin noch ganz unbekannter Art sein; nie jedoch hat unter dem Schutze meines erhabenen Freundes die Last des gemeinen Lebensdruckes mich wieder berühren sollen.« Mit diesem verworren pathetischen Gebrabbel wird Wagner später seine Autobiographie genau an jenem schicksalhaften 3. Mai 1864 enden lassen.

An diesem 3. Mai beginnt aber nicht nur der wirtschaftliche Aufschwung für Richard Wagner – 4 000 Gulden Soforthilfe, um die hartnäckigsten Gläubiger in Wien abzuwimmeln, ein Jahresgehalt von 4 000 Gulden, das zum Jahresende auf 5 000 erhöht wird, fünf Wochen später 16 000 Gulden als bares Geschenk und 4 000 Gulden Zuschuß für Umzugskosten; im Herbst schließlich für die Komposition des *Rings* 30 000 Gulden Honorar; insgesamt kostete Wagner ein Startgeld von über 130 000 Gulden, oder ein Drittel des dem König jährlich zur freien Verfügung stehenden Budgets. An diesem 3. Mai beginnt auch die schmutzigste, abgefeimteste und intriganteste Schmierenkomödie, die Wagner je inszeniert hat. Kein Musikdrama, sondern ein Königsdrama. Die Hauptdarsteller sind Ludwig II., Cosima von Bülow und schließlich Richard Wagner selbst. Ort der Handlung ist München. Das Finale eine Staatskrise.

Ludwig, wie Martin Gregor-Dellin schreibt, »ein sinnierender Einzelgänger, ein Jüngling von bedenklicher Schwermut und Menschenscheu, schön, dunkeläugig und homophil«, hatte als Fünfzehnjähriger während der Aufführung einer Wagner-Oper einen Schock fürs Leben erlitten: es handelte sich um den *Lohengrin*; der junge Kronprinz brach in Tränen aus, lernte das Textbuch auswendig und bildete sich fortan ein, zum Schwanenritter berufen zu sein. Daß er allerlei Schwanensymbole und -orden erfand, sich später als Schwanenritter porträtieren ließ und den irrwitzigen Ausbau von Schloß Hohenschwangau zu Neuschwanstein betrieb, macht deutlich, wie schlimm es ihn bei der ersten Begegnung erwischt hatte. Er las auch alle übrigen Dramen Wagners und schaute sich auch noch den *Tannhäuser* an, was sein zartes Gemüt endgültig vergiftete.

Der noch nicht neunzehnjährige sensible König war dem einundvierzigjährigen Wagner völlig verfallen: dem komischen Vogel mit der Hakennase, dem ewig sächselnden Revoluzzer, der mal die ganze Welt verbrennen, dann wiederum die Juden ausrotten und am Ende doch nur das Theater reformieren wollte, damit es seine Opern spielte, diesem aufdringlichen, geltungssüchtigen Bankrotteur, dem jedes Gefühl für das Angemessene abging und der seine wohlmeinendsten Freunde hinterging, betrog und hörnte – aber mindestens entsetzlich langweilte.

Als hohe Frau betrat Cosima, des Komponisten Franz Liszts häßliche Tochter, in der gesamten musikalischen Welt für ihre sagenhafte sexuelle Aktivität bekannt und derzeit mit dem nervösen, aber arglosen Hans von Bülow vermählt, die Bühne des bayerischen Komödienstadls. Daß Hans von Bülow ein Dirigent war, der sich sehr für Wagners Werke einsetzte, störte den Komponisten nicht im mindesten, spornte im Gegenteil seine erotischen Energien ungeheuer an. In seiner Dresdener Zeit hatte er nicht davor zurückgeschreckt, in einem Anfall von erbarmungslosem obersächsischem Machismo mit Wilhelmine Schröder-Devrient anzubandeln, der schon angejahrten Heroine und Diva, die Wagners erste Senta und auch die erste Venus wurde: Die geschiedene Sängerin, die den Mann ihres Lebens nicht gefunden hatte, tröstete sich mit allerlei Gardeleutenants und machte Wagner zum Vertrauten ihrer Liebesaffären; zum Beispiel war Wagner mit einem ihrer ständigen Liebhaber eng befreundet; und daß Richard nicht auch der Geliebte seiner SentaVenus war, behauptet allein Cosima in ihren Tagebüchern. Wagner brauchte anscheinend das Motiv der Schädigung Dritter, um zu sexueller Befriedigung zu kommen. Seine erste Frau, Minna, hatte er einem anderen ausgespannt, Mathilde Wesendonck liebte er nicht zuletzt ihres Mannes wegen, dem er Hörner aufsetzen konnte, und nun Cosima – nicht zu reden von den flüchtigen und nicht nennenswerten Affären – alles Frauen von Männern, die ihm wohlwollten. Sollte man nicht eine verdeckte Homophilie dahinter vermuten?

In München wird der Briefwechsel zwischen Ludwig II. und Richard Wagner heftig und innig – und Pfistermeister des Komponisten erbitterter Feind. »Mein innigst Geliebter!« himmelt der König. »Ein und All! Inbegriff meiner Seligkeit«, seufzt er. »Heißgeliebter, Angebeteter, Herr meines Lebens!« »Heiland, der mich beseligt.« Und der Angebetete sülzt zurück: »Mein geliebter, herrlicher Freund!« Wenn die geistige Verführung Minderjähriger strafbar wäre, mag Kabinettssekretär Pfistermeister angesichts seines außer Rand und Band geratenden Königs denken, dann müßte Wagner lebenslänglich hinter Gitter. Ludwig II. »hatte die Empfindung, als hätten wir die Rollen getauscht«, als sei Wagner der Gebende und der König der Nehmende. Der Komponist kannte im Gegensatz zu Ludwig das Stück, welches gegeben wurde, und kannte seine Rolle. Nur in Pose wirklich er selbst, entführte er den jugendlichen König in eine Traumwelt, die dieser für die Wirklichkeit hielt. Das Fatale und damit Staatsgefährdende daran war nur, daß sich in des Königs Gefolge ganz Bayern zum Gral begeben sollte. Und da spielten die Realpolitiker nicht mit. Die Ministerialbürokratrie nutzte die häufige Abwesenheit des Königs – Ludwig II. weilte in seinem ersten Regierungsjahr 1864 nur ganze 68 Tage in München – um die Zügel immer fester in die Hand zu nehmen. Eines Tages würden sie den König selbst ins Geschirr legen. Und daran trägt Richard Wagner zumindest mittelbar die Schuld – es ist Königsmord, was er mit Ludwig treibt, ein langfristig angelegter, arglistiger, schleichender und heimtückischer Mord. Denn dem König ging es um die hehre Kunst, die er liebte, aber nicht verstand. Wagner, der zu viel von Kunst verstand, um sie zu lieben, ging's ums Geld.

Wagner in seinem Münchner Rauschzustand wird übermütig. Auch mit einer seiner Ex-Geliebten treibt er falsches Spiel. Mathilde Maier fordert er auf, zu ihm zu kommen und seinen Haushalt in Ordnung zu halten. Soll Evchen die Haushälterin von Hans Sachs spielen? Obwohl Hans und Cosima v. Bülow im Anmarsch sind? Ist die Einladung an Mathilde der letzte Versuch, der Schicksalsdame Cosima zu entrinnen, meint »Ordnen des Haushalts« vielleicht dies?

Cosima kommt. Am 29. Juni. Allein. Hans ist noch für eine Woche beschäftigt und hat seine Frau und seine beiden Töchter vorausgeschickt. Er wäre vielleicht weniger arglos gewesen, hätte er gewußt, was sich sieben Monate zuvor, am 28. November 1863, zugetragen hatte. Wagner, auf der Durchreise, war bei Bülows abgestiegen. Man speiste gemeinsam. Und dann ereignete sich, was Wagner später in seinem verquollenen Deutsch so beschreibt: »Da Bülow Vorbereitungen zu seinem Konzerte zu treffen hatte, fuhr ich mit Cosima allein, noch einmal in einem schönen Wagen, auf die Promenade. Diesmal ging uns Schweigenden der Scherz aus: wir blickten uns stumm in die Augen, und ein heftiges Verlangen nach eingestandenster Wahrheit übermannte uns zu dem keiner Worte bedürfenden Bekenntnis eines grenzenlosen Unglücks, das uns belastete. Uns war Erleichterung geworden.« Nach diesem Verbalkoitus besuchten die beiden heitersten Gemüts das Konzert Hans von Bülows.

Auch sieben Monate später übermannt sie wieder ein heftiges Verlangen, diesmal aber nicht nach Komparation des Perfektpartizips, sondern nach handfestem Sex. Die beiden Bülow-Töchter Daniela und Blandine schlafen im Nebenzimmer, während sich die von heiligem Sendungsbewußtsein und religiösem Impetus befeuerte Cosima mit dem kleinen Sachsen austobt – eine Woche lang, Nacht für Nacht. Sie treiben es so schlimm, daß Cosima an eine Freundin schreibt: »Ich bin seit drei Tagen hier und mir scheint, daß es bereits ein Jahrhundert sei ...«

Am 7. Juli kommt Hans v. Bülow am Starnberger See an. Das Ehepaar muß ein seltsames Bild abgegeben haben: Cosima, mit Ringen unter den Augen, aber glücklich und frisch geschwängert; Hans mit zerrütteten Nerven und Gliederschmerzen, an einem rheumatischen Fieber leidend. Und zwischen beiden der ewig quasselnde und von neuen gigantischen Projekten faselnde Wagner. Anstatt sich zu erholen, fällt Bülow in Ohnmacht.

Am 10. April 1865 wird Isolde, die erste Tochter Cosimas von Richard Wagner, geboren. Es ist der Tag der ersten Orchesterprobe des *Tristan*, die Hans v. Bülow leitet. Der Schmierenkomödie zweiter Akt ist in vollem Gange. Bülow tut so, als wüßte er nicht, daß Cosima ihm das Kind untergeschoben hat; es wird seine Lebenslüge, an der er bis zuletzt festhält. Während Cosima das leibliche Kind zur Welt brachte, bringt Hans das geistige Kind ans Licht. Wagner ist hin- und hergerissen. Vorausgegangen war eine erste bissige Pressekampagne, die sich an einer unvorsichtigen Bemerkung Bülows auf einer Probe entzündete, und Pfistermeister und die seinen heizten das Feuer kräftig an. Das Ziel war neben Bülow die ganze »Kolonie« der landesfremden Künstler, besonders Wagner, der den Bayern ihren König wegnahm, denn auch in seinem zweiten Regierungsjahr ließ sich der König nur höchst ungern herzu, den protokollarischen Pflichten nachzukommen. Wagner spielte sich nicht nur bei den *Tristan*-Proben auf, er residierte auch in seiner Villa in der Brienner Straße wie ein Großfürst. Die Kabinettskasse des Königs war für ihn eine melkende Kuh. Die Beamten begannen nachzurechnen; ihnen flatterte das Hemd. Wagner verlangte neben seinem Jahresgehalt von 4000 Gulden die lebenslängliche Nutznießung eines Kapitals von 200000 Gulden. Schließlich gab er sich mit der Verdoppelung des Jahresgehalts und der Auszahlung von 40000 Gulden zufrieden. Cosima, zum Majordomus Wagners avanciert, mußte zwei Droschken mieten, als sie das Geld abholte. Die Beamten der Kabinettskasse hatten ihr den Betrag in Silbermünzen ausbezahlt. Doch diese Sticheleien waren nur der harmlose Beginn einer Großoffensive gegen Wagner. Den »Barrikadenmann von Dresden« nannte ihn der »Neue Bayrische Kurier«. Der Artikel war von Minister von der Pfordten inspiriert, der zur Zeit des Dresdner Maiaufstands sächsischer Staatsminister gewesen war und Wagner in unguter Erinnerung hatte. Wagner reagiert gereizt; »Pfi« und »Pfo«, Pfistermeister und von der Pfordten, müßten entlassen werden, verlangt er vom König. Aber damit hat er überzogen. Am 1. Dezember 1865 stellt von der Pfordten den König vor die Alternative: Entweder Wagner ginge, oder das Volk würde rebellieren. 4000 Unterschriften Münchner Bürger kann er vorlegen, die Wagners Abschiebung verlangen. Der Polizeipräsident erklärt, er könne die Sicherheit des Königs unter diesen Umständen nicht mehr gewährleisten. Die Entscheidung stürzt Ludwig II. in tiefe Verzweiflung. Eine Woche lang sträubt er sich, dann muß Wagner doch gehen. Am 10. Dezember reist er mit Diener Franz und Hund Pohl in die Schweiz ab und bezieht ein Haus in Tribschen. Daß ihm sein Jahresgehalt bleibt, ist seine einzige Tröstung, bis Cosima ihn im Mai des folgenden Jahres auch physisch wieder aufmuntert.

Die fesche Lola

Bayerns kunstsinnige Könige hatten nicht immer eine glückliche Hand bei der Wahl ihrer Günstlinge. Schon einmal hatte der Thron eines Wittelsbachers gewackelt, und schon einmal hatte die Regierung erklärt, sie könne die öffentliche Sicherheit nicht mehr aufrecht erhalten, wenn nicht …

Ludwig I., der Großvater des Schwanenritters und Wagnerfreundes, hatte einst einer vom Theater auf derart auffallende Weise seine Huld erwiesen, daß er schließlich genötigt wurde, auf den Thron zu verzichten.

Lola Montez – als Marie Dolores von Porris y Montez – hatte sie sich im Gästebuch ihrer Münchener Herberge eingetragen, als sie am 5. Oktober 1846 in der bayerischen Residenzstadt erschien – eine Tänzerin dunkler Herkunft, galt schon früher als gefürchtete Skandalnudel. Als Elisabeth Gilbert unehelich geboren, stammte sie nicht, wie sie gern behauptete, aus Sevilla, sondern aus Montrose in Schottland.

Sie wurde die Frau eines in Indien stationierten englischen Leutnants James, von dem sie, kaum 19jährig, durchbrannte, wonach sie sich durch die halbe europäische High Society liebte. Im Herbst 1843 war sie nach Dresden gekommen, wohin sie vor den preußischen Behörden geflohen war: In Berlin hatte sie nämlich eine Prügelei mit der örtlichen Polizei gehabt. Das sächsisch-preußische Verhältnis war um jene Zeit nicht eben das entspannteste; sächsische Offizielle, Theaterintendanten etwa, hüteten sich sorgsam, durch etwaige Protektion der kapriziösen jungen Dame dem nördlichen Nachbarn Anlaß zu politischer Gereiztheit zu geben. Mit dem Instinkt der Abenteuerin suchte Lola daher, die Aufmerksamkeit der beiden berühmtesten Musiker zu erringen, die sich damals in Dresden aufhielten: Richard Wagner und Franz Liszt. »Wagner, der 1849 während des Dresdner Maiaufstandes unerschrocken sein Leben riskieren sollte, zog sich angesichts der Unberechenbarkeit dieser Tänzerin beizeiten zurück«, schreibt Walter Fellmann. Liszt hingegen gab Lolas wegen sogar seiner aktuellen Geliebten, der Gräfin d'Agoult, den Laufpaß und ging in Begleitung der launenhaften Tänzerin auf seine nächste Tournee. Jedoch, ihrer bald überdrüssig, ließ er sie eines frühen Morgens in einer Pension sitzen, nicht ohne zuvor die Rechnung für Kost, Logis und Meublement beglichen zu haben; letzteres wurde auch pünktlich von Lola, als sie sich verlassen fand, bis auf den letzten Span zu Kleinholz gemacht.

In Bayern hätte man also, wäre das nur ernsthaft gewollt worden, vor Lola Montez gewarnt sein können. Die »exotische Tänzerin« war schon 29, als sie dem 60jährigen bayerischen König vorgestellt wurde. Und dieses »schon« bedeutet, daß sie in diesen 29 Jahren nicht nur Übung im Möbelzerlegen, sondern auch sexuelle Erfahrungen gesammelt hatte, die den Maßstäben biedermeierlicher Schicklichkeit weit vorauseilten. »Ich kann mir nicht jede hergelaufene

Tänzerin ansehen!« soll Ludwig anfangs unwirsch eine Audienz abgelehnt haben. »Majestät, es lohnt sich. Sie ist sehr schön«, erwiderte sein Adjutant Graf Rechenberg, der genau wußte, wie sehr sein Dienstherr dem weiblichen Geschlecht, besonders wenn es jung und wohlgeformt, zugetan war. Die Audienz kam zustande, Majestät waren entzückt und stellten fest, daß seinem Theater eben genau noch eine spanische Tänzerin gefehlt hätte. Lola erhielt die Chance, im Hoftheater aufzutreten und zwischen den Akten einer ganz anderen Aufführung ein paar »spanische Nationaltänze« vorzuführen.

Von diesem Auftritt gibt es widersprüchliche Berichte. Faszinierend nennen ihn die einen, Lola habe zur Tänzerin beinahe alles gefehlt, meinen die anderen. Mag sein, daß sie zur Künstlerin ähnlich begabt war wie Emma Hamilton. Aber sie teilte mit ihr auch die Fähigkeit, auf ältere Männer eine starke erotische Anziehung auszuüben. Und beide sind der byzantinischen Kaiserin Theodora verwandt: Weder zum Schauspiel noch zum Tanz eigentlich recht ausgebildet, aber von einem unwiderstehlichen Drang zum Rollenspiel und zur Selbstinszenierung angetrieben. Auf jeden Fall erfüllte Lolas Auftritt im Oktober 1846 seinen Zweck; sie wurde Ludwigs Geliebte und konnte die Bühne mit der Loge vertauschen.

Ludwig I. war dem anderen Geschlecht überaus zugetan. Vom Vorbild anderer europäischer Fürstenhöfe angeregt, ließ er seine Amouren in einer »Schönheitsgalerie«. Knapp zwei Jahre nach seiner Thronbesteigung muß Hofmaler Joseph Stieler, wie Hans Riehl mitteilt, zum ersten Mal ran. »Die Auserwählte ist keine Prinzessin, sondern eine schlichte Bürgerliche aus kleinen Verhältnissen. Auguste Strobl ... ist die Tochter eines Buchhalters. Frei nach Schillers ›alle Menschen werden Brüder‹ hat der König einen Hang zum Volk, vor allem zum weiblichen Teil desselben. Schon als Kronprinz hat er bei seinen Amouren nie einen Unterschied gemacht zwischen Frauen von Adel und Fräuleins von bürgerlicher Schönheit.« Nie jedoch war den sexuellen Abenteuern in seinem Leben eine höhere, gar politische Bedeutung zugekommen. Und nie hatte sich Bayern, das ja bekanntlich das Fensterln in den Hausschatz der deutschen Liebesspiele eingebracht hat, an der zupackenden Erotik seines Monarchen im mindesten gestört. Bei Lola aber war alles anders.

»Es handelt sich schlichtweg um ein Trauerspiel, um die Verblendung eines alternden Mannes durch eine vermutlich hochgradig psychotische, habsüchtige und krankhaft geltungsbedürftige Frau«, schreibt der Biograph Ludwigs I., Heinz Gollwitzer. »Die Verirrung des Monarchen war umso beklagenswerter, als ihn nicht nur seine Schwächen, voran sein kindischer Trotz, das Sich-Sperren gegen die bessere Einsicht aller Wohlmeinenden, sondern auch honorige Eigenschaften, sein überschwengliches Treue- und Dankbarkeitsbedürfnis zumal, in einen wahren Teufelskreis bannten, aus dem er von sich aus nicht mehr herausfand.«

Die neue Mätresse des Königs dreht ziemlich auf und unterließ nichts, um sich bei ihren biedermeierlichen Zeitgenossen unbeliebt zu machen. Sie, die ihr ganzes bisheriges Leben mit Rollenspiel und Scharaden zugebracht hatte, wollte auch in der Rolle der Mätresse die gebührende Aufmerksamkeit erringen. So konnte es nicht ausbleiben, daß sie ihre großen Vorgängerinnen in diesem Berufsstand auch darin nachzuahmen versuchte, indem sie sich in politische Angelegenheiten einmischte, in die Besetzung von Ministerämtern hineinredete und sich unter ihren Bewunderern, vornehmlich unter Studenten, eine Art Hausmacht zu schaffen suchte. In politischen Dingen aber fehlte es Lola nicht nur an Sachkenntnis, sondern auch an Sekundärtugenden wie Selbstdisziplin, Loyalität und Verschwiegenheit. Alles, was sie einzusetzen hatte, war ihre erotische Ausstrahlung. So erinnerte sie zunächst, wie Heinz Gollwitzer schreibt, »an jene Figuren des Showgeschäfts, die durch eine Kette gewagt inszenierter Skandale die Aufmerksamkeit des Publikums auf sich zu konzentrieren bemüht sind. Aber selbst die Vermutung kalkulierter Affären dürfte noch zu hoch gegriffen sein. Mehr spricht für pure Unbesonnenheit und Hemmungslosigkeit. Die gleiche Frau, die im intimen Gespräch anscheinend bezaubern konnte, benahm sich in der Öffentlichkeit mitunter wie eine halbverrückte Person und hat schon nach kurzem Aufenthalt in München durch provozierendes Auftreten und törichte, maßlose Äußerungen die Bevölkerung gegen sich aufgebracht. Dem König gegenüber spielte sie die verfolgte Unschuld und setzte ihm unaufhörlich mit Klagen und Verleumdungen gegen ihre tatsächlichen und oder angeblichen Verfolger zu.«

Ludwig mochte ihr nichts abschlagen, noch am Tag vor ihrer Ausweisung versicherte er seiner Geliebten, daß er in unwandelbarer Treue zu ihr stehe. Es ist unzweifelhaft, daß er ihr sexuell hörig war. Er machte sie zur Gräfin Landsfeld, aber auch das trug nicht zur gesellschaftlichen Anerkennung der Tänzerin bei. Im Gegenteil, die öffentlichen Auseinandersetzungen um das ungleiche Paar kulminierten in Studentenunruhen; und Anfang Februar 1848, als die öffentliche Sicherheit nicht mehr aufrecht zu erhalten war, drohte der Ministerrat mit der Absetzung des Königs, wenn Lola Montez nicht ausgewiesen würde. Am 11. Februar rang man ihm das Ausweisungsdekret ab. Lola mußte München und Bayern binnen einer Stunde verlassen.

Aber Bayern kam nicht mehr zur erhofften Ruhe. Der Funke der Pariser Revolution sprang auf das durch die Lola-Affäre erhitzte Land über und drohte, es vollständig in Brand zu setzen. Der König stimmte Anfang März der Konstitutionalisierung Bayerns zu. Am 19. März entsagte er dem Thron und zog sich ins Privatleben zurück.

Es nimmt nicht wunder, daß die Münchner in Erinnerung an diese erst anderthalb Jahrzehnte zurückliegenden Ereignisse den königlichen Günstling Richard Wagner als »Lolus« beschimpften. Was die 30jährige Tänzerin dem alternden Großvater war, das war der 50jährige Komponist dem gerade erst pubertierten Enkel. Beide Affären endeten damit, daß man den Stein des Anstoßes außer Landes kickte. Doch in Richard Wagners Fall ist damit die Komödie noch nicht zu Ende. Ludwig II. leidet schmerzlich unter der Trennung von seinem Idol. Spätestens zu diesem Zeitpunkt lernt er die Staatsräson hassen, der er seine persönlichen Neigungen opfern muß. Und die Ministerialbürokratie weiß seit dieser erfolgreichen Erpressung, wie sie mit dem König umspringen kann. Der dritte und letzte Akt hebt an, und in ihm spielt Cosima die Hauptrolle. Sie hat seit dem Weggang Wagners ungeahnten Einfluß auf den König gewonnen. Über sie werden alle geschäftlichen und amtlichen Vorgänge zwischen Wagner und dem Hof abgewickelt, und sie ist die »Brieftaube« für die Korrespondenz zwischen Ludwig und Richard. Sie versucht, Ludwig II. sowohl politisch wie auch künstlerisch bei Richard Wagners Stange zu halten. Sie befördert nicht nur Briefe, sie verleitet auch Ludwig II. zu einer Reise nach Tribschen, wo er sich dem Komponisten an dessen 53. Geburtstag als Walther von Stolzing melden läßt.

Die Münchner Minister wittern die Gefahr und holen zu einem neuen Schlag aus. Die Presse beginnt öffentlich über die seltsamen Beziehungen der Frau von Bülow zu ihrem »Freunde (oder was?)« nachzudenken. Der ahnungslose Bülow schickt dem Redakteur eine Duellforderung und veröffentlicht eine Gegenerklärung. Das macht alles nur schlimmer. Am 6. Juni 1866 bittet Hans von Bülow um seine Entlassung. Cosima schreibt Ludwig II. tags darauf einen weinerlichen Brief: »Mein königlicher Herr, ich habe drei Kinder, denen ich es schulde, ihnen den ehrenwerten Namen ihres Vaters fleckenlos zu übertragen; für diese Kinder, damit die nicht einst meine Liebe zu dem Freunde schmähen, bitte ich Sie, mein höchster Freund: ›schreiben Sie den Brief‹.« Wagner setzt in Tribschen einen Text auf, den Cosima dem König vorlegt. Es ist der Höhepunkt der Schmierenkomödie: eine Ehrenerklärung für Hans von Bülow. Der König läßt sie in seinem Namen am 19. Juni 1866 in zwei Münchner Zeitungen verbreiten: »Da Mir Ihr uneigennützigstes, ehrenwertes Verhalten, ebenso wie dem musikalischen Publikum Münchens Ihre unvergleichlichen künstlerischen Leistungen, bekannt geworden; – da Ich ferner die genaueste Kenntnis des edlen und hochherzigen Charakters Ihrer geehrten Gemahlin, welche dem Freund ihres Vaters, dem Vorbilde ihres Gatten mit teilnahmsvoller Sorge tröstend zur Seite stand, Mir verschaffen konnte, so bleibt Mir das Unerklärliche jener verbrecherischen öffentlichen Verunglimpfungen zu erforschen übrig, um, zur klaren Einsicht des schmachvollen Treibens gelangt, mit schonungslosester Strenge gegen die Übeltäter Gerechtigkeit üben zu lassen.« Das ist unüberhörbar Wagner-Deutsch.

Schon damals gereichten »Ehrenerklärungen« den Politikern, die sie abgaben, selten zur Ehre. Zum Zeitpunkt dieses königlichen Meineids wird Cosima zum zweiten Mal von Wagner schwanger. Die Spannungen zwischen den Bülows wachsen ins Unerträgliche. Bülow geht in die innere Emigration und nach Basel. Aber er läßt nicht ab, Wagners Musik zu bewundern und zu fördern. Ludwig II. wird erst viel später Verdacht schöpfen, daß man ihn geleimt habe. Vorderhand bricht der preußisch-österreichische Krieg aus, in den auch Bayern hineingezogen wird. Der König scheint sich für den Krieg nicht zu interessieren. Als die geschlagenen bayerischen Truppen nach München heimkehren, will der König sie nicht empfangen. Nach diesem Affront denkt man das erste Mal öffentlich über die Absetzung des Königs nach. Bayern ist in eine Staatskrise geschliddert. Ludwig II. befindet sich unwiderruflich auf dem Weg, der ihn fast genau 20 Jahre nach der fatalen »Ehrenerklärung« in die Fluten des Starnberger Sees führen wird. Die Autorität des Königs hat in seinen ersten zwei Regierungsjahren irreparablen Schaden genommen. Man kann es nicht anders sagen: dies ist ein bleibendes »Verdienst« Richard Wagners.

Im Bett hinkte er nicht

Hat er ihm nun eine geknallt oder hat er nicht? Der Filmstar Gustav Fröhlich dem Promi, dem Minister für Volksaufklärung und Propaganda Dr. Joseph Goebbels?

Die Szene: Das Haus des Ministers auf Schwanwerder; Fröhlichs Anwesen nur 50 Meter entfernt. Die Situation: Fröhlich kommt von einer Premiere nach Hause, zu der ihn seine Gefährtin, die attraktive tschechische Filmschauspielerin Lida Baarova nicht begleiten wollte. Im Dämmerlicht sieht er Lida mit dem Herrn Minister eng umschlungen vor dessen Villa. Ein Abschiedskuß nach beendetem Rendezvous? Die Tat: Fröhlich bremst seinen Sportwagen scharf vor der Limousine des Promi, springt heraus, stellt den Nebenbuhler zur Rede und haut ihm eine runter.

Es sei ganz anders gewesen, erklärt Gustav Fröhlich in seiner Autobiographie: »In Tat und Wahrheit … habe ich erst einmal meine Lida, die Erklärungen abzugeben versuchte, wütend heimgeschickt … und dann habe ich entsetzlich herumgebrüllt. Um meinen Eifersuchtsdampf abzulassen … Goebbels hörte sich das kreidebleich an. Sein Fahrer mußte zurücksetzen, weil ich meinen Sportwagen scharf vor ihm geparkt hatte. Als mir die Puste und die Worte ausgegangen waren, haute ich mich in meinen offenen Mercedes 5,4 und brauste mit aufheulendem Kompressor die fünfzig Meter bis zu meinem Besitz, daß Staub und Steine spritzten.«

Keine Ohrfeige also? Aber von der »Knallschote« sprach am andern Tag nicht nur die Ufa-Prominenz; sie war Stadtklatsch in Berlin und wurde international berühmt. Zum endlichen Nutzen Gustav Fröhlichs, wie sich 1945 herausstellt, als die Sieger des Krieges »den mit der Ohrfeige« außerordentlich schonend behandeln.

Als Gustav Fröhlich die Baarova zum ersten Mal in den Ufa-Ateliers traf – bei den Dreharbeiten zur Edelschnulze *Barcarole* Ende 1934 –, war Fröhlich bereits ein hochbezahlter Filmstar, die junge Tschechin hingegen namenlos, obwohl sie in Prag schon eine Reihe von Filmen gedreht hatte. Für beide war es »Liebe auf den ersten Blick«: Fröhlich lebte getrennt von seiner Frau Gitta Alpar, die als Jüdin Deutschland verlassen mußte (die Scheidung wurde erst 1935 ausgesprochen), Lida Baarova war sich bei aller Verliebtheit bewußt, daß sie Protektion brauchte, wenn sie im deutschen Film Karriere machen wollte. So war ihr sicher auch die Bedeutung jenes Atelierbesuchs klar, mit dem Hitler und sein Promi Goebbels das *Barcarole*-Team im Dezember 1934 heimsuchten. Als sie etwas später bei der Ufa gefeuert wurde, weil sie als Tschechin nicht mehr so recht ins völkische Bild zu passen schien, meldete sie sich keß bei Hitler an und wurde – vielleicht zu ihrer eigenen Überraschung – zum Tee in die Reichskanzlei eingeladen. Hitler hatte die erste Begegnung im Atelier nicht vergessen – Lida erinnere ihn an seine Nichte Geli Raubal, die er sehr geliebt, aber durch ihren unbegreiflichen Selbstmord verloren habe, ließ er durchblicken –, er empfing die schöne Tschechin in schwarzen Lackpantoffeln (die machten jedenfalls den tiefsten Eindruck auf Lida) und schwafelte zwei Stunden lang vom tausendjährigen Reich. Als Lida es schließlich gelang, ihre Kündigung anzusprechen, diktierte Hitler einen Brief an die Ufa-Bosse. »Als sie dieses Blatt anderntags der Ufa-Direktion vorwies, sah sie nur noch Rücken, so tief waren die Verbeugungen.« Die Einladungen zu Hitlers Teestunden häuften sich; irgendwann einmal platzte Fröhlich der Kragen: »Falls du die Absicht hegst, meine Landesmutter zu werden, benachrichtige mich bitte rechtzeitig, damit ich auswandern kann!« Lidas Teestunden waren vermutlich so harmlos wie die meisten Rendezvous, die Hitler mit Frauen der Filmbranche hatte. Dafür hatte der eigentliche Filmmogul des Dritten Reiches, Dr. Joseph Goebbels, Witterung aufgenommen. Wer war die junge Dame, die sein Ministerium gefeuert und die Hitler persönlich rehabilitiert hatte? Er deutete seiner Frau Magda an, es sei doch nett, den Nachbarn Gustav Fröhlich einmal einzuladen. Das tat sie auch prompt, und Gustav Fröhlich fragte zurück, ob er Lida Baarova mitbringen könnte. Selbstverständlich. Das Verhängnis nahm seinen Lauf.

Goebbels Tagebücher enthüllen, daß der Promi vom Film regelrecht besessen war. Er sah sich alles an: Panzerkreuzer Potemkin ebenso wie Walt Disneys Schneewittchen. Vor allem sah er sich die darstellenden Damen an. Der Schauspieler Werner Finck erinnert sich: »Der Kultusdirektor hatte die Künstler, vor allem die Schauspieler, und von denen vor allem die Schauspielerinnen (jetzt mißverstehen Sie mich bitte), unter sich.« Die Besetzungscouch, heutzutage angeblich unentbehrliches Möbel jedes Filmproduzenten, mußte bei Goebbels schon ein Besetzungsbett sein; es stand in einem Nebengelaß des Propagandaministeriums. Obwohl seine Frau Magda der Prototyp einer »arischen« Frau zu sein schien, mochte der Promi die Dunklen und Brünetten lieber. Mit den Sternchen minderer Leuchtkraft hatte er kaum Probleme; sie versprachen sich eine Beförderung ihrer Karriere, die aber selten eingetreten sein dürfte, denn Goebbels wechselte die Mädchen so rasch, daß er sie sich unmöglich alle merken, geschweige denn sich um ihre Karrieren kümmern konnte. Routine-Affären dieser Art arrangierte der persönliche Referent des Promis während der Arbeitszeit oder in den Mittagspausen. »Manche Starlets, die mit den sexuellen Leistungen des kleinen Mannes mehr als zufrieden waren, und zu seinen oftmaligen Partnerinnen gehörten, erzählten, daß sie ins Schlafzimmer geschmuggelt worden seien, während der ›Doktor‹, wie ihn die meisten nannten, nebenan noch Besprechungen abhielt. Die jungen Damen hatten sich auszuziehen und erwartungsvoll ins Bett zu legen. Zwischen zwei Terminen tauchte Goebbels auf, huschte ins Bett und verließ es ebenso schnell nach ›getaner Arbeit‹ ...« Das bezeugt, wenn auch nur vom Hörensagen, der Filmregisseur Geza von Cziffra. Bei den großen Damen des deutschen Films hatte er es schwerer. Lil Dagover ließ ihn abblitzen, Marikka Röck unterrichtete nach dem ersten Annäherungsversuch ihren Mann, und Zarah Leander erklärte ihm, sie würde Deutschland verlassen, wenn er sie nicht in Ruhe ließe. Die weniger bedeutenden brüsteten sich damit, wenn der Promi sie mehr als einmal beglückt hatte. Denn das war die Ausnahme. Goebbels, von äußerer Erscheinung weder Adonis noch Herkules, und wohl erst recht ein Gegenbild zum nordischen Herrenmenschen à la Lebensborn, brauchte anscheinend die sexuelle Abwechslung zu seiner Selbstbestätigung. Eins dieser Dämchen, von den Kollegen befragt, was sie denn am Hinkefuß so anziehend fände, antwortete: »Im Bett hinkt er nicht!« Eine andere Anfängerin, die brünette Margot Hielscher, die Goebbels regelrecht verfolgte – er rief sogar um Mitternacht bei ihr an und meldete sich, wenn ihr Vater am Apparat war, mit »Herr Müller« –, verweigerte sich dem Promi – und verlor ihre Arbeit.

Geza von Cziffra kolportiert auch das Gerücht von den drei Geheimlisten in Gobbels' Schreibtisch: Auf der ersten standen Hitlers erklärte Lieblingsschauspieler, auf der zweiten die Unbedenklichen mit einwandfreiem »Ariernachweis«, auf der dritten schließlich der Nachwuchs, zuförderst der weibliche. Durch die Einladungen zu den Teestunden in der Reichskanzlei war Lida Baarova auf die erste Liste geraten. Goebbels begann, ihr Avancen zu machen, die weit über das hinausgingen, was er sonst einem Filmstar gegenüber an erotischer Energie aufbrachte. Daß der Promi fast gleichzeitig mit Gustav Fröhlich und Lida ein Anwesen auf Schwanwerder bezog, erleichterte ihm sein Liebeswerben. Er lud Fröhlich und Lida auch zum großen Sommerfest ein, das er am Vorabend der Olympischen Spiele gab. Wenig später kam es zu der berühmten »Ohrfeige«.

Magda Goebbels, an die dauernden Affären ihres Mannes gewöhnt (was nicht besagt, daß sie sie akzeptierte), hat innerhalb weniger Jahre sechs Schwangerschaften durchzustehen, Tochter Holde wird am 19. Februar 1937 geboren. Nach außen sind die Goebbels' eine nationalsozialistische Musterfamilie, aber im Grunde ist ihre Ehe kaum mehr als eine Farce. Physisch und psychisch stark belastet, ist auch Magda anfällig für andere Männer geworden; sie hat eine Affäre mit Kurt Lüdecke, einem außenpolitischen Berater Hitlers, und Goebbels' Staatssekretär Karl Hanke, der sich seit längerem um Magdas Vertrauen bemüht, wird in seinem Werben so heftig, daß ihm schließlich Erfolg nicht versagt bleibt.

Nie hat Magda bisher befürchten müssen, daß die Familie durch die sexuellen Ausschweifungen ihres Mannes wirklich auseinanderbrechen könnte – zu sehr waren sie Regel geworden. Doch plötzlich erscheint die Ausnahme von der Regel auf der Bildfläche – Lida Baarova. Die Episode endet nicht so schnell wie bei den anderen Sternchen. Die Baarova wird immer wieder eingeladen, immer häufiger wird sie als Begleiterin des allmächtigen Filmministers gesichtet; und im gleichen Atemzug bekommt sie attraktive Rollenangebote: Für den Film *Patrioten*, einem Melodram um die Liebe einer Französin und eines deutschen Soldaten im 1. Weltkrieg, schreibt Goebbels eigenhändig das Manuskript um, spricht es mit dem Regisseur Karl Ritter durch, bis der seine Inszenierungswünsche geschnallt hat, bestellt Mathias Wiemann zum Partner der Baarova und macht ihm klar, daß er »mehr Stein und weniger Gelee« erwarte. Es versteht sich, daß dieser Film bei seiner Premiere am 24. September 1937 ein rauschender Erfolg wird; nicht nur für die Baarova – der Film bekommt das Prädikat »staatspolitisch und künstlerisch besonders wertvoll« –, sondern auch für Goebbels, dem es im Frühsommer 1937 gelungen war, die 1917 von Hugenberg gegründete Ufa, den größten der deutschen Filmkonzerne, in die Gewalt des »Reiches« zu bekommen. Die kleineren Unternehmen wie Terra, Tobis und Bavaria wußten, was die Stunde geschlagen hatte; auch sie wurden bald vom Goebbelsschen Filmimperium geschluckt.

Anfang 1938 tritt ein retardierendes Moment in dem Liebesdrama zwischen Goebbels und der Baarova ein: Im März besetzen deutsche Truppen Österreich. Als Hitler am 14. März in Wien einzieht, sitzt Lida Baarova im Haus Veit Harlans und seiner zweiten Frau Hilde Körber, mit der Lida befreundet ist, am Radio. Ahnt sie, daß ihre Heimat das nächste Opfer von Hitlers Expansionspolitik sein wird? Wenig später stößt auch Goebbels zu der Runde. In seiner Giftküche wird schon der ideologische Extrakt der »Sudetenkrise« gebraut. Vor seiner Abreise – er wird Hitler in den kommenden Wochen auf einer bombastischen Propagandareise begleiten – verbringt er mit Lida in Lanke »den schönsten Urlaub seines Lebens«. Am 10. April findet die Volksabstimmung über den Anschluß Österreichs statt, und 99,73 % der Österreicher stimmen für den Anschluß. Den 9. April hat Gobbels zum »Tag des Großdeutschen Reiches« proklamiert. Gemeinsam mit Hitler spricht er vom Balkon des Wiener Rathauses. Ein nationalsozialistisches Weihe-Ritual mit Wagner-Musik, Standarten und Sturmfahnen, Kirchenglocken und Freudenfeuern läßt der Promi seinem Führer zelebrieren. Goebbels ist auf dem Höhepunkt seiner politischen Karriere.

Im Privatleben versucht Goebbels, Magda zur Duldung seines Verhältnisses zur Baarova zu zwingen. Demonstrativ erscheint er bei offiziellen Anlässen in Begleitung der Schauspielerin. Selbst die Premiere von Leni Riefenstahls Olympia-Film am 20. April 1938, zu der Hitler die gesamte nationalsozialistische Prominenz geladen hat, nutzt Goebbels, um stolz seine Eroberung zu präsentieren. Das Raunen der braunen Bonzen versüßt ihm etwas den Geschmack einer Niederlage: der Olympia-Film war, unter der persönlichen Protektion Hitlers, am Promi vorbei, ja angeblich sogar gegen ihn durchgesetzt worden.

Ende 1937 war Goebbels aus der Villa in Schwanwerder in das Kavaliershaus im Garten umgezogen; er hoffte, Magda würde als erste die Nerven verlieren. Seine intimen Stunden mit Lida verbrachte er in einem idyllischen Haus bei Lanke am Bogensee, das bald sein neues Domizil wird. Goebbels' Schritte ließen erkennen, wie ernst es ihm war. Aber er war offenbar zu feige, sich mit Magda auszusprechen, wie Ralf Georg Reuth vermutet, »sondern schickte Lida Baarova vor, die, von Frau zu Frau, Magda darauf vorbereiten sollte, daß Goebbels gedachte, künftig eine Ehe zu dritt zu führen«.

Magda ist offenbar bereit, auf die Vorschläge einzugehen, wenn der Schein des Familienlebens weiter gewahrt bleibe. Doch jetzt macht Goebbels einen entscheidenden Fehler. Statt sich mit dem erreichten Agreement zufrieden zu geben, treibt er Magda während zweier gemeinsam verbrachter Wochenenden im August zur Verzweiflung: Er turtelt provokativ und, für Magda besonders kränkend, vor den anwesenden Gästen mit Lida; diese Demütigung kann Magda, die damit die Basis der Abmachungen für hinfällig hält, nicht hinnehmen: Sie beschwert sich bei Hitler.

Goebbels wird umgehend herbeizitiert, und Hitler wäscht ihm gehörig den Kopf. Ihm geht es weniger um den moralischen Aspekt der Angelegenheit, sondern um die politischen

Folgerungen: Im Februar 1938 erst hatte die Blomberg-Fritsch-Affäre schweren Schaden angerichtet. Die beiden Generale, die sich Hitlers Expansionspolitik zu widersetzen wagten, waren Intrigen zum Opfer gefallen. Goebbels hatte damals in sein Tagebuch notiert, diese Affäre sei ein »furchtbares Verhängnis«, über das man »nicht so leicht wegkommen werde«. Nun hatte das Verhängnis ihn selber ereilt. Hitler verbietet ihm kategorisch jeglichen Umgang mit der Baarova, ja er macht Goebbels' weitere Karriere vom Zusammenleben mit Magda abhängig und gibt der gekränkten Ehefrau sogar die Genugtuung, selbst zu entscheiden, ob sie dies wolle. Das ist eine Ohrfeige, die Goebbels mehr geschmerzt haben dürfte, als die Watschen von Gustl Fröhlich.

Es heißt, Goebbels wollte die Scheidung, er wäre bereit gewesen, alle seine Ämter niederzulegen und mit Lida ins Ausland zu gehen. Die Baarova behauptete in einem Interview mit der BBC später: »Goebbels wollte abtreten und nach Japan als Konsul gehen und sagte: ›Und wenn ich Krawatten verkaufen müßte in Japan, wäre mir das egal‹.« Seinen Tagebuchaufzeichnungen würde der machtbewußte und ehrgeizige Goebbels anvertraut haben, wenn er diesen Schritt auch nur erwogen hätte. Dafür aber gibt es keinen Hinweis. Oder hat er die Notizen wie die Erinnerungen an diesen Augenblick der Schwäche später getilgt? Der hyperpotente Promi hatte im Besetzungsbett endlich seine Meisterin gefunden; aber die Gunst seines »Meisters« Adolf Hitler war ihm allemal wichtiger als der Orgasmus einer Frau.

Goebbels' sexuell bedingte Kopflosigkeit ist vor allem für Lida Baarova eine Tragödie. Sofort nach der Trennung verliert sie die Hauptrolle für den Film *Die Geliebte*. Der schon fertig produzierte Film *Preußische Liebesgeschichte*, in dem Goebbels seine Beziehung zu Lida als historische Parabel verfilmen ließ, verschwindet in den Regalen (erst 1950 wird er als *Liebeslegende* aufgeführt). Und während sich der politische Druck auf die Tschechoslowakei im Herbst 1938 verschärft, während Goebbels Propagandamaschinerie zur psychologischen Vorbereitung für den »Anschluß« der Sudetengebiete Stimmung gegen die Tschechen macht, kommt die Katastrophe für Lida Baarova bei der Premiere der Dostojewski-Verfilmung *Der Spieler*. Als sie in einer Szene ihren Vater um Geld bittet, der sie mit den Worten zurückweist: »Bitte doch deinen Doktor um das Geld«, brechen Pfiffe, Buhrufe und Schmähungen über die Schauspielerin herein. »Raus, Ministerhure raus!« rufen bestellte Claqueure. Die Baarova erleidet einen Nervenzusammenbruch und wird unter Gestapobewachung gestellt. Ihre Bitte, nach Hollywood gehen zu dürfen, wird ihr verwehrt. Im Winter 1938/39 entläßt man sie nach Prag.

Ein einziges Mal noch soll es ihr gelungen sein, Joseph Goebbels wenigstens kurz zu treffen, und zwar bei einer Sammlung des Winterhilfswerks, bei der sich die Nazi-Bonzen aus Propagandagründen an bestimmten Tagen mit der Sammelbüchse unters Volk mischten. »Goebbels stand vor dem Hotel Adlon«, berichtet Geza v. Cziffra, »und hier gelang es Lida, mit schlampigem langen Rock und Kopftuch als ›Frau aus dem Volk‹ verkleidet, ihm für Sekunden ins Gesicht zu sehen. Lida behauptet, Goebbels habe sie erkannt, er wagte aber nichts zu sagen.«

Nach der Besetzung der »Resttschechei« im März 1939 blieb sie zwei Jahre unbehelligt. Dann erhielt sie auch hier Auftrittsverbot. Bei Kriegsende floh sie zu den Amerikanern, wurde aber an die Tschechen ausgeliefert und als Kollaborateurin vor ein Volksgericht gestellt. Ihre Mutter erlag während der Verhöre einem Herzanfall, ihre Schwester nahm sich das Leben. Nach 16 Monaten Haft wurde sie begnadigt. Ein halbes Jahrhundert nach ihrer Romanze erzählt die Baarova der BBC: »Ich habe ihn geliebt auf meine Weise. Ich war sehr jung. Ich war zweiundzwanzig Jahre alt, und da ist man sehr anfällig für diese Sachen. Ich habe eigentlich seine Liebe geliebt. Er hat mich so sehr geliebt, daß ich der Liebe verfallen bin.«

Osten erglüht

Luan Shumeng war eine Filmschauspielerin von bescheidenen Talenten. Sie hatte sich, während sie unter dem Künstlernamen Lan Ping (Blauer Apfel) in Schanghai ihre Karriere zu befördern suchte, Mitte der 30er Jahre der Kommunistischen Partei Chinas angeschlossen. Nach dem berühmten »Langen Marsch« war sie nach Yanan, in das von kommunistischen Truppen beherrschte Gebiet Chinas, übergesiedelt. Ihre historische Stunde schlug, als sie mit leuchtenden Augen eine Rede Mao Zedongs an der Kunstakademie verfolgte. Der Mao-Biograph Ross Terrill hat die Szene geschildert: »Sie applaudierte laut, sie stellte die ›richtigen‹ Fragen, und anschließend unterhielt sie sich mit Mao unter vier Augen über ›ideologische Probleme‹. Mao war nicht der erste KPCh-Führer, an den sie sich herangemacht hatte, aber nach der Begegnung an der Kunstakademie hatte sie es nicht mehr nötig, auf Männerfang zu gehen.«

Auch für Mao war es keine ausgesprochen neue Erfahrung, sich mit einer jungen Schauspielerin unter vier Augen über ideologische Probleme zu unterhalten. In den Jahren nach dem Langen Marsch geriet seine dritte Ehe – seine erste, nach altem chinesischen Brauch noch von Maos Eltern für den Sohn geschlossene Ehe, die bald in die Brüche ging, mitgerechnet – mit He Zizhen in eine Krise. Von den Entbehrungen des Marsches und mehreren Schwangerschaften ausgezehrt, vermochte sie nicht mehr, Maos erotisches Interesse auf sich zu ziehen. Er reflektierte zunächst auf die Schanghaier Schauspielerin Lily Wu. Aber schließlich eroberte nicht die »westlich« geschminkte Madame Wu das Herz des Vorsitzenden, sondern die eifernde chinesische Parteischülerin Luan Shumeng. Normalerweise hatte die Partei zu dieser Zeit andere Sorgen, als sich um das Seelenleben ihrer Führer zu kümmern. Doch als Mao zu erkennen gab, daß er Luan Shumeng (die sich in Yanan jenen Namen zulegte, unter dem sie bekannt werden sollte: Jiang Qing, was phonetisch ebenso Grüner Fluß wie auch Reines Wasser bedeuten konnte) zu seiner vierten Frau zu machen gedachte, wollten es die asketischen kommunistischen Funktionäre nicht ohne weiteres hinnehmen, daß ihr Erster Mann so ausgiebig vom Blauen Apfel naschte. Sie fanden sich schließlich bereit, der Heirat des Parteiführers mit der Schauspielerin, die so gar nicht den kommunistischen Kaderrichtlinien entsprach, nach langem Zaudern zuzustimmen – Mao hatte gedroht, andernfalls den ganzen Laden hinzuschmeißen und wieder das Leben eines einfachen Bauern zu führen –, machten aber zur Bedingung, daß Jiang Qing kein politisches Amt bekleiden und nicht öffentlich in Erscheinung treten dürfe.

Jahrelang hielt sie sich an diese Regel. Doch schon bald nach Gründung der Volksrepublik trat Jiang Qing aus dem Schatten Maos heraus, wurde 1950 Leiterin des Filmbüros in der Propagandaabteilung der Partei, legte als »Privatsekretärin« des Großen Vorsitzenden die Allüren einer chinesischen Kaiserin an den Tag und machte Künstlern und Intellektuellen das Leben zur Hölle, indem sie zum Beispiel die traditionelle Peking-Oper im kommunistischen Sinne ummodelte (mit ihrem den Spielplan beherrschenden Stück »Die rote Frauenkompanie«). 1965 ließ Mao sie zum ersten Mal in der Öffentlichkeit auftreten, und seit 1966 besorgte sie für ihn die schmutzigsten Geschäfte der sogenannten »Kulturrevolution«. Sie gehörte zu den gefürchtetsten Scharfmachern, avancierte auf dem IX. Parteitag offiziell zum Politbüro-Mitglied. Sidney Rittenberg, ein kommunistischer Weggenosse Maos, schilderte sie als eine »geifernde und tobende politische Fanatikerin; sie machte sich wichtig, hielt agitatorische Reden mit schriller Stimme, sie war eine geschickte Demagogin, die es verstand, Stimmungen aufzuheizen. Sie war grausam; ich erlebte sie einmal bei einer Konferenz: Innerhalb einer Stunde denunzierte sie nicht weniger als drei hochgestellte Politiker … als Staatsfeinde …«. Sie war eine Meisterin der Intrige, der selbst die intrigantesten Männer der chinesischen Führungsriege nicht gewachsen waren. Obwohl sie von Mao schon seit Jahren getrennt von Tisch und Bett lebte, gelang es niemandem, einen wirklichen Bruch zwischen dem Großen Steuermann und dem Reinen Wasser zu provozieren. Wer im China Maos etwas werden wollte, schaffte es vielleicht ohne Jiang Qing, niemals aber gegen sie.

Maos erotische Interessen hatten sich, nachdem ihn das Baden im Grünen Fluß allein nicht mehr befriedigte, längst anderen Liebesdienerinnen zugewandt. Nach der Gründung der Volksrepublik residierte er nicht nur im alten Kaiserpalast, er führte auch das Leben eines chinesischen Kaisers. Wie viele andere Autokraten und Diktatoren hatte er einen Horror vor regelmäßiger, systematischer Arbeit (was ihn nicht daran hinderte, Millionen arbeitsamer Menschen in sogenannte »Kaderschulen«, die nichts anderes waren als Zwangsarbeitslager, zur »Umerziehung« zu schicken). Selbst seine zeremoniellen Pflichten als Vorsitzender der Volksrepublik waren ihm zuviel; lieber verbrachte er seine Tage und Nächte im extrabreiten Lotterbett seines Schlafzimmers oder im luxuriös ausgestatteten Schwimmbad. Sogar Chruschtschow wurde bei seinem inoffiziellen Staatsbesuch in China von Mao am Swimmingpool empfangen.

Die äußerlich zur Schau getragene Askese – man denke an den typischen blaugrüngrauen Mao-Anzug –, die öffentlich propagierte Bedürfnislosigkeit und Eigentumsverachtung und auch die den kommunistischen Ideologien aller nationalen Färbungen eigene sexuelle Prüderie, denen gegenüber selbst englische Puritaner sich wie enthemmte Lustknaben ausgenommen hätten, wurden hinter den verschlossenen Toren des Zhongan-hai-Komplexes in der Verbotenen Stadt von der heimlichen (und auf nicht Eingeweihte regelrecht unheimlich wirkenden) Promiskuität des Großen Vorsitzenden konterkariert. Vorzüglich geeignet zur Befriedigung seiner sexuellen Bedürfnisse waren die jungen Mädchen der Kulturarbeitstruppen der Luftwaffe und – wenn Mao sich im Sonderzug auf Reisen befand – des Eisenbahnwesens.

Wenn Mao seine Inspektionsreisen durch das Land unternahm, wurde er nicht nur in seinem Sonderzug von Gespielinnen aus der Theatergruppe des Garnisonskorps oder des Eisenbahnwesens begleitet; die ganze Reise war stets »Teil einer gewaltigen landesweiten chinesischen Oper mit mehreren Akten, die nur für Mao aufgeführt« wurde. In den Jahren des Großen Sprungs, einer von Mao inspirierten Kampagne zur Erhöhung der Stahlproduktion, waren die Funktionäre dazu angehalten worden, links und rechts der Strecke Bonsai-Hochöfen aufzustellen. In der Provinz Hubei wurde befohlen, »Reispflanzen von weit entfernten Feldern am Bahndamm entlang neu anzupflanzen, um Mao den Eindruck einer überreichlichen Ernte zu vermitteln«. Ganz China sei eine Bühne, berichtet der Leibarzt Maos, das ganze Volk spiele eine Klamotte für den Vorsitzenden Mao.

Die unerfahrenen jungen Dinger waren stolz, von Mao, den sie wie einen Gott verehrten, beglückt zu werden. Nicht selten geschah es, daß sie ihm auch Schwestern und Freundinnen zuführten, so daß es auf dem Lotterbett des Großen Vorsitzenden zuweilen sehr lustig zugegangen sein muß. Als Mao 1959 die Große Halle des Volkes am Tiananmen-Platz erbauen ließ, wurde ein spezieller Raum als Arbeits- und Erholungsraum eingerichtet – es war der berühmte Raum 118 –, in dem sich der Vorsitzende gelegentlich zur Arbeit hinreißen ließ, regelmäßig aber sexuellen Lustbarkeiten frönte.

Mao lebte in ständiger Furcht, daß jenseits des 60. Lebensjahrs seine sexuelle Aktivität nachließe. »Er hatte Anfälle von Impotenz erlebt und sah einen Zusammenhang zwischen Geschlechtstrieb und Gesundheit«, beschrieb der Arzt Li Zhisui, der 1954 Leibarzt des Großen Vorsitzenden wurde, die Ängste Maos. »Mit der Zeit stellte ich fest, daß Maos Potenzstörungen immer dann auftraten, wenn er in eine politische Auseinandersetzung mit ungewissem Ausgang verstrickt war. Anfang der sechziger Jahre, als seine Macht einen neuen Höhepunkt erreichte, verschwanden die Beschwerden fast ganz, Mao und Jiang Qing hatten sich zwar bereits sexuell entfremdet, aber mit seinen Geliebten hatte er keinerlei Probleme. Er folgte dem Beispiel chinesischer Kaiser und nahm sich immer mehr und immer jüngere Frauen, um sein Leben zu verlängern.«

Maos Geschichtsbild war in jeder Hinsicht mehr von den altchinesischen Kaiserviten beeinflußt als vom Marxismus. Seinen eigenen Platz in der chinesischen Geschichte beurteilte er, indem er sich mit Qin Shihangdi, dem Gründerkaiser der Qin-Dynastie, verglich. Auch viele einfache Chinesen setzten den Großen Vorsitzenden mit einem göttlichen Kaiser gleich, verehrten Gegenstände, die Mao berührt hatte, wie eine Reliquie. Sie hielten ihn für unsterblich, wünschten ihm 10 000 Jahre Leben. Mao wollte diesen Erwartungen gerecht werden; seinen Leibarzt beauftragte er, ihm alle möglichen Verjüngungsmittel und Potenzstärker zu beschaffen. Zumindest bis zum 80. Lebensjahr wollte er sexuell aktiv bleiben. »Der legendäre erste Kaiser von China, der Gelbe Kaiser, der Vater des Han-Volkes, von dem angeblich alle Chinesen abstammen, soll dadurch unsterblich geworden sein, daß er mit tausend Jungfrauen schlief.« Kein Wunder also, daß der Große Steuermann im gleichen Jungbrunnen badete, als ihm das Reine Wasser zu trübe wurde. Der Chef von Maos Sicherheitsbüro versorgte den Vorsitzenden so regelmäßig mit Mädchen, wie er fürs Essen und für ausländische Zigaretten sorgte. »Dabei achtete er darauf, daß die Mädchen jung, unerfahren, ungebildet, politisch einwandfrei und Mao gegenüber völlig loyal waren.«

Maos Frau Jiang Qing hatte anfangs ihre Probleme mit den Weibergeschichten des KP-Chefs. Einmal, kurz nach dem IX. Parteitag, auf dem Jiang Qing Vollmitglied des Politbüros geworden war, kehrte sie einmal früher von einer Inspektionsreise zurück und kam unangemeldet in Maos Lustsalon im Zhongnanhai-Komplex. Die beiden Mädchen, mit denen der Große Vorsitzende gerade ideologische Fragen erörterte, hatten »gerade noch Zeit, ihre Sachen zu schnappen und sich zu verstecken, bevor Jiang Qing ins Zimmer stürmte.« Mao hatte daraufhin angeordnet, daß sich Jiang Qing bei ihm anzumelden hätte wie jedes andere Politbüromitglied auch. Das Reine Wasser mußte sich fügen und fand sich fortan mit den Liebeshändeln ihres Mannes ab.

Die Große Proletarische Kulturrevolution, die Mao 1966 ausgelöst hatte und die hundert Millionen Chinesen zu Verfolgten im eigenen Land machte, entsprang im Grunde der gleichen psychologischen Quelle wie Maos ausufernde Promiskuität. Mao befahl der Jugend die Rebellion. Studenten, Schüler, junge Landarbeiter sollten die Revolution wiederholen, der sich Mao in seiner Jugend verschrieben hatte. Er ließ die Roten Garden »Feuer auf die Stäbe« werfen, er weidete sich an dem anarchischen Bild, als alle festgefügten Strukturen in diesem Feuer zusammenbrachen. Er gab alle Autorität zur Kritik frei – außer seiner eigenen. Als er auf dem Tiananmen-Platz zum ersten Mal das Bad in der aufgeputschten jugendlichen Menge nahm, fühlte er sich seinem 800-Millionen-Volk wieder so unmittelbar verbunden wie einstmals seinen Bauernsoldaten auf dem Langen Marsch. Mao forderte sein göttliches Mandat zurück, daß ihm in den zurückliegenden 17 Jahren von der Partei- und Staatsbürokratie systematisch entwunden worden war. Die Bibel seiner Jünger war das kleine rote

Buch mit Aussprüchen und Losungen des Großen Vorsitzenden, von dem Mao gleich zu Beginn der Kulturrevolution eine halbe Million Exemplare kostenlos verteilen ließ. 17 Jahre konsequente Indoktrination der Jugend, 17 Jahre eines geradezu sakralen Personenkults trugen Früchte. Die jugendlichen Rotgardisten machten ihre Sache gründlicher, als es ihr Steuermann vorausgesehen hatte. Das Steuer glitt ihm aus der Hand. Erschöpft zog er sich in den Raum 118 zu seinen Konkubinen zurück und überließ es der Armee, die Ordnung wieder halbwegs herzustellen. Maos Rote Garden verschwanden in den Arbeitslagern der Provinz. Er war ihrer überdrüssig wie der Mädchen, die er nicht mehr frisch genug fand, um ihm als Jungbrunnen zu dienen.

In seinen letzten Lebensjahren geriet Mao völlig in die Abhängigkeit seiner Lieblingskonkubinen Zhang Yufeng und Meng Jinyun. Fungierte diese als Krankenschwester, die den greisen, an degenerativen Nervenleiden erkrankten Vorsitzenden fütterte und wusch, war jene seit 1974 offiziell Privatsekretärin. Als Mao schon nicht mehr lesen und schreiben konnte, las Fräulein Zhang ihm die Berichte und politischen Dokumente vor, die seiner Entscheidung bedurften. Nickte Mao, malte sie einen Kreis auf das Dokument, das bedeutete »Ja«. In den letzten Lebensmonaten war sie die einzige, die den von Sprachlähmung Befallenen überhaupt noch verstand. Die gesamte Kommunikation, die der dahindämmernde Herrscher über eine Milliarde Menschen, der Oberbefehlshaber eines Millionenheeres, das eine Atom- und Raketenmacht war, mit der Außenwelt noch pflegte, bestand in der Person einer 30jährigen Mätresse, die einst Stewardeß im Sonderzug des Großen Vorsitzenden gewesen war. Dieser Umstand schockiert im nachhinein nicht minder als die Vorstellung von einem USA-Präsidenten, den seine drängende Libido stundenlang für seinen Sicherheitsberater und den »Mann mit dem Koffer« unauffindbar machte.

Als Mao am 9. September 1976 starb, währte die Hoffnung seiner Witwe Jiang Qing, nun einer Kaiserin gleich als Große Steuerfrau das Ruder in Partei und Staat übernehmen zu können, nur wenige Wochen. Dann wurde sie als Mitglied der »Viererbande« verhaftet und zum Tode verurteilt. 1983 zu lebenslanger Haft begnadigt, beging sie 1991 im Gefängnis Selbstmord. Kaum jemand nahm ihren Tod noch zur Kenntnis.

Zhang Yufeng hatte am Totenbett des Großen Vorsitzenden einen Weinkrampf bekommen. »Was wird nun aus mir?« heulte sie plötzlich auf. Jiang Qing legte tröstend den Arm um sie: »Du kannst für mich arbeiten.« Schnell waren die Tränen von Fräulein Zhang getrocknet. Vier Wochen spielte sie noch die Privatsekretärin der Frau, die sich als Maos Witwe für unangreifbar und allmächtig hielt. Dann verlor sich ihre Spur in der Geschichte ihres Milliardenvolkes.

Ladies first – First Ladies

Der 13. und 14. Oktober 1945 ist ein Wochenende. Oberst Juan Domingo Perón wird am Samstagmorgen verhaftet. Eigentlich sollen die Offiziere seine Geliebte Eva Duarte gleich mitnehmen. Aber die Dame schreit, schlägt um sich, spuckt, droht mit Beißen und Kratzen; ehe sich die Militärs auf diese Art die Ehre abschneiden lassen, nehmen sie den Obristen mit und lassen die hysterische Blondine zurück. Eine verhängnisvolle Entscheidung.

Perón, der starke Mann hinter den Kulissen der seit Juni 1943 regierenden Militärjunten, war am 9. Oktober von rivalisierenden Militärs gestürzt worden – nicht zuletzt wegen der unverhohlenen Vetternwirtschaft, die Eva Duarte betrieb. Eva hatte in den beiden darauffolgenden Tagen unablässig telefonierend zahllose Offiziere und die Gewerkschaften mobilisiert, alle Zeitungen beschlagnahmen und alle Rundfunkstationen gleichgeschaltet die »Abschiedsrede« Peróns übertragen lassen. Nach diesem Coup sollte Perón offenbar beseitigt werden. Aber es war Wochenende, was die politische Aktivität der Argentinier traditionell lähmte; nicht so die Aktivität von Eva Duarte. Am Montag beginnen die Demonstrationen in der Hauptstadt, am Dienstag weiten sie sich zum »Volksaufstand gegen das Militär« aus, am Mittwoch früh wird Perón freigelassen, mittags folgt eine Viertelmillion Arbeiter dem Aufruf zum Generalstreik, abends sitzt Perón im Präsidialamt und ist – eine Woche nach seinem Sturz – wieder der stärkste Mann Argentiniens, ohne ein Amt zu haben. Am Donnerstag heiratet der fünfzigjährige Perón die sechsundzwanzigjährige Eva Duarte.

Am 22. November 1963 biegt in Dallas die Autokolonne des Präsidenten an der Ecke Houston Street/Elm Street langsam in eine 120° scharfe Kehre – die Fahrtroute war merkwürdigerweise kurzfristig so verändert worden, daß die Wagen abbiegen und die Geschwindigkeit stark drosseln mußten. Es ist kurz nach halb ein Uhr Ortszeit. Jacqueline Kennedy, die neben ihrem Mann im offenen Wagen sitzt, hört einen Knall. Eine Fehlzündung, denkt sie. Sie blickt nach rechts und sieht, daß John F. Kennedy von einer Kugel getroffen ist und sich an den Hals faßt. Gouverneur Connally sinkt – ebenfalls getroffen – vornüber, sofort wirft sich seine Frau schützend über ihn. Währenddessen starrt Jacqueline sieben Sekunden lang wie gelähmt und ungläubig auf den verwundeten Präsidenten, bis eine weitere Kugel ihn zurückwirft und den Hinterkopf abreißt. Blut, Hirn und Knochensplitter spritzen im hohen Bogen aus dem Wagen und besudeln auch das erdbeerrosafarbene Wollkostüm der First Lady. Die reagiert jetzt panisch: Sie will aus dem Wagen springen, tritt auf etwas Glitschiges – das, was von Kennedys Kopf übrig ist –, kriecht auf den Kofferraum zu einem der Haltegriffe für Sicherheitsbeamte – wo waren die, als der erste, der zweite Schuß fiel? –, während jetzt ein Beamter von hinten auf den Wagen springt. Plötzlich beschleunigt die Präsidentenlimousine, der Beamte stößt Jacqueline auf den blutüberströmten Sitz zurück. Minuten später trifft der Wagen vor dem Parkland Hospital ein. Kurz nach eins werden zwei katholische Priester an das Sterbebett des Präsidenten gerufen, man versucht noch eine Bluttransfusion. 13 Uhr 34. Kennedy stirbt, ohne noch einmal das Bewußtsein zu erlangen.

Los Toldos ist ein kleines Dorf, 240 Kilometer westlich von Buenos Aires gelegen, verloren inmitten der argentinischen Pampas. In diesem Dorf lebte Juana Ibarguren, eine mollige, aber attraktive junge Frau baskischer Abkunft mit ihren Kindern. Der Vater der Kinder, der ihr Geliebter war, hieß Juan Duarte und war ein gut verheirateter Grundbesitzer aus der Gegend. Es ist das alte Märchen vom »Machismo«. Juana hatte von Duarte schon vier Kinder, als am 7. Mai 1919 Eva zur Welt kam. Schon als kleines Kind erlebte sie die Stigmatisierung, die der Machismo den Bastarden seiner Helden verpaßt.Die Mutter meinte, Evita sollte nach Beendigung der Grundschule als Hilfskraft in einer Pension arbeiten. Doch Evita hatte andere Pläne. Mit vierzehn hatte sie eine kleine Rolle in einer Schüleraufführung gespielt. Danach stand ihr Entschluß fest: Sie wollte eine berühmte Schauspielerin werden. Sie sah diese ganze festgefügte Gesellschaftspyramide vor sich, sie stand noch ganz unten, und sie war entschlossen, zur Spitze zu gelangen. Kurz nach ihrem 15. Geburtstag brannte sie mit einem geschniegelten Tangosänger nach Buenos Aires durch.

Während sich in Buenos Aires eine unbekannte, magere und nicht sonderlich ansehnliche Schauspielerin durch Varietés, Provinztourneen, Tingeltangel und Jobs in Amüsierlokalen mühsam über Wasser hielt, hatte in East Hampton bei New

York die zweijährige Tochter eines Börsenmaklers ihren ersten gesellschaftlichen Erfolg: »Die kleine Jackie Bouvier … wird ihr gesellschaftliches Debüt erst in etwa sechzehn Jahren geben. Sie war aber bei ihrer zweiten Geburtstagsparty in ihrem Elternhaus Rowdy Hall an der Egypt Lane eine charmante Gastgeberin. Die Kinder spielten und ritten Ponys, dann wurden Jack-Horner-Pasteten und die Geburtstagstorte serviert«, berichtete der *East Hampton Star*. Das war 1931, Amerika lag in tiefster Depression; Jacqueline Bouvier aber wuchs in einer Welt auf, in der das Schicksal von Millionen einfacher Leute nicht bemerkt zu werden brauchte. Ins Klassenjahrbuch von 1947 – ihrem Abgangsjahr – trug sie in der Rubrik »Lebensziel« ein: »Keine Haufrau werden.« Das hieß noch nicht, »First Lady werden«, aber es war der erste Schritt dahin. Im gleichen Jahr hatte sie endlich ihre Presse. Auf einem der traditionellen (und wegen des Aufeinandertreffens der künftigen Erben von Geld und Macht stark beachteten) Debütantinnenbälle wählte man Jacqueline Bouvier zur Debütkönigin. Sie wurde einige Zeit in den Klatschspalten abgehandelt; bei ihren Kommilitonen am Vassar College machte sie das nicht beliebter. 1949/50 studierte Jackie ein Jahr in Frankreich, anschließend schrieb sie sich an der Universität Washington für Französische Literaturgeschichte ein, Ende 1951 verlobte sie sich vorübergehend mit einem New Yorker Investment-Angestellten und arbeitete als Reporterin beim *Washington Times-Herald* – auch nur vorübergehend. »Ein armes reiches Mädchen, das zwar aus einer wohlhabenden Familie stammte, aber selbst kein Geld besaß«, erinnert sich ihr früherer Vorgesetzter beim *Times-Herald.* »Sie benahm sich wie eine typische soziale Aufsteigerin. Sie ging gern zum Tanzen und in schicke Restaurants, und sie schätzte es, berühmte, reiche Leute kennenzulernen. Oberflächlich betrachtet, wirkte sie unschuldig und ein bißchen naiv. Aber sie wußte genau, was sie wollte – und das hatte mit dem Zeitungswesen wenig zu tun.« Bei einer dieser beschriebenen Gelegenheiten hatte sie auch einen jungen Mann namens John Fitzgerald Kennedy kennengelernt, der 1952 zum Senator von Massachusetts gewählt wurde.

Während Kennedy im Wahlkampf für die Senatorenwahl von Massachusetts stand, starb in Buenos Aires *Evita*, die ehemalige kleine Schauspielerin Eva Duarte, am 26. Juli 1952. Eine Woche später würde man Papst Pius XII. bitten, die Heiligsprechung Evitas in die Wege zu leiten. In weniger als zehn Jahren hatte sie diesen phantastischen Aufstieg von der Schauspielerin zweifelhafter Herkunft zum Nationalheiligtum vollbracht.

Der Balkon, der Balkon des Präsidentenpalastes – schon immer war dieser Balkon die ideale Tribüne für lateinamerikanische Demagogen –, war der Ort, wo die unbegabte Schauspielerin ihre wahren Talente entfaltete. Und um auf diese Tribüne zu gelangen, ergab sich bald eine günstige Gelegenheit. Anfang der 40er Jahre arbeitete Eva Duarte bei verschiedenen argentinischen Rundkunksendern und war die Geliebte eines Heeresobersten. Auf einer Party lernte sie einen anderen Oberst kennen, den sie buchstäblich aus den Armen der damals berühmten Schauspielerin Libertad Lamarque riß: Juan Domingo Perón, den starken Mann, den eigentlichen Drahtzieher hinter den Kulissen der jeweils herrschenden Militärregierungen. In ihrer Autobiographie bekommt die Szene die Dimension Wagnerscher Musikdramen: »Ich stellte mich an seine Seite. Das hat vielleicht seine Aufmerksamkeit auf mich gelenkt, und als er Zeit hatte, mir zuzuhören, sprach ich so gut ich es vermochte: Wenn Sie, wie Sie sagen, die Sache des Volkes zu ihrer eigenen Sache gemacht haben, dann werde ich, wie groß das Opfer auch immer sein mag, nie von Ihrer Seite weichen, bis ich sterbe!« Dies billige Pathos mag den effektbewußten Lloyd Webber zu seinem Musical *Evita* inspiriert haben, das uns eine Wahlreden singende Eva Duarte vorstellt.

Man kann über den Perónismus denken, wie man will. Die Argentinier der 40er Jahre erlebten einen Juan Perón, der keinen Widerspruch duldete, der unbotmäßige Gewerkschaftsfunktionäre mundtot machte oder ihnen schlicht die Mitglieder wegkaufte. Er machte sein »Arbeitsministerium« (das in der argentinischen Verfassung gar nicht vorgesehen war) zur eigentlichen Schaltstelle der Macht. Er führte Mindestlöhne ein und sicherte anständige Lebensbedingungen für die rechtlosen Landarbeiter, die er per Dekret aus den Resten feudaler Leibeigenschaft befreite. Auf einer Wahlkundgebung zog Perón plötzlich das Jackett aus – ein für argentinische Verhältnisse beispielloses »öffentliches Ärgernis«, für das man in einer öffentlichen Parkanlage verhaftet werden konnte – und krempelte sich die Hemdsärmel hoch. Die Massen tobten. Die von der Oligarchie als die »Hemdlosen« beschimpften Unterschichten fühlten sich zum erstenmal von einem Politiker verstanden, umworben und – vertreten. Für den vollen Kochtopf und für ein nie gekanntes Selbstwertgefühl verzichteten sie gern auf die Schimäre der Demokratie, die ihnen noch nie etwas gebracht hatte. Und sie fragten sich, wer diesen Juan Perón vom gewöhnlichen Weg der Offizierskaste weg auf diesen volksnahen Pfad gebracht habe. Sie entdeckten ihren Engel in der kleinen Eva, die eine der ihren war, eine rechtlos Geborene, eine Hemdlose (die in der entscheidenden Situation auch ihr Höschen losgeworden war), auch wenn sie sich auf den Balkonen im Schmuck ihrer Pelze und Brillanten präsentierte; und zwischen die »Perón! Perón!« Rufe auf den Wahlkundgebungen mischte sich mehr und mehr das »Evita! Evita!«.

Bei den Präsidentschaftswahlen 1946 siegte Perón mit über 11 % Vorsprung; außerdem gewannen die Perónisten die Gouverneursposten in allen 15 Provinzen, alle 30 Senatsmandate und im Unterhaus des Kongresses eine satte Zweidrittelmehrheit. Zwischen Juan Perón und Evita herrschte eine glückliche Arbeitsteilung. Er kümmerte sich um Geschäftsleute, Politiker und Diplomaten, sie massierte die Seelen der Wähler, die sie an die Macht gebracht hatten. Die »descamisados«, die Hemdlosen, lagen ihr zu Füßen, küßten den Staub, über den sie wie eine Göttin geschritten, legten ihren Namen in Blumen aus, damit sie darüber ginge; sie waren sogar bereit zu verzeihen, daß Perón sie, die aus dem Konkubinat stammte und der bestimmt war, eine Konkubine zu sein, geheiratet hatte. Außer den fünf Millionen Arbeitern, die Eva in den ihr hörigen Gewerkschaften organisierte, brachte sie noch einmal so viele Frauen hinter sich, denen sie erstmals in der argentinischen Geschichte das Wahlrecht verschaffte. Damit hatten Frauen endlich die Möglichkeit, im politischen und öffentlichen Leben Argentiniens Karriere zu machen und sich von ihrer traditionell dienenden und unterwürfigen Rolle zu befreien. All dies zu erreichen, wandten die Peróns Methoden an, die ein deutscher Oberlehrer im Schulfach Demokratie keineswegs durchgehen lassen würde. Sie wußten, daß sie im Grunde dem kriegszerstörten, ausgehungerten Europa, das die argentinischen Überschüsse an Getreide und Fleisch gierig aufsaugte, jenen wirtschaftlichen Spielraum verdankten, der das perónistische Zwangsparadies überhaupt erst ermöglichte. Und sie ahnten bald, wie schwer es ist, eine populistische Politik, mit der man leicht an die Macht kommt, so zu transformieren, daß man auch an der Macht bleibt. Die »descamisados« verlangten immer neue Lohnerhöhungen und Zugeständnisse, so wie sie vom Präsidenten vor jeder Kundgebung verlangten, daß er sich die Ärmel hochkrempele.

Perón stand unter Erfolgszwang, und Evita wußte, wie viel von seiner Wiederwahl im November 1951 abhing. Sie erschöpfte sich im Wahlkampf bis zum äußersten; krebskrank und an Leukämie leidend, sah man sie im Juni 1952 zum letzten Mal in der Öffentlichkeit. Am Abend des 26. Juli meldeten alle argentinischen Rundfunkstationen unisono: »Der Staatssekretär für Information erfüllt die sehr traurige Pflicht mitzuteilen, daß Señora Eva Perón, der spirituelle Führer der Nation, um 20 Uhr 25 verstorben ist.«

Damit war auch Juan Peróns Glücksstern gesunken. Alle Gegner, die Evita mit dem Verve einer geprellten Hafendirne, dem Neid einer talentlosen Schauspielerin und dem Haß einer »descamisada« verfolgt hatten, trauten sich nun wieder hervor. Perón regierte noch glücklose drei Jahre, bevor ihn abermals ein Militärputsch stürzte.

Des Senators John F. Kennedy Traumhochzeit mit Jacqueline Bouvier am 12. September 1953 wurde ein Medienereignis. 3000 Schaulustige warteten vor der Kirche, und noch wochenlang später hatte das junge Paar Fotos und Zeitungsausschnitte zu sortieren, die das Ereignis dokumentierten. Das Medieninteresse war nicht verwunderlich, der Kennedy-Clan wurde auf mehrere hundert Millionen Dollar taxiert, und dieses Gewicht sollte, nach den Vorstellungen des Clan-Chefs Joe sr., auch politisch zur Geltung gebracht werden. Nach dem Tod des ältesten Sohnes Joe jr. im Zweiten Weltkrieg lagen die Hoffnungen des Vaters auf dem Zweitältesten, John Fitzgerald, genannt Jack. Wie seine beiden jüngeren Brüder Robert und Edward hatte er von seinem Vater die ausgeprägte Neigung zu Frauenaffären geerbt, und er schien nicht gewillt, diese Neigung nach seiner Verheiratung zu unterdrücken. Jackie wußte natürlich, was vorging, alle wußten es, aber keiner sprach darüber.

Jacks Sex-Appeal brachte ihm eine Menge Stimmen. Während des Stevenson-Wahlkampfes 1956 ereigneten sich mehr als einmal Zwischenfälle wie am Ursuline College in Louisville, Kentucky, wo Studentinnen seinen Wagen blockierten und ihm jubelnd und begeistert zuriefen: »Sie sind besser als Elvis Presley!« Das hatte kein anderer Politiker je von seinen Wählern zu hören bekommen.

Im Frühjahr 1962 bereitete die Demokratische Partei der USA zum 45. Geburtstag des Präsidenten eine Party im Madison Square Garden vor. Peter Lawford, der Schwager John F. Kennedys, hatte die Idee, am Schluß Marilyn Monroe auftreten zu lassen. Auch der Bruder des Präsidenten, Justizminister Robert Kennedy, »war begeistert von der Idee, daß die Filmschauspielerin mit dem größten Sex-Appeal der Welt dem Politiker mit dem größten Sex-Appeal der Welt ein Geburtstagsständchen bringen sollte«.

John F. Kennedy, der 35. Präsident der Vereinigten Staaten von Amerika, galt als ein Mann, der kein Feuer ungelöscht ließ. Doch während seiner Präsidentschaft galt beim (fast ausschließlich männlichen) Pressekorps »so etwas wie ein ungeschriebenes Gesetz, wonach über bestimmte Fehlverhaltensweisen wichtiger öffentlicher Persönlichkeiten nicht berichtet wurde«, sofern sie nicht zu weit gingen oder »direkt und prononciert Auswirkungen auf die Amtsführung des Betreffenden hatten«, wie Thomas C. Reeves berichtet. Kennedy war ständig von Damen aller sozialen Schichten umgeben. Alle einschlägigen Callgirl-Adressen waren ihm geläufig, und die eine oder andere Dame wurde auch schon einmal innerhalb der Familie weitergereicht. Bereits in den frühen 50er Jahren wurde sein Bett zur Spielwiese so zahlreicher Frauen, daß sich Kennedy oft ihre Namen nicht mehr merken konnte. Er nannte sie einfach »Süße« oder »Kleine«; wegen dieser an Onanie grenzenden Oberflächlichkeit schätzten ihn seine Gespielinnen als Liebhaber nicht sehr hoch. Eine sagte später: »Er war ein Zwangsneurotiker wie Mussolini. Stell dich an die Wand, Signora, wenn du fünf Minuten Zeit hast. Von der Sorte. Schmeicheleien und Zärtlichkeiten waren nicht sein Ding.« Eine andere äußerte: »Es ging gar nicht anders, er eroberte einen einfach im Sturm. Aber für Jack Kennedy war Sex so etwas wie eine Tasse Kaffee oder meinetwegen Nachtisch.« Jayne Mansfield und Angie Dickinson (in Deutschland bekannt aus der Krimiserie *Make up und Pistolen*), eine der wenigen Frauen, für die sich Jack ernsthafter interessierte, waren Renommierstücke seines Sündenregisters. Auch ein Abenteuer mit Zsa Zsa Gabor wurde ihm nachgesagt. Shirley McLaine türmte aus dem Auto, als ihr der Präsident unter den Rock faßte. Kurze Beziehungen hatte er mit der Stripteasetänzerin Blaze Starr, mit der Malerin Mary Pinchot Meyer und mit Judith Campbell, die gleichzeitig die Geliebte Sam Giancanas, des berüchtigten Mafia-Chefs von Chicago, war.

Marilyn Monroe war Kennedys berühmteste Affäre. Schon über ihren Beginn herrscht Uneinigkeit. Einige meinen, Marilyn habe Kennedy 1957 auf einer Party kennengelernt, andere wollen wissen, Marilyn habe sich schon 1954 auf eine Beziehung mit dem damaligen Senator eingelassen. Im März 1962 wurde Kennedy vom FBI gewarnt: Man wäre über seine Affäre mit der Schauspielerin im Bilde. Zunehmend Sorge bereitete, wie schnell Kennedy sein Präsidentenamt vergaß, wenn er sich in ein Liebesabenteuer stürzte: Oft entwischte er seinen Sicherheitsbeamten, um auf eine Party zu gehen oder in einem Appartement zu verschwinden, und mindestens einmal wurde er, wie Reeves mitteilt, »von dem Leutnant der US-Army getrennt, der in einem an sein Handgelenk geketteten Aktenkoffer die Geheimcodes für den Einsatz von Atomwaffen bei sich trug«. Für Stunden war das Nuklearpotential der USA ausgeschaltet, weil der einzige, der es hätte einschalten können, unauffindbar blieb. Es ist nicht ausgeschlossen, daß sich Kennedy, auch wenn er zu Marilyn ging, auf derart leichtsinnige Weise unsichtbar machte. Die Militärs fanden das – angesichts des Schweinebuchtfiaskos vor Kuba, des Mauerbaus in Berlin, der politischen Zuspitzungen in Südostasien, der Raketenkrise auf Kuba und der gescheiterten Gipfelgespräche mit Chruschtschow – gar nicht komisch.

Marilyn Monroe hatte ganz andere Sorgen. Sie drehte bei der *20th Century Fox* den Film *Something's Got to Give*. Die Dreharbeiten wuchsen sich zur Katastrophe aus. Marilyn war gesundheitlich nicht auf der Höhe, pumpte sich mit Drogen voll. Im April 1962 war sie so krank geworden, daß sie drei Wochen nicht drehen konnte. Die Studioleitung lehnte es ab, sie am 17. Mai nach New York fliegen zu lassen. Da es Peter Lawford nicht gelang, Marilyn aus der laufenden Filmproduktion loszueisen, entschloß er sich zu einem Handstreich. Am Donnerstag vor der Geburtstagsparty flog er in der Mittagspause mit einem Hubschrauber ins Studiogelände ein und schmuggelte Marilyn durch einen Hinterausgang heraus. »Bevor George Cukor, der Regisseur des Films, vom Essen zurück war, saß Marilyn schon im Flugzeug nach New York. Cukor bekam einen Wutanfall und drohte ihr telegrafisch Entlassung und Prozeß an. Marilyn geriet in Panik und rief im Weißen Haus an. Der Präsident beruhigte sie, er würde das schon in Ordnung bringen. Die Sache landete bei Bobby, aber auch der Justizminister war gegen den Verwaltungsrat der *Fox* machtlos. Marilyn jedoch wurde arglos in dem Glauben gelassen, das Weiße Haus hätte alles für sie geregelt.

Die Kennedys hatten wahrscheinlich Wichtigeres im Kopf als den Vertrag eines Filmstars. Während die gloriose Party vorbereitet wurde, durchlebte der Präsident eine der schwersten innenpolitischen Krisen: den Konflikt mit der Stahlindustrie. Die Stahlfirmen mußten, wegen des entschlossenen Eingreifens des Präsidenten, schließlich einlenken, aber das gute Einvernehmen zwischen der Administration und der Wirtschaftswelt war gründlich gestört. Als Reaktion darauf fiel im Mai der Dow-Jones-Index um 27 % – der größte Börsenkrach seit 1929.

Das waren nicht gerade die besten Voraussetzungen für eine unbeschwerte Geburtstagsparty. Doch damit nicht genug, gab es auch noch privaten Ärger. Die First Lady, Jacqueline Kennedy, war ja von ihrem Mann einiges gewöhnt – eines schönen Morgens im Weißen Haus hatte ein Zimmermädchen beim Bettenmachen im Schlafzimmer der Kennedys ein schwarzes Spitzenhöschen gefunden; in der Annahme, es gehöre der First

Lady, legte sie es diskret unters Kopfkissen, und beim nächsten Frühstück überreichte es Jacqueline Kennedy ihrem Mann mit spitzen Fingern und spitzen Worten: »Könntest du dich vielleicht umschauen und herausfinden, wem es gehört, es ist nicht meine Größe.« Der Auftritt von Marilyn Monroe ging ihr nun doch über die Hutschnur. Sie stellte ihrem Mann ein Ultimatum: Sie oder ich. Da Jack nicht reagierte, verschwand sie nach Virginia und trat als »Überraschungsgast« bei einem Reitsportfest auf.

Es ging das Gerücht, der Kennedy-Clan hätte Jackie schon während des Wahlkampfes eine hohe Summe zahlen müssen, damit sie mit JFK verheiratet bliebe. Geld konnte sie immer gut gebrauchen: Jackie litt unter manischem Kaufzwang – so kompensierte sie die Frustrationen einer von vornherein zerrütteten Ehe. Nach außen aber repräsentierte sie das Amerika der *Neuen Grenze*, war die geheimnisvolle, unnahbare und schöne *First Lady*. Unter ihrer Ägide ging es in Washington weniger langweilig zu, lässiger, intellektueller, geistvoller: Greta Garbo, George Balanchine, Rudolf Nurejew, Pablo Casals, Igor Strawinsky, Aaron Copland, Isaac Stern, Tennessee Williams gaben sich die Ehre im Weißen Haus, das vordem nur Staatsoberhäupter und fade Diplomaten gesehen hatte. Der Präsident münzte den Glanz ihrer »Hofhaltung« in politisches Prestige um. Und nicht nur in Amerika: In Paris feierte sie Triumphe; JFK sagte auf dem Flughafen: »Ich bin der Mann, der Jacqueline Kennedy nach Paris begleitet hat.« In Wien brachte sie es fertig, den vergnatzten Chrustschow wieder in umgängliche Stimmung zu versetzen, und in Indien wurde sie als *Ameriki Rani*, als »Königin von Amerika«, gefeiert.

Als Marilyn schon im Flugzeug nach New York saß, arbeiteten die Schneiderinnen immer noch an der 12 000 Dollar teuren Robe. Das berühmteste Kleid in der amerikanischen Geschichte war so paßgerecht auf Marilyns Körper gearbeitet, daß sie darin eingenäht werden mußte. Und dann sang sie, vollgepumpt mit Drogen, vor 20000 Anhängern der Demokratischen Partei »Happy Birthday, dear Mister President ...«, mit dem atemlosen Timbre einer hochgradig erregten Kindfrau. Ein beispielloser öffentlicher Orgasmus vor Amerikanern, die schon wegen viel harmloserer Anmutungen das Oberste Gericht anrufen. Eine Massenverführung. Das Publikum aber raste: Für Minuten waren die beiden *das* amerikanische Traumpaar – das Sexidol und der Mann, der besser war als Elvis Presley. »Marilyn hatte das Gefühl, daß alle Anwesenden ... über ihr Verhältnis mit dem mächtigsten Mann des Landes auf dem laufenden waren«, schreibt der Kennedy-Biograph Gianni Bisiach. Und vielleicht war es auch so.

Bald darauf ließ der Präsident Marilyn wissen, daß es zwischen ihnen zu Ende sei. Marilyn fühlte sich ausgenutzt, wie Brown und Barham vermuten: »Für den Präsidenten lieferte Marilyn Monroes Auftritt einen weiteren Beweis, daß er frischen Wind und Lockerheit ins Weiße Haus gebracht hatte. Er umwarb sie heftig (und sie ihn) und übertrumpfte damit sogar seinen Vater, den großen alten Schwerenöter Joseph P. Kennedy, der den erotischsten Star seiner Zeit, die schillernde Gloria Swanson, in sein Bett geholt hatte.« Mehr war es nicht. Der Bote, der ihr die Nachricht überbringen mußte, war Jacks Bruder Robert. Die Folge des Botenganges: auch Bobby erlag Marilyn und wurde ihr Liebhaber. Aber auch er war plötzlich für Marilyn nicht mehr erreichbar. Zudem hatte auch die *20th Century Fox* den angekündigten Rausschmiß vollzogen: Marilyn war nach dem Auftritt am 19. Mai wieder krank geworden und konnte nicht drehen. Am 30. Juli erwähnte sie in einem Telefonat, daß sie diesmal die Kennedys nicht so leicht davonkommen lassen wollte. Was sie zu tun gedächte? »Ich könnte zum Beispiel eine Pressekonferenz einberufen. Ich hätte eine Menge zu erzählen.« Fünf Tage später war sie tot.

Jacqueline Kennedy blieb hingegen sowohl für Journalisten wie für Kennedy-Mythologen eine Enttäuschung. Obwohl man sie ständig belauerte, ließ sie sich nie bei einer Affäre überraschen. Erst Jahre nach JFKs Tod heiratete sie Aristoteles Onassis: ein eher pekuniäres als libidinöses Verhältnis; statt in den Armen eines braungebrannten Jet-Setters erwischten sie die Fotografen immer nur beim Einkaufsbummel. Als Verlagslektorin versuchte sie, der Welt ihre Selbständigkeit zu beweisen. Aber die Welt interessierte das nicht. Im Grunde verwaltete sie über 30 Jahre lang nur den langen Schatten, den das Monument John F. Kennedy wirft.

Auf den ersten Blick scheinen Evita Perón und Jackie Kennedy nichts gemeinsam zu haben. Die eine blond, offen, geltungssüchtig und, ihrer Wirkung auf die Massen wohl bewußt, unablässig in der Öffentlichkeit für ihren Mann wirkend; die andere, brünett, verschlossen, ja geheimnisvoll, bewirkte durch ihre innere Abwesenheit von den öffentlichen Vorgängen mehr für ihren Mann, als dieser durch öffentliche Auftritte für sich selbst bewirken konnte. Evita stammte aus ärmlichsten Verhältnissen und stieg zur Spitze der Gesellschaft auf; so lange sie lebte, gab sie keinen Zentimeter gewonnenen Terrains preis. Jackie stammte aus bestsituierten Kreisen, und diesen Gesellschaftskreis verließ sie nie; auch über tiefste Abgründe schritt sie stets auf goldenen Brücken. Jackie mußte zahlreiche Affären ertragen, die ihr Mann *neben ihr* hatte, Evita *war* die Affäre ihres Mannes. Evita starb dreiunddreißigjährig, Jackie war ein Jahr älter, als sie zum ersten Mal Witwe wurde. Ohne Evita wäre Perón nicht Präsident Argentiniens geworden, und ohne Jackie JFK nicht Präsident der USA.

Sechstes Kapitel

Affären, die keine waren

Yellow Press ∗ Der alte Fritz und die jungen Frauen ∗ Bismarck als Romeo ∗ Fürst Bülow auf Freiersfüßen ∗ Führerbräute ohne Unterleib ∗ »Sozialdemokraten«: Von Krupp bis Barschel ∗ Die Blomberg-Fritsch-Krise ∗ Ein Minister sieht Rot(licht) ∗ Affären auf amerikanisch ∗ Präsidentenaffären ∗ Affären, die keine waren

Es ist nicht sicher festzustellen, was das Publikum mehr interessiert, die Affären, die wirklich stattgefunden haben, oder die Affären, von denen man nur behauptet, sie hätten stattgefunden. Die Lust, sich an den Liebesabenteuern anderer zu delektieren, hat fatale Auswirkungen auf unser Gedächtnis: es speichert das Wünschenswerte, das Lustauslösende, das Delikate. Das Gedächtnis erinnert sich anders, als unser Wissen fragt.

Yellow Press

Die Lektüre der Yellow-Press, von der das Wissen sagt, daß ihre Geschichten im Luftreich der Phantasie gezeugt werden, führt dem Gedächtnis klammheimlich Informationen zu, die mit früher gespeicherten Informationen ähnlicher Art amalgamieren. Arme Caroline, arme Fergie. Warum heiraten denn nun eigentlich Albert von Monaco und Claudia Schiffer nicht? Also wie war das damals, als Fürst Rainier Grace Kelly kennenlernte? Und hat nicht unsere Claudia zur Genüge Hochzeitskleider auf dem Laufsteg vorgeführt, um nun endlich eins in der Kirche tragen zu dürfen? Und wer erinnerte sich nicht an Silvia, »die einzige von uns, die es geschafft hat, Königin zu werden«, wie es eine mir nahestehende und ansonsten sehr intelligente Dame einmal auszudrücken pflegte.

Der Traum des deutschen Lesers: Durch beschwörerische Wiederholung derselben Enten möge aus dem Wunsch Wirklichkeit werden. Was wäre das für eine Verbindung aus altem mediterranem Seeräuberadel und langbeinig-blondem Deutschtum, aus Halbglatze und Schmollmund. Es ist eine Frage der nationalen Ehre, daß unsere Claudia sich für den Hochadel aufspart. Deshalb auch ist es im Grunde unerhört, wenn sie sich von Paparazzis barbusig auf irgendeiner Yacht erwischen läßt, noch dazu in Begleitung dubioser Rockstars, oder wenn sie sich von einem Magier bezaubern läßt, der auf den gewiß nicht hochadeligen Namen David Copperfield hört. Falls noch keine bunte Illustrierte in dieser Angelegenheit einen offenen Brief an Claudia geschrieben hat (wie einst die fürsorgliche »Bunte«, die unser aller Schwimmwunder Franzi van Almsick vor den Folgen vorzeitigen Geschlechtsverkehrs mit einem älteren Manne warnte), soll es an dieser Stelle klar ausgesprochen sein: Claudia, so geht das nicht!

So geht es in der Tat nicht. Berichte über die tatsächlichen und angeblichen Liebesaffären des Hochadels und der hohen Politik sind etwa so spannend und wahrhaftig wie einst der Wirtschaftsteil im SED-Zentralorgan »Neues Deutschland« – hier wie dort war der Wunsch der Vater des Gedankens. Doch liest sich, im Vergleich zum Wirtschaftsteil, der Hofklatsch doch ein wenig unterhaltsamer. Aber es scheint ein ehernes historisches Gesetz zu sein: zu einem regierenden Haus gehören Affären wie das Krönchen zum Familienwappen. Und wo man sie in der Wirklichkeit nicht vorfindet, da muß halt die Phantasie nachhelfen.

Der alte Fritz und die jungen Frauen

Wie kaum ein zweiter stand Friedrich der Große, einer der erfolgreichsten und folgenreichsten Charaktere in der deutschen Geschichte, im Mittelpunkt der Anekdote. Meistens waren sie kriegerischer, seltener erotischer Natur. Denn bei den Preußen geht es in dieser Hinsicht eigenartig zu. Friedrichs Neffe und Nachfolger Friedrich Wilhelm II. hatte sich, neben den ihm morganatisch angetrauten Damen, mit der Musikantentochter Wilhelmine Encke eine langjährige Gefährtin erwählt, mit der er sich die Gemütlichkeit einer bürgerlichen Zweifamilie gönnte. Friedrichs des Großen Großvater muß sich nachsagen lassen, er habe sich die Frau seines Günstlings und späteren Ersten Staatsministers Kolbe aus purem Nachahmungstrieb zur Mätresse genommen, weil er meinte, es Ludwig XIV. gleichtun zu sollen und es seinem Rang als erster König in Preußen schuldig zu sein, eine Mätresse zu unterhalten; mehr als galante Konversation und artige Spaziergänge im Schloßgarten wäre aber nicht vorgefallen. Auch bei Friedrich II. hat es die Überlieferung sehr schwer, wenn es sich um die Libido des großen Königs handelt. Da die Quellenlage gar so unergiebig ist, bemühen sich die Historiker bis heute verzweifelt, wenigstens im nachhinein eine Art Normalität in diesen durch schwerste psychotische Störungen verwirrten Komplex des Königs zu bringen.

In seiner Küstriner Verbannung bekommt der zwanzigjährige Kronprinz Friedrich zu Beginn des Jahres 1732 Besuch vom Minister Grumbkow. Eigentlich besteht dessen Auftrag nur darin, Befehle des Königs auszurichten. Es geht um die Verheiratung des Kronprinzen. Die vom »allergnädigsten Vater« Erwählte ist die sechzehnjährige Prinzessin Elisabeth Christine von Braunschweig-Wolfenbüttel-Bevern, die von ihrem Glück (oder Unglück) noch nichts weiß, als sie sich plötzlich und unerwartet am 10. März mit dem preußischen

Kronprinzen verlobt sieht. Sie hat keine Ahnung, in welche persönlichen und politischen Umstände sie gerät und in welcher psychischen Verfassung ihr Bräutigam ist. Sie ahnt auch nicht, was Friedrich dem Minister Grumbkow auf dessen unnachgiebiges Drängen, hinter dem er den Prügelstock des Vaters roch, geantwortet hatte: »Ich werde heiraten, aber dann heißt es: Guten Morgen Madame und gute Reise.«

Es ist ja nicht so, daß Friedrich der Große von Anfang an der Frauenverächter war, als den ihn die Anekdote schildert – mit schmutzigem blauen Uniformrock, den er extra anlegt, wenn er der Anwesenheit von Frauen gewärtig ist, uncharmant und brutal in der Zurückweisung, nett höchstens zu unebenbürtigen Primadonnen, die ihm nicht mehr bedeuten als Nippes auf dem Kaminsims, vertrauten Umgang nur mit Philosophen, Windhunden und Kammerdienern pflegend. 1728 zum Beispiel hatte er alles daran gesetzt, um von August dem Starken ebenso wie sein Vater zu den Karnevalslustbarkeiten nach Dresden eingeladen zu werden. Thomas Carlyle bemerkt: »Niemals noch waren so herrliche Karnevalsbelustigungen wie diese dagewesen: Illuminationen, Kanonensalven und Feuerwerke; Opern, Komödien, Redouten, Sauhetzen, Fuchs- und Dachshetzen, Musterungen, Ringstechen: – Tafelfreuden von undenklicher Qualität …« Für den Kronprinzen bildete das »einen angenehmen Gegensatz zu dem Potsdamer Wachthaus; und es wird angenommen, daß Friedrich Wilhelm selbst wenigstens die Mahlzeiten und die artige Höflichkeit, den leichten Tafelwitz und die außerordentlich gute Laune des Wirts gern gehabt habe«. Er äußerte zu Fritz: »Ich fürchte, es gefällt dir hier!« Und es gefiel ihm. Amüsiert und angewidert zugleich wird er beobachtet haben, wie August der Starke vergeblich versuchte, den Soldatenkönig unter den Tisch zu trinken, wenigstens auf dem Feld grober Sinnlichkeit war der karge Preuße dem sächsischen Hedoniker ebenbürtig, wie überhaupt Friedrich Wilhelms Verhalten in Dresden den Verdacht nahelegt, ausschweifende Festlichkeiten wären ihm nur dann zuwider gewesen, wenn er sie selbst bezahlen mußte. Der Spaß hörte für Friedrich Wilhelm allerdings auf, als August der Starke seine abgelegten Mätressen zu Spiel und Vergnügen anbot und den jungen Kronprinzen schließlich mit seiner illegitimen Tochter, der Gräfin Orzelska, verkuppelte. Der arme Carlyle kommentiert in puritanischer Entrüstung: »Dergestalt ist unser armer Fritz in die Spur Beelzebubs geraten, und nicht auf gutem Wege. Unter solcher und nicht besserer Leitung, in dieser unerlaubten, vorzeitigen Weise wird er in das Paradies der Welt eingeführt.« Friedrich Wilhelm hätte es wohl preußischer, kaum aber philisterhafter sagen können. Carlyle deutet dunkel an, »ein Anfall gefährlicher, schleichender Krankheit bald nach seiner Heimkehr« sei die erste Folge der Lustreise gewesen. Ob diese Krankheit eine Infektion war oder der nagende Kummer ob der Trennung von der reizenden Gräfin Orzelska, in die er sich rasend verliebt hatte, weiß man nicht. Anfälle von Kränklichkeit, die ihn nicht an seinem »äußerst ausschweifenden« Lebenswandel hinderten, durchziehen auch die folgenden Jahre.

Kurz vor der Verlobung schrieb Friedrich an seine Schwester Wilhelmine, die nach Bayreuth verheiratet worden war: »Am nächsten Montag findet meine Verlobung statt, in der gleichen Weise wie Deine.« Er nannte seine Braut »die Person« und beschrieb sie der Lieblingsschwester folgendermaßen: »Die Person ist weder schön noch häßlich, nicht ohne Geist, aber sehr schlecht erzogen, schüchtern und ohne Lebensart. Daraus, liebste Schwester, kannst Du entnehmen, ob sie nach meinem Geschmack ist oder nicht.« Der anfängliche Haß gegen die Braut ist einer fatalistischen Gleichgültigkeit gewichen, jener Gleichgültigkeit, unter der die arme Elisabeth all ihre Jahre als Königin von Preußen verbringen wird. »Ihr größtes Verdienst besteht darin, daß sie mir die Freiheit verschafft hat, an Dich zu schreiben, was in Deiner Abwesenheit mein einziger Trost ist ...« Ihr Verdienst erstreckt sich jedoch auf einen weiteren Bereich. Friedrich Wilhelm I. hatte die totale Kontaktsperre, der Kronprinz Fritz in Küstrin unterworfen war und die auch den Briefwechsel mit der geliebten Schwester unterband, aus Anlaß der Verlobung gelockert. Der Kronprinz nutzt die neuen Freiräume geschickt, ebenso diplomatisch wie skrupellos, er knüpft neue Kontakte und entwickelt sich im übelsten Wortsinn zum Politiker von zynischer Doppelzüngigkeit.

Die »Person« ermöglicht ihm den ersehnten Auszug aus Küstrin. Nur deshalb nimmt er sie hin. Friedrich Wilhelm geht den unterwürfigen Demutsbezeigungen des Kronprinzen auf den Leim; er glaubt ernsthaft, mit der Stiftung der Ehe für seinen Sohn sein erzieherisches Werk vollendet zu haben. In einem kurzzeitigen Anfall von Generosität übereignet er Friedrich die Herrschaft Ruppin als Leibgedinge, gibt ihm das Kommando über das dort stationierte Regiment und kauft ihm überdies noch das Lustschloß Rheinsberg, worin sich Friedrich in der Folgezeit seinen eigenen Musenhof einrichten wird – nicht ohne Vorsichtsmaßregeln übrigens, denn der seltsame, mitten im flachen Lande stehende Leuchtturm hatte die Funktion, dem philosophierenden und flöteblasenden Kronprinzen rechtzeitig die Ankunft seines königlichen Vaters zu signalisieren, worauf die Flöte im Etui verschwand und statt ihrer der Säbel aus der Scheide gerissen wurde. Friedrich Wilhelm zeigte sich denn auch mit dem Zustand des Ruppiner Infanterieregiments höchst zufrieden; er konnte nicht ahnen, daß Friedrich mit der Armee Taten vollbringen würde, von denen seine Repräsentationsgrenadiere nicht zu träumen wagten.

Das Militär entwickelt sich nach und nach von der Tarnung zur Leidenschaft. Mag er anfangs ein ästhetisches Verhältnis zur brillant exerzierenden Truppe gehabt haben, setzt doch nach und nach das Erlebnis, über eine funktionierende Machtmaschinerie gebieten zu können, seine martialischen Instinkte frei. Statt mit seiner Frau Kinder zu zeugen, zeugt er mit der Armee Kriege. Das erotische Flair einer exakt abgefeuerten Infanteriesalve fasziniert ihn mehr als Damenunterwäsche. Die schiefe Schlachtordnung, bei welcher der zurückhängende Flügel den Stoß des Gegners auffängt, während der avancierende Flügel den Feind überwältigt, ist ebenso aus militärischem Genie wie aus der Projektion sexueller Lust geboren. Friedrichs Schlachten sind friderizianisches Rokoko in martialischem Gewand, sind höfische Feste auf dem Kriegstheater. Noch zwei Menschenalter später wird Carl von Clausewitz ihrem Nachhall so fasziniert lauschen wie einer klassischen Opernaufführung.

In einer noch verwickelteren Projektion stilisiert Friedrich den säkularen europäischen Machtkampf zwischen Frankreich und England, in den er mit seinem Siebenjährigen Krieg geraten wird, zum Krieg gegen die drei Unterröcke, die er, bewußt und unbewußt, für seine Situation verantwortlich macht: gegen Maria Theresia, die habsburgische Kaiserin, der er sich anzudienen vorgibt und die er, nachdem sie ihn zurückgewiesen, nie anerkennt und stets nur »Königin von Ungarn« nennt; gegen die russische Zarin Elisabeth; und gegen die Madame Pompadour, die das Bravourstück fertiggebracht hat, das Bündnis Frankreichs mit Habsburg gegen ihn zu schmieden.

Friedrich behandelte seine Frau indes nicht von Anfang an mit der später beobachteten demonstrativen Mißachtung, wie sie die Anekdote bewahrt: Als Friedrich II., schuld- und ruhmbeladen nach dem Siebenjährigen Krieg nach Potsdam zurückkehrte, schritt die Königin, erschüttert vom körperlichen Verfall des gichtgekrümmten »Mannes von funfzig Jahren« im Stadtschloß zur Begrüßung auf ihren Gemahl zu; Friedrich musterte sie kurz, schnarrte sein berühmt gewordenes »Madame sind stärker geworden«, drehte auf dem Absatz um und sah sie nicht wieder an. Vorerst führte das Paar, seine Ruppiner Freiheit auskostend, eine wenn nicht glückliche, so doch normale und im Rahmen dynastischer Verbindungen übliche Ehe. Friedrich hat unter seiner Ehe nicht gelitten; was Wunder, er hat ja kaum etwas davon bemerkt. Auch mit der Kinderlosigkeit hat er sich bald abgefunden. Nachdem sein Bruder August Wilhelm geheiratet und einen Sohn gezeugt hatte, war für ihn das Thema Ehe und Nachkommenschaft endgültig erledigt. Er ernannte August Wilhelm zum Thronfolger; es gab sogar Momente, da er daran dachte, zu seines jüngeren Bruders Gunsten abzudanken, aber dessen Mangel an staatsmännischen und militärischen Qualitäten müssen Friedrich so erschüttert haben, daß er von diesem Gedanken abstand nahm.

Der armen Elisabeth mag es anders gegangen sein. Sie, der bestimmt war, im Schloß Niederschönhausen vor den Toren Berlins sechs Jahrzehnte still vor sich hinzuwelken, liebte Friedrich aufrichtig, ja sie bewunderte ihn, obwohl sie weder den Zynismus Voltaires noch die Kriegsgelüste Friedrichs gutgeheißen hat. Ein ähnlich vertrautes Verhältnis, wie es Friedrich zu seiner Lieblingsschwester Wilhelmine unterhielt, bestand zwischen Elisabeth und ihrem Bruder Ferdinand, der als Feldmarschall in preußischen Diensten stand. Das mag sie ein wenig getröstet haben.

Ursprünglich – und wahrscheinlich rührt daher die grundsätzliche Verstimmung Friedrichs in seinen Heiratsangelegenheiten – war eine ganz andere Hochzeit ins Auge gefaßt worden. Königin Sophie Dorothea aus dem Haus Hannover, die gebärfreudige Gemahlin Friedrich Wilhelms I., hatte frühzeitig eine englische Doppelhochzeit eingefädelt. Das gleichfalls aus Hannover stammende englische Königshaus schien der Sache auch nähertreten zu wollen: Kronprinz Fritz sollte mit einer englischen Prinzessin, seine Lieblingsschwester Wilhelmine mit einem englischen Prinzen verheiratet werden. Friedrichs Wahl war auf seine englische Cousine, Prinzessin Amalie, gefallen. Die Engländer sollten dafür 100 000 Pfund Sterling Mitgift hinblättern und Kronprinz Fritz, bis er König von Preußen wurde, im Gegenzug Statthalter von Hannover werden. Dafür sollte die englische Familie auf eine Mitgift für Wilhelmine verzichten. Ernsthafte Schwierigkeiten ergaben sich jedoch, als der Doppelheiratspakt im Paket verabschiedet werden sollte. Georg II. von England war zwar bereit, seine Tochter nach Preußen zu entlassen, aber für seinen Sohn, der einmal König von England werden sollte, hatte er sich eigentlich mehr ausgerechnet als die Tochter eines preußischen Bauernschinders. Dann plötzlich war Friedrich Wilhelm gegen die Doppelhochzeit. Er wollte zwar Wilhelmine mit dem Prince of Wales verheiraten, aber er wollte keine verwöhnte englische Prinzessin in Preußen sehen, deren Hofhaltung er am Ende bezahlen müßte. Die Engländer konterten: Beide Hochzeiten oder keine. Und Friedrich Wilhelm meinte: Dann eben keine.

Aber der Kronprinz hat sich die Amalie nun einmal in den Kopf gesetzt. Heimlich korrespondiert er mit England. Er gibt ein Heiratsversprechen. Er will bei Nacht und Nebel davon. Er will der unerträglichen Fuchtel des Vaters um beinahe jeden Preis entkommen. Während August der Starke im Juni 1730 in dem berühmt gewordenen Zeithainer Lager den europäischen Potentaten einen Monat lang die Leistungsfähigkeit der sächsischen Armee vorführt und seine hochfürstlichen Gäste wohl zu unterhalten weiß, sondiert Kronprinz Friedrich hinterm Rücken des Vaters, der fasziniert von militärischen Manövern den Blick einige Male von seinem Sohn abschweifen läßt, beim englischen Gesandten, was man von einer Flucht Friedrichs nach England halte: England rät ab. Der Vater scheint zu ahnen, daß sich der Kronprinz widersetzlichen Gedanken hingibt, er prügelt ihn in aller Öffentlichkeit und fügt zu der Züchtigung auch noch den Schimpf: Friedrich habe keine Ehre, er lasse sich alles gefallen. Wenn mein Vater mich so behandelt hätte, würde ich mich erschossen haben, sagt der König. Die Aktivitäten des Kronprinzen werden jetzt in der Tat selbstmörderisch. Friedrich Wilhelm wird sie Hochverrat nennen. Auf einer Reise durch Süddeutschland versucht Fritz des Nachts zu entkommen. Ohne Ziel, ohne Plan scheinbar. Seine Flucht wird entdeckt, ehe sie noch recht zur Flucht werden kann, der Kronprinz wird vors Kriegsgericht gestellt und nach Küstrin verbracht. Nur knapp entgeht er dem Tod. Vor seinem Fenster wird sein vertrauter Freund Katte umgebracht; Friedrich wird gezwungen, sich die Hinrichtung anzuschauen. Er fällt vor der Enthauptung Kattes in Küstrin in Ohnmacht.

Friedrich Wilhelm hat mit dieser Hinrichtung auch Friedrich seelisch gemordet. Nichts nutzt es, die Venus-Statuetten auf den Piedestalen und die leichtgeschürzten Allegorien auf den Deckengemälden aufzuzählen, auf denen der Blick Friedrichs später gern verweilte; vergeblich, die schöne Eleonore von Wreech, mit der er seit Küstrin einige zärtliche Sonette gewechselt hatte, als Kronzeugin seines nicht erlahmenden erotischen Interesses heranzuziehen; unsinnig, die Damen aufzuzählen, die ihm gelegentlich als Tafelschmuck dienten; ganz umsonst auch, die possierliche Tänzerin Barberina zur Mätresse hochzublödeln. »Die Frauen haben also, obwohl wenig bekannt, im Leben von Friedrich dem Großen eine entscheidende Rolle gespielt, ihn gefesselt und fasziniert wie die Politik, die Poesie, die Philosophie und die Musik«, schreibt Ingelore M. Winter, sichtlich bemüht, Friedrichs Reputation als Liebhaber aufzupolieren. »Nicht nur als junger Kronprinz hat er dem Gott Amor gehuldigt, auch als König von Preußen.« Zum Beleg führt sie eine Reihe Frauenspersonen an, denen Friedrich seine Aufmerksamkeit zuwandte. Insonderheit bezeichnet sie die italienische Tänzerin Barberina als seine Geliebte. Niemand käme indes auf den Gedanken, dem König a priori Homosexualität zu unterstellen, weil er sich mit Philosophen und Militärs umgab, oder ihn der Sodomie zu verdächtigen, weil er in Sanssouci Windspiele hielt. Vielleicht spielt namentlich bei der Barberina eine Rolle, daß sie im Auftrag

Friedrichs unter abenteuerlichen Umständen von Italien nach Berlin verbracht wurde; und daß der sonst ziemlich knickrige König, als sie ihm vorgestellt worden war, freigestellt haben soll, ihr Gehalt selbst zu bestimmen, worauf die clevere Barberina keß 5000 Taler forderte – und erhielt; daß schließlich im Jahr 1745 ein Bildnis der Tänzerin, gemalt von Antoine Pesne im Arbeitszimmer Friedrichs des Großen hing. Sogar die vernachlässigte Königin Elisabeth Christine fand die neuerworbene Ballerina recht hübsch von Angesicht, besonders, wenn sie als Amazone gekleidet sei – so weit bestimmte das Martialische schon die allgemeinen Ansichten bei Hofe. Und in der Tat weilte der große König in der fraglichen Zeit mehr auf den Schlachtfeldern des Zweiten Schlesischen Krieges, als daß er Zeit gehabt hätte, mit einer Tänzerin das Gemach zu teilen. Im übrigen verschwand sie bald aus dem engeren Kreis Friedrichs; sie hatte in Berlin mehrere Liebhaber, heiratete, ließ sich wieder scheiden, wurde Gutsbesitzerin, gründete einen Damenstift und wurde von Friedrich Wilhelm II. sogar zur »Gräfin Campanini« erhoben. 1799 starb sie, als »Äbtissin« des von ihr selbst gegründeten Stifts, 78jährig.

Als Kattes Leichnam vom Platz getragen wird und Friedrich aus der Ohnmacht erwacht, ist er ein anderer geworden, er hat sich gewandelt. Der Knacks ist irreparabel geblieben. Ein Liebhaber der Frauen, der schönen Künste und der Philosophie wird nie wieder lieben können.

Auch für Friedrichs Schwester Wilhelmine haben sich die Hoffnungen auf eine englische Heirat zerschlagen; sie wird mit dem künftigen Markgrafen von Bayreuth verheiratet. Es ist eine unglückliche Ehe; auch Friedrich weiß das, und das bindet die Geschwister aneinander, ohne daß es Friedrich später daran hindert, seinem Neffen und Thronfolger eine ähnlich unglückliche Verheiratung aufzuzwingen. Daß Preußen im Siebenjährigen Krieg mit England verbündet war, ist vielleicht auch eine späte Rache für Friedrichs gescheiterte Heiratsträume. Die englische Prinzessin Amalie, die bis zum Ende ihrer Tage ein Medaillon mit dem Bildnis des jungen Friedrich auf der Brust trug, blieb unverheiratet. Sie starb ein Jahr nach Friedrich, 1787.

Bismarck als Romeo

Es ist vielleicht ein Zufall, aber es ist jedenfalls nicht untypisch, daß jene Persönlichkeiten, die für die deutsche Geschichte am folgenreichsten wirkten, nicht eben dafür gerühmt werden, was man Galanterie gegenüber Frauen nennt. Es scheint im deutschen Nationalcharakter nicht angelegt, daß die Hand, die dem Rad der Geschichte in die Speichen greift, außerdem noch einer Frau unter den Rock fassen kann. Der Umkehrschluß, daß derjenige, der unter einer Störung seiner Libido leidet, besonders geeignet ist, sein verwirrtes Triebleben auf politischem Gebiet zu sublimieren, ist, wenngleich naheliegend, gefährlich und letztlich weder zu beweisen noch zu wiederlegen.

Um so mehr überrascht es, einen der Großen der deutschen Geschichte, zu dem noch heute sich mancher gern in Beziehung setzt, den Eisernen Kanzler und Reichsgründer Otto v. Bismarck, als säuselnden Romeo und als Schreiber zärtlicher Liebesbriefe zu sehen.

»Ich bin in Biarritz hängengeblieben, an der Schwelle der Pyrenäen, die ich vielleicht noch betrete. Das Seebad bekam mir zunächst so ausgezeichnet, daß ich die Abreise von einem Tage zum andern aufschob, obschon ich mich etwas einsam fühlte«, schreibt Otto von Bismarck am 20. August 1862 an seine Schwester. Aber außer dem bekömmlichen Seebad ist da noch etwas, das ihn in Biarritz festhält. Die Orlows, ein russisches Ehepaar, haben sich aus Brüssel kommend, wo

Nikolai Orlow russischer Gesandter ist, Bismarck zugesellt. Bismarck kennt Orlow schon aus Petersburg, wo er seinerseits Gesandter Preußens war; nun lernt er auch dessen junge Frau, die zweiundzwanzigjährige Katharina kennen, die nach seiner Schilderung »lustig, frisch und natürlich« ist. Das klingt ein bißchen nach »frisch, fromm, fröhlich, frei«; »wie ein pommersches Fräulein mit grade genug Anflug der großen Welt« sieht er sie, aber vielleicht will er damit von seiner Gemütsbewegung ablenken? Der Schwester teilt er mit: »Seit die Orlows gekommen sind, lebe ich mit ihnen, als ob wir allein auf dem Lande wären, und ich habe mich etwas in die niedliche principesse verliebt.« Das klingt nun wiederum nicht gerade nach pommerschem Landmädel. »Wir baden des Morgens, gehn dann in die Klippen, frühstücken in einer entlegenen Schlucht hinter dem Leuchtturm ... Orlow ... sitzt rauchend und lesend, seine Frau schreibt wie ich. Sie würde auch Dir sehr gefallen ... sehr originell, gescheit und lustig, etwas exzentrisch, wie ihre Landsmänninnen zu sein pflegen, aber zivilisiert durch französisch-deutsche Erziehung ...« Das ist schon etwas ausführlicher als die erste beiläufige Erwähnung und läßt auf den tiefen Eindruck schließen, den die junge Orlowa auf Bismarck gemacht hat.

Bismarck, ein Courmacher? Die Reckengestalt des künftigen Eisernen Kanzlers als Frauenheld? Ein Mann von 240 Pfund physischem und bald noch weit mehr politischem Gewicht als sanft säuselnder Liebhaber?

Ein Professor für Psychiatrie und Neurologie zeichnete mit folgendem Psychogramm ein Bild des Urpreußen: »Die Reckengestalt eines Hünen mit dem Gehirn eines Neurasthenikers, der dickköpfigste Landjunker und aufgeklärteste Weltbürger in einem Atemzug, eine unbegreifliche Mischung von Eleganz, Grobheit, Zivilisation und Gemütstiefe, von kräftigem Behagen und verstimmter Überreiztheit, ein verwöhnter Schöngeist mit ungebrochenen Bauerninstinkten, ein Genie, dessen Willenskraft gestachelt ist von seiner Nervenschwäche.«

Genau das ist es – seine Überreiztheit, die Nervenschwäche, die ihn immer überfällt, wenn große Entscheidungen bevorstehen, und eine nicht ganz standhafte Gesundheit –, was ihn aus dem politischen Alltagsstreß in die Abgeschiedenheit von Biarritz getrieben hat.

Im Verlauf des Jahres 1862 balgen sich die parlamentarischen Parteien im preußischen Landtag um die Heeresvorlage. Kommt es zum Staatsstreich des preußischen Militärs? Sein exponiertester Repräsentant, Kriegsminister Albrecht von Roon, ein Freund und Förderer Bismarcks, agiert hinter den Kulissen und setzt langsam, aber sicher den Auftritt seines Schützlings auf der Vorderbühne der Weltgeschichte in Szene. Die Armeeführung zieht den verdeckten coup d'etat dem offenen Militärputsch vor; dieser ist berechenbar und recht etwas für Generalstabsoffiziere, jener beunruhigte nur das Ausland. Preußens Königin Augusta, die eingeschworene Feindin Bismarcks, verbündet sich am Hof mit Tod und Teufel, um die Berufung des Junkers an die Spitze des Ministeriums zu verhindern. Und der künftige Reichsgründer fährt über Blois, Bordeaux, Bayonne und San Sebastian nach Biarritz, um seine Nerven zu beruhigen.

Diese Warteschleife macht ihm anfangs wenig Vergnügen, interessante Reisebekanntschaften lassen sich nicht finden. Er langweilt sich. Erst der Aufenthalt in Biarritz leitet die Wende zum Angenehmen ein. Die zweiundzwanzigjährige Katharina bringt den schwerblütigen siebenundvierzigjährigen Bismarck ins Schwärmen. Doch beim Beschreiben seines Seelenzustands in einem Brief an seine Schwester scheint er selbst bemerkt zu haben, daß seine Schilderung einigermaßen vielsagend war. Er schränkt erschrocken ein: »Du weißt, wie mir das gelegentlich zustößt, ohne daß es Johanna Schaden tut.« Wollen wir annehmen, daß er glaubte, was er schrieb. Um ganz sicher zu sein, daß seine Frau von der Affäre nicht erst durch Dritte erfährt, teilt er Johanna auf der Stelle mit, daß ihm die Orlowa »gelegentlich zugestoßen« ist. Seine Frau mag sich ihren Teil denken, wenn er seine neue Flamme vertraulich »Kathi« und sogar »Kathsch« nennt, aber im großen und ganzen kann sie sich Ottos tatsächlich sicher sein. Sie vermag aus den Briefen, die er ihr zwei- bis dreimal die Woche schreibt, keine Verwirrung der Gefühle herauszulesen, die sie beunruhigen müßte. Die »Schädigung Dritter« schied als Motiv des erotischen Antriebs bei ihm völlig aus: In völligem Gegensatz beispielsweise zu Richard Wagner, der sich im selben Jahr – vier Jahre nach der Affäre mit Mathilde Wesendonck und drei Jahre nach Vollendung des *Tristan* – endgültig von seiner Minna trennte und den eine Frau überhaupt nur dann sexuell erregte, wenn sie die Frau eines anderen war, dem er Hörner aufsetzen konnte. Ganz anders Bismarck. Nie überschritt er die Grenze des Schicklichen, wenn die älteren Rechte eines anderen Mannes dadurch verletzt würden. Dazu kennt Johanna eine Parallele. In seinen Briefen aus Biarritz liest sie den deutlichen Hinweis, daß ihm in der Orlowa »ein Stückchen Marie Thadden« wiederbegegnet sei.

Zwanzig Jahre zuvor, Anfang der vierziger Jahre, hatte Otto von Bismarck, nach drei mißglückten Liebesaffären und einer sehr brüsk ausgeschlagenen Werbung um die Hand einer Junkerstochter, noch immer als »problematische Partie« gegolten, obwohl er schon auf die Dreißig zuging. In Pommern geriet er aus Langeweile in den Pietistenkreis seines Jugendfreundes Blanckenburg, der ihn mit missionarischem Eifer und endlosen Briefen, die Bismarck wahrscheinlich nie bis zum Ende gelesen hat, bekehren wollte. Doch Bismarck war auf dem pietistischen Ohr völlig taub. Vor tiefergehenden weltanschaulichen Konflikten oder sogar Standortwechseln bewahrten ihn sein sicherer Instinkt für das ihm Angemessene, seine preußische Geradlinigkeit und nicht zuletzt sein eingeborener Konservatismus. Zudem zeigte die ebenso übertriebene wie flache Pietisterei in der Spielart hinterpommerscher Krautjunker für Bismarck nicht den ersehnten Ausweg aus seiner unbefriedigenden Lage auf: »Mir geht es so mitten in der Welt; nur wenn ich allein bin, langweile ich mich einigermaßen, was, glaube ich, jedem wohlerzogenen jungen Menschen so gehen muß, wenn er auf dem Land unverheiratet lebt und auf den Umgang einer mehr zahlreichen als interessanten Clique von pommerschen Krautjunkern, Philistern und Ulanenoffizieren beschränkt ist.«

Weniger gewappnet als gegen die pietistischen Predigten und Episteln seines Jugendfreundes war Bismarck gegen die Reize von Blanckenburgs Braut, der einundzwanzigjährigen Marie von Thadden, »einer üppig-schönen, jungen Frau mit Herzenswärme und trotz aller Gebundenheit an die Lebens- und Glaubensformen pietistischer Frömmelei nicht ohne Sinnenfreude«, wie der Bismarck-Biograph Ernst Engelberg schreibt. Besonders während der näheren Bekanntschaft mit Bismarck zeigte Marie von Thadden eine für die sittenstrengen Verwandten bedenkliche »Hinneigung zum Weltlich-Sinnlichen« – und die junge Frau selbst erschrak über ihre Neigung sehr und flüchtete sich in religiöse Ergebenheit und in die vermeintliche Sicherheit, unter die Fittiche ihres »guten Moritz«. Engelberg resümiert: »Zwischen Marie v. Thadden und Otto v. Bismarck entwickelten sich Affinitäten, die beiden glückvoll und leidvoll zu schaffen machten.«

So platonisch, wie die Beziehung auch von außen schien, Marie war sich der Gefährdung bewußt, die Ottos Nähe für sie bedeutete. »Otto B. läßt sich nicht mehr in Zimmerhausen blicken«, schrieb sie im Mai 1843 in einem Brief, »sehr gut, denn den Vergleich könnte der gute M. nicht aushalten.« Und noch im Jahr nach ihrer Verheiratung mit dem »guten M.« erinnerte sie sich an gesellige Abende, da sie mit Bismarck »Romeo und Julia« las: »Der Liebe leichte Schwingen tragen mich;/ Kein steinern Bollwerk kann der Liebe wehren;/ Und Liebe wagt, was irgend Liebe kann;/ Drum hielten deine Vettern mich nicht auf« – dies aus dem Munde des späteren Reichskanzlers sich vorzustellen, fällt nicht gerade leicht.

Ein klassisches Liebespaar wurden Otto und Marie nicht. Moritz heiratete Marie von Thadden am 4. Oktober 1844. Bei der Hochzeitsfeier in Trieglaff ließ der Brautvater Feuerwerkskörper abschießen. Anschließend brannte das ganze Dorf samt den Wirtschaftsgebäuden des Schlosses nieder. Kein gutes Omen für die junge Ehe. Bismarck erwies Marie einen letzten Liebesdienst, indem er sich bei den Löscharbeiten hervortat. Zwei Jahre später starb Marie an einer Gehirnhautentzündung, die sie sich bei der Pflege ihrer fieberkranken Mutter zugezogen hatte.

Bismarck hat sie sein ganzes Leben nicht vergessen. Sicher auch, weil er im Kreis der Marie von Thadden seine spätere Frau, Johanna von Puttkammer, kennengelernt hatte. Ja, Marie und der »gute Moritz« hatten bei ihrer Hochzeit sogar absichtsvoll ein erstes Tête-à-tête zwischen beiden arrangiert. Aber damals funkte noch nichts. Einige Zeit später organisierte das Ehepaar Blanckenburg eine Harzreise, auf der Bismarck die inzwischen zweiundzwanzigjährige Johanna besser kennenlernen sollte. Es ist, als hätte sich Marie von Thadden vorgenommen, »Otto B.« dafür zu entschädigen, daß er ihrer entsagen mußte. Bismarck, so heißt es, war auf dieser Reise aufgekratzt und gelöst, ließ den Champagner »in Strömen« fließen und zeigte sich, zur Bestürzung der jungen Damen, »nachlässig gekleidet«, was immer man darunter verstehen mag. Obwohl ihm Johanna gefiel, zögerte er noch immer mit der entschlossenen Werbung. So eng war seine innere Bindung an die Frau des Freundes noch immer, daß er bezeichnenderweise erst einen Monat nach dem Tod Marie von Blanckenburgs den entscheidenden Brief an Johannas Vater schrieb.

Der künftige Schwiegervater, ein frommer Pietist, wollte überzeugt werden. Ihm war der »tolle Junker« suspekt, von dem er »viel Übles und wenig Gutes« gehört hatte. Bismarcks überzogener Lebensstil, seine Neigung, Schulden zu machen, mochten damit gemeint gewesen sein – und seine frühen Frauenabenteuer, die in Pommern nicht so gut ankamen, die allerdings zu diesem Zeitpunkt schon zehn Jahre zurücklagen.

1836 war Bismarck nach Aachen gereist, wo er den Prüfungen und seiner Anstellung als Regierungsreferendar entgegensah. Er war damals einundzwanzig. Er nahm alles sehr unbekümmert, spielte den Bonvivant, dinierte täglich mit zwei Engländerinnen, deren eine, Lady Russel, er für die Nichte des Herzogs von Cleveland hielt und mit der er sich schon beinahe verlobt hatte – bis ihm zu Ohren kam, daß die Nichte keine Nichte, ja nicht einmal eine illegitime Tochter des Herzogs war, »sondern wahrscheinlich die Frucht eines zweifelhaften Gewerbes ihrer Mutter«, die der Herzog irgendwann geheiratet hatte. Natürlich platzte die Verbindung, und Bismarck, auf dergleichen Schädigungen seines Ehrgefühls und seiner Geldbörse sehr sensibel reagierend, war schwer beleidigt, zumal er nun alle Schulden umsonst gemacht hatte. Doch schon bald darauf wurde eine neunzehnjährige »Demoiselle aus Brüssel« sein Augenstern; vor allem interessant als reiche Erbin, die ihm helfen sollte, seine desolaten Finanzen in Ordnung zu bringen. Fürst Pückler war also nicht der einzige, der sich mit einer ausländischen Partie finanziell sanieren wollte. Anfang 1837 brüstete er sich mit einer »femme de qualité von 36 Jahren«, und im Sommer dieses Jahres hatte er erneut Feuer gefangen: für Isabella Loraine-Smith. Mit ihr brachte Bismarck – ohne genehmigten Urlaub – den ganzen Sommer zu und jede Menge Geld durch, das ihm nicht gehörte.

Aus all diesen Verbindungen war nie etwas geworden, doch haftete Bismarck seit dieser Zeit der Ruch eines Lotterbuben an. Keiner hätte ihm damals zugetraut, daß er einmal an der

Spitze eines von ihm begründeten Reiches stehen würde – am allerwenigsten er selbst. Doch offensichtlich konnte er sowohl den künftigen Schwiegervater als auch die Braut von seinen verborgenen Qualitäten überzeugen. Otto von Bismarck und Johanna von Puttkammer heirateten im Juli 1847. Und unsichtbar begleitete Marie von Thadden diese lange harmonische Ehe.

Am 7. September 1862 schreibt Johanna von Bismarck in einem Brief: »In diesem Monat soll sich viel entscheiden. Bismarcks letzter Brief (vom 30sten aus Biarritz) war fast wehmütig über die baldige Trennung von dem reizenden Meer, den liebenswürdigen Russen und der schönen Bummelzeit, die er mit ihnen vier Wochen dort vollführt – er ist ganz hingerissen von Kathi Orlow, die ihm täglich alle Beethovens, Schuberts, Mendelssohns usw. vorspielt« – auch hier wird Marie von Thadden wieder lebendig, auch sie hatte ihm bei ihren vertrauten Treffen Beethoven vorgespielt – »und wenn ich Anlage zu Neid und Eifersucht hätte, könnte ich mich jetzt wahrscheinlich bis in die tiefsten Abgründe von diesen Leidenschaften tyrannisieren lassen. In meiner Seele ist aber gar kein Stoff dazu vorhanden, ich freue mich nur immerzu ganz ungeheuer, daß mein lieber Gemahl die reizende Frau dort gefunden, ohne deren Gesellschaft er nimmer so lange Ruhe auf einem Fleck gehabt hätte und dann nicht so gesund geworden wäre, wie er's in jedem Briefe rühmt.« In der Tat hatte Bismarck seiner Frau geschrieben, er fühlte an jedem Tag ein Jahr weniger auf seinem alternden Haupte, und wenn er es auf 30 Bäder brächte, sähe sie ihn als Göttinger Studenten wieder. Er treibt seinen Übermut sogar noch weiter. Der einzig wirklich politische Brief, am 12. September an Bernstorff, den Bismarck während seines ganzen Urlaubs schreibt, trägt im Briefkopf die Initialen »C. O.« – entliehen »von einem russischen Freunde«, wie er erklärend hinzusetzt. Katharina Orlowa pflegte ihre Post im Freien zu erledigen. Bei einem dieser Ausflüge mochte also Bismarck den Briefbogen erbeten haben, um seine Gedanken zu den sich zuspitzenden Ereignissen in Berlin niederzuschreiben. Vielleicht bezeugt dieses Detail auch etwas ganz anderes. Bismarck ist weit davon entfernt, sich von seiner Verliebtheit aus der Bahn werfen zu lassen, kein Gedanke daran, wie ein Vierteljahrhundert zuvor, den Urlaub pflichtvergessen zu überziehen. Keine Erschütterung des Gemüts, keine krisenhafte Wegelosigkeit wie in seiner Beziehung zu Marie von Thadden, deren Verlust er eigentlich erst jetzt richtig verarbeitet, da er das heitere Gegenbild zu ihrer tragischen Gestalt kennengelernt hat: Katharina. Kathis Nähe lenkt ihn nicht ab, verführt ihn nicht zu Ausschweifungen, sondern führt ihn zur Sammlung, gibt ihm jene Kraft, die er braucht, um das Kommende zu bestehen. Am 18. September erreicht ihn das entscheidende Telegramm Roons: »Periculum in mora. Depechez-vous!« (»Gefahr im Verzug. Beeilen Sie sich!«) Am 22. September findet die entscheidende Besprechung zwischen Bismarck und dem König statt. Eine Woche später ist Bismarck preußischer Ministerpräsident und hält seine berühmte »Blut-und-Eisen«-Rede.

Noch einmal wird er an Katharina Orlowa schreiben, am Weihnachtstag 1871, als die Blut-und-Eisen-Politik staatliche Realität geworden ist. »Gegen das herannahende Alter ist kein Kraut gewachsen, und ich fühle ohne Freude, aber auch ohne Bitterkeit, wie mein Gestell physisch und seelisch allmählich in Unordnung gerät. Ich bin müde, und während ich noch mit dem Leben dieser Welt verknüpft bin, fange ich an, den Reiz der beschaulichen Ruhe zu schätzen. Ich würde am liebsten von der Bühne in eine Zuschauerloge abtreten.«

Eine idealisierte Erinnerung an die Idylle von Biarritz? Bismarck wird noch fast zwei Jahrzehnte an der Spitze der Macht ausharren, geradlinig, eisern, preußisch. Und die Zuschauerloge, in die ihn Wilhelm II. schließlich schickt, ist sein Schmollwinkel Friedrichsruh. Und die Ruh ist ungewollt.

Fürst Bülow auf Freiersfüßen

Ein anderer deutscher Kanzler, Bernhard von Bülow, der zehn Jahre nach Bismarcks mehr oder weniger erzwungenem Abgang das Reichskanzlerpalais bezog, hat sich in den Ruf gesetzt, daß eine Frauenaffäre seine Karriere beeinflußt hat. Damit ist keine der Jugendsünden gemeint, auf die der alte Causeur in seinen Memoiren mit einem Lächeln, aber nicht ohne Stolz zurückblickt. Diese Abenteuer sind so folgenlos, die Situationen so sehr dem Geist der Zeitmode entlehnt, daß man sie für literarisch halten möchte. »Fürst Bülow war ein fesselnder Plauderer«, urteilt Theodor Wolff, »aber wenn man liest, wie er noch in höherem Alter so stolz, gründlich und poetisch zwei oder drei banale Rendezvous aus seinen Jugendjahren beschreibt, gewinnt man leider von der Art und der Zahl seiner Heldentaten keinen sehr hohen Begriff.«

Folgenschwer ist vielmehr die Begegnung mit der Frau seines Lebens, die für Bülow, den Urmecklenburger von Geburt, Preußen aus Überzeugung und Diplomaten aus Berufung, einen Karriereknick bedeutete und seinerzeit – obgleich sie alles andere als dies war – als Affäre angesehen wurde.

Bernhard v. Bülow war als Politiker mindestens so ehrgeizig wie Bismarck. War dieser als Kanzler der Einigung in die Geschichte eingegangen, so wollte sich jener als Kanzler des Weltreiches einen Namen machen; was für diesen die »Blut-und-Eisen«-Politik war, bedeutete jenem der Slogan vom »Platz an der Sonne«. Nicht zufällig setzt er sich in seinen posthum erschienenen »Denkwürdigkeiten« auf geradezu mythologische Weise zu Bismarck in Beziehung und sieht sich als Fortsetzer und Vollender von dessen Politik. »Im Gegensatz zu Bismarck ließ Bülow andere jedoch seinen erbarmungslosen Ehrgeiz nicht spüren. Sein Auftreten war versöhnlich und verbindlich, weil er nur mit Hilfe anderer, nicht gegen ihren Widerstand aufsteigen konnte«, schreibt Isabel V. Hull in ihrem

Porträt. Seine Karriere begann verheißungsvoll, er avancierte vom Zweiten zum Ersten Botschaftssekretär in Wien, Athen, Paris und St. Petersburg; die beiden letzten Stationen werden den jungen Diplomaten daran erinnert haben, daß auch Bismarcks Laufbahn hier ihre Etappen hatte. Im übrigen war er mit Bismarcks Sohn Herbert befreundet. Das Auge des Auswärtigen Amtes ruhte mit Wohlgefallen auf dem jungen Diplomaten, nichts schien dessen Karriere im Wege zu stehen.

Da trat das Schicksal in Gestalt einer jungen Galerie-Besucherin dazwischen; Bülow schildert diese schicksalhafte Begegnung in seinen »Denkwürdigkeiten« folgendermaßen: »Mit Vorliebe besuchte ich in Paris die Museen und Galerien, die in ihrer Art einzig sind. Diese Liebhaberei sollte mich meinem Lebensglück zuführen. Es war im Frühjahr 1883. Ich befand mich, wie schon oft, im Louvre. In der Salle carrée, vor der *Hochzeit von Kana* des Paolo Veronese, begegnete ich zwei Damen, die ich lange nicht gesehen hatte, aber sofort wiedererkannte. Die eine war Donna Laura Minghetti, die andere ihre Tochter, die Gräfin Marie Dönhoff. Die Mutter sah trotz ihrer fünfzig Jahre noch ganz jugendlich aus und strahlend schön. Die Tochter erschien mir noch anmutiger und reizvoller als in Florenz und Wien. Ich lauschte bewundernd der Mutter, als sie ohne Pedanterie, mit großer Natürlichkeit, aber mit unbeirrbarem Schönheitssinn mir dieses oder jenes Bild zeigte, erläuterte und meinem Verständnis näherbrachte. Ich konnte mich nicht sattsehen an den wunderbaren Augen, der zierlichen Gestalt, der Grazie und Lieblichkeit der Tochter. Die Mutter verstand nicht Deutsch. Die Tochter sprach das reizendste Deutsch, das ich je gehört hatte. Ich überzeugte mich auf unserer stundenlangen Promenade erst durch die Säle der wohl reichsten Bildergalerie der Welt, dann im Tuileriengarten, daß sie Goethe und Schiller, Hölderlin und Kleist, daß sie Schopenhauer und Immanuel Kant fast besser kannte als ich. Ihren Enthusiasmus für Richard Wagner, für Beethoven und Bach zu teilen, war ich nicht würdig, da ich leider unmusikalisch bin ...« Mit Richard Wagner war Marie von Dönhoff im Frühjahr 1872 bekannt geworden, und zwar in Wien, wo der Meister Aufführungen des dortigen Wagner-Vereins dirigierte: Die »bildschöne, erst vierundzwanzigjährige Gräfin Marie Dönhoff, eine geborene Principessa di Camporeale, in erster Ehe verheiratet mit dem Ersten Sekretär der deutschen Botschaft in Wien«, war laut Gregor-Dellin »die letzte adlige Marie im Figurenkabinett seines Lebens«. Sie wurde später eine eifrige Förderin von Bayreuth.

Die junge Gräfin Dönhoff, eine geborene Gräfin Camporeale, war gerade im Begriffe, sich von ihrem Mann, der noch immer im deutschen diplomatischen Dienst stand, im gegenseitigen Einvernehmen scheiden zu lassen. Bülow war sofort Feuer und Flamme, »und wir korrespondierten während des Sommers eifrig miteinander. Sie schrieb, wie sie sprach: nie banal und nie konventionell, weder gesucht noch absichtlich, immer natürlich. Ganz aufrichtig, ganz wahr ...«.

In Genua ringt Bülow sich zu einer Art Heiratsantrag durch. Obgleich die Scheidungsangelegenheit noch nicht beendet, namentlich der päpstliche Dispens für die Auflösung der nach katholischem Ritus geschlossenen ersten Ehe noch nicht eingetroffen ist, fragt er Marie v. Dönhoff, »ob sie sich würde entschließen können, wieder zu heiraten. Sie schwieg lange, dann reichte sie mir die Hand mit den Worten: ›Jedenfalls keinen anderen.‹ Von diesem Augenblick an wußte ich, daß auch ich keine andere würde lieben können. Seit diesem Tage habe ich die Verbindung mit dieser Frau angestrebt, der einzigen Frau, die ich über alles, die ich wirklich, die ich mit aller Zärtlichkeit und mit aller Leidenschaft geliebt habe, deren ein Mensch fähig sein kann«.

Für seine diplomatische Karriere allerdings bedeutete diese ausbrechende Leidenschaft eine ernsthafte Gefährdung. Das bemerkt Bülow, als er seinem Freund Herbert von Bismarck zum ersten Mal ernsthafte Vorstellungen wegen seiner Heiratsabsichten machte. »Er hatte schon davon gehört ... Herbert hatte aber anscheinend die Sache nicht au sérieux genommen. Als er den Ernst meines Entschlusses erkannte, sah er mich erstaunt an, verlegen, zunächst stumm ... Nach langem Schweigen sagte Herbert endlich zu mir: ›Ich kenne die Gräfin Marie Dönhoff. Sie ist eine begabte, eine herzensgute, eine ungewöhnlich reizende Dame. Aber sie ist Ausländerin, und wir wollen und sollen an dem Grundsatz festhalten, daß unsere Diplomaten keine Ausländerinnen heiraten dürfen. Sie ist überdies Katholikin. Sie ist von ihrem ersten Mann geschieden, und dieser Mann gehört unserm diplomatischen Dienste an. Sie ist eine Freundin der Kronprinzessin, der Mimi Schleinitz, der Cosima Wagner, der Frau von Helmholtz und anderer, meinem Vater feindlich gesinnter Weiber. Ich glaube nicht, daß mein Vater seinen Konsens geben wird. Ich kann ihm auch nicht dazu raten, ich werde ihm sogar mit aller Entschiedenheit davon abraten‹.«

Sei es, daß es Bülow gelang, die Besorgnisse Herbert v. Bismarcks zu zerstreuen, sei es, daß der alte Bismarck in dieser Angelegenheit liberaler dachte als der junge: der eiserne Kanzler selbst hat sich beim Kaiser für die Erteilung des Heiratskonsenses eingesetzt. Vielleicht hat ihm imponiert, daß Bülow tatsächlich entschlossen schien, den Dienst zu quittieren und sich auf seinen Besitz in Klein-Flottbeck zurückzuziehen; an der Seite der Frau, die er liebe, und mit einigen guten Büchern hielte er es überall aus. »Ich habe Fürst Bismarck gelegentlich äußern hören, er sei der Meinung, daß das Zölibat für Diplomaten ähnlich wünschenswert sei, wie die katholische Kirche es für ihre Geistlichen eingeführt hat. In der Praxis ist er für meine Frau bis zu seinem Tode voll Güte gewesen.«

Bülow bekam zwar den Heiratskonsens – er heiratete Marie am 9. Januar 1886 in Wien – aber auch seine Versetzung nach Bukarest. Isabel V. Hull sieht das so: »Zunächst schien es, als hätte er sein Spiel verloren, denn nach dem vielversprechenden Beginn seiner Karriere mußten ihm fast sechs Jahre von 1888 bis 1893 als Gesandter in Rumänien wie ein diplomatisches Abstellgleis vorkommen. Schließlich erwies sich Marie von Bülow jedoch als deutlicher sozialer Aktivposten.« In ihrem Salon hatte der »Jet-Set« der damaligen Zeit verkehrt, Promis wie Richard und Cosima Wagner oder Franz Lenbach und Philipp Graf Eulenburg. Außerdem unterhielt Marie nach wie vor ausgezeichnete Verbindungen zu den Herrscherhäusern von Deutschland, England und Italien. Während also Bülow in Rumänien hauptsächlich zwei Beschäftigungen nachging – die erste war ausgiebige Lektüre und das Sammeln von passenden Zitaten und Bonmots, die zweite bestand in Bemühungen, aus Rumänien wieder fortzukommen –, managte Marie das Comeback ihres Mannes. Die durch sie geknüpfte persönliche Beziehung zu Philipp Graf zu Eulenburg, eines Intimus von Kaiser Wilhelm II., sollte die für das Fortkommen Bülows wichtigste werden. Die Ehefrau Herbert v. Bismarcks – von Vaters Seite ungarischer und mütterlicherseits englischer Abstammung – hatte »immer den Eindruck, daß er (Bülow) erst durch die Frau Europäer war. Jedenfalls sind es von vornherein ihre Beziehungen gewesen, die ihm seine außerordentliche Stellung verschafften«. 1896 wurde er Botschafter in Rom, im folgenden Jahr Staatssekretär im Auswärtigen Amt, wo er gemeinsam mit Tirpitz neue Konzepte für die Flottenrüstung ausheckte. Den Höhepunkt seiner Laufbahn erreichte er, als er 1900 in die Wilhelmstraße umzog. Von 1900 bis 1909 war er Reichskanzler und preußischer Ministerpräsident. Diesen Aufstieg hatte er zu keinem geringen Teil jener Beziehung zu verdanken, die als Affäre begann und die die große Liebe seines Lebens war.

Führerbräute ohne Unterleib

Am 30. Januar 1933, gegen 11 Uhr 30, verließ Adolf Hitler das Arbeitszimmer Hindenburgs als Reichskanzler. Ein Mann, der keine höhere Schule je bis zur Reifeprüfung besucht hatte, der zur Kunstakademie nicht zugelassen worden und Insasse des Obdachlosenasyls und des Männerheims zu Wien gewesen war, ein Mann, der mangels anderer beruflicher Eignung beschlossen hatte, Politiker zu werden, ein begnadigter Festungshäftling und vorbestrafter Bierhallenputschist, ein sexuell frustrierter Neurotiker mit der Ausstrahlung eines metaphysisch erleuchteten Anstaltsirren, der seiner Stimme nicht noch seiner Gesten mächtig schien, sollte für zwölf Jahre das Schicksal eines 70-Millionen-Volkes bestimmen. Daß es mit der Reichskanzlei soweit kommen würde, daß sogar dieser braune Moder sich in ihr breitmachen konnte, hätte Theodor Wolff nicht für möglich gehalten, als er seine Betrachtungen über das Wilhelminische Zeitalter schrieb.

Am anderen Morgen stand Görings Freundin Emmy Sonnemann mit einem pompösen Blumenstrauß in Hitlers Zimmer im Hotel Kaiserhof. Hitler nahm das Gebinde »mit einer nahezu feierlichen Geste« entgegen und schnarrte gerührt: »Es sind die ersten Blumen, und Sie sind die erste Frau, die mir gratuliert.« Wo aber war jene Frau, die im engeren Kreis seiner Anhänger als seine Geliebte galt, wo war Eva Braun? Noch am Neujahrstag hatten sie gemeinsam in München eine *Meistersinger*-Aufführung besucht, wenig später war Hitler nach Berlin aufgebrochen, und in der Folge blieb ihm kaum Zeit für Eva.

Im Herbst 1929 hatte Hitler die damals Siebzehnjährige kennengelernt, die im Fotogeschäft seines Freundes und Parteigenossen Heinrich Hoffmann als Laborantin arbeitete. Eines Feierabends stieg sie in einem modisch kurzen Rock gerade auf die Leiter, als Hitler den Laden betrat – eine klassische

Filmsituation. Das junge Ding war blond und grazil und guter Laune, von der naiven Oberflächlichkeit eines »modernen« Mädchens mit durchschnittlicher Intelligenz. Hitler war vom Anblick der sportlichen Mädchenwaden so fasziniert, vom Muskelspiel, als sie sich auf die Zehenspitzen stellte, vom Hüpfen der Kniescheiben unterm Rocksaum, daß er Eva schweigend anstarrte. Hoffmann versuchte die Situation zu entkrampfen, indem er beide zum Essen einlud. Hitler verschlang Eva mit den Augen, und Eva verschlang Berge von Leberkäse.

Eva wäre nur allzugern Frau Hitler geworden. Doch selbst als sie tatsächlich den Rang einer Geliebten einnahm und auf dem Berghof die Hausdame spielte, mußte sie sich allmählich damit abfinden, niemals geheiratet zu werden. Hitler untermauerte seine Abneigung gegen Ehe und Familie mit den abenteuerlichsten Begründungen: daß ihm als Politiker für die Familie keine Zeit bliebe – platt; daß ihm als verheiraten Mann die Stimmen der Frauen bei den Wahlen verlorengingen – unsinnig, denn er hatte, einmal zur Macht gekommen, gar nicht mehr die Absicht, Wahlen auszuschreiben. Kann man sich Hitler als solide verheirateten Familienvater vorstellen, der es zum Beamten im gehobenen Dienst gebracht hat? Vielleicht als Zeichenlehrer an einer Mädchenschule?

Ende 1934 litt Eva an schweren Depressionen und Hitler an schweren Verdauungsstörungen – beides hatte im Grunde die gleiche Ursache. Evas Depressionen resultierten aus ihrer völligen Isolation; sie hatte keine andere Beschäftigung als Warten, Nichtstun und Hübschsein. Hitlers Magenkrämpfe erklärte der hinzugezogene Internist Dr. Grawitz mit der zu einseitigen Ernährung. Er empfahl ihm zu essen, was ihm schmecke. Aber Hitler schmeckte eben nichts. Der notorische Nichtraucher und Nichttrinker frühstückte ein Glas Milch und zehn Leibniz-Butterkekse. Die Hauptmahlzeit bestand aus verschiedenen Gemüsespeisen, die man zuweilen formte und panierte, in Schnitzel- oder Hähnchenform darreichte. Auf dem

Speiseplan standen neben biederer Graupensuppe und Knäkkebrot mit Butter auch so exotische Gerichte wie Reispudding in Kräutertunke und Orangensaft mit Leinsamenschleim. Der Zeitpunkt des radikalen Umschwungs auf vegetarische Kost läßt sich ziemlich genau auf die letzte Septemberdekade 1931 datieren: Hitler hatte in einem Gasthaus übernachtet, am Morgen wurde wie üblich ein herzhaftes Frühstück aufgetan, Brot, Wurst, Ei mit Schinken vermutlich. Doch plötzlich weigerte sich Hitler, den Schinken zu essen, schob angeekelt den Teller über die Tischplatte und verkündete, ihm wäre, als müßte er eine Leiche essen. »Nichts«, sagte er zu Göring, »wird mich je wieder dazu bringen, Fleisch zu essen.« Was war passiert?

Im Spätsommer 1929 hatte Hitler in vornehmer Münchner Lage am Prinzregentenplatz 16 in der 2. Etage eine Neunzimmerwohnung angemietet. Geli Raubal, die 23jährige Tochter seiner Halbschwester, ein vollbusiges, gutgewachsenes Mädchen mit hellbraunen Haaren, war ebenfalls in Onkel Adolfs neue Wohnung nach München gezogen. Hitler, 19 Jahre älter als sie, kannte Geli seit ihrer Kindheit und gab sich nach wie vor als guter, wenn auch strenger Onkel. Aber allmählich, vielleicht von ihm selbst unbemerkt, begann ein verhängnisvolles Spiel der Werbung und der Eifersucht. Er begleitete sie ins Theater, und man sah sie an seiner Seite im Café Heck, wo Hitler in den Nachmittagsstunden die Huldigungen seiner Anhänger entgegennahm. Hitler, dessen braune Kolonnen politisch Andersdenkende niederknüppelten, rollte wie ein verliebter Kater: »Niemand kann so wie Geli mit den Augen lachen.« Er war zugleich so eifersüchtig wie Ehemann, Geliebter und Brautvater zugleich. Er ließ sie grundsätzlich nicht alleine ausgehen. Als Emil Maurice, Hitlers Vertrauter und Chauffeur, im Sommer 1931 seine Verlobung mit Geli Raubal beichtete, flog er achtkantig raus. Geli hatte noch einen anderen Schwarm, eine Künstler aus Österreich, der ihr einen Heiratsantrag gemacht hatte. »Als Hitler von dieser Liaison erfuhr«, schreibt John Toland, »zwang er Geli, die Beziehung abzubrechen, darin offenbar unterstützt von seiner Halbschwester Angela.« Im Grunde lebte sie wie eine Gefangene. Am 17. September 1931 fuhr Hitler zu einer Parteiveranstaltung nach Nürnberg. Geli, die immer noch hoffte, eines Tages Frau Hitler zu werden, fand in einem seiner Anzüge einen Brief vor:

»Lieber Herr Hitler,

Ich danke Ihnen nochmals für die wunderschöne Einladung ins Theater, ich werde diesen Abend sobald nicht vergessen. Ich verbleibe in Dankbarkeit für Ihre Freundlichkeit und zähle die Stunden bis zu einem Wiedersehen. Ihre Eva.«

Geli Raubal zerriß den Brief, ging auf Ihr Zimmer und erklärte der Haushälterin, sie wollte unter keinen Umständen gestört werden. Mit einer Walther-Pistole schoß sie sich ins Herz.

Nerin E. Gun faßt Hitlers ambivalentes Verhältnis zu Frauen folgendermaßen zusammen: »Fast alle Frauen, die ihn später leidenschaftlich liebten, haben auf die eine oder andere Art versucht, ihrem Leben ein Ende zu setzen. Auf ihn hat jedoch nur der Tod seiner Nichte eine bleibende, schockartige Wirkung gehabt: wiederholt sprach er davon, sich selbst umzubringen.« Im Sommer 1931 war die Verbindung zwischen Hitler und Eva Braun enger geworden, doch wie sehr Hitler an Geli hing, machte ihr erst deren Selbstmord bewußt. Nun begann etwas Gespenstisches: Eva versuchte, Geli Raubal nachzuahmen: im Stil der Kleidung, in der Frisur, sogar in der Art, sich zu bewegen. Schließlich ging sie so weit, sogar den Selbstmord Gelis zu imitieren: sie zielte auf das Herz, traf aber nur den Hals. Hitler war von dieser Nachinszenierung sehr beeindruckt. Ihre Beziehung ward von Stund an eine feste Bindung.

Nach Geli Raubals Tod ist viel gerätselt worden, ob sie Hitlers heimliche Geliebte war. Auch in Bezug auf Eva Braun läßt sich schwer sagen, ob der »Führer« unterhalb des Koppels noch etwas anderes hatte als Uniformhosen und Stiefel. Ungeklärt bleibt, ob sich Hitler überhaupt irgendwie sexuell betätigte. Wahrscheinlich hätte er, wie Philipp Vandenberg aus der Analyse seiner Krankheitsbilder schließt, beizeiten einen guten Therapeuten gebraucht. Aber den hat er weder damals noch später an sich herangelassen, denn »so wie er es ablehnte, sich je mit enblößtem Oberkörper oder gar in Badehose zu zeigen (ein Badefoto von Reichspräsident Friedrich Ebert auf dem Titelbild einer Illustrierten war ihm ein Greuel), so sperrte er sich gegen jede Art von Preisgabe seines Innersten«.

Hitler hatte ein gestörtes Verhältnis zum eigenen Körper, zur Körperlichkeit überhaupt. Er hatte bei seinen Hofhaltungen im Münchner Café Heck erlebt, daß unbekannte junge Frauen vor seinem Tisch niederstürzten und ihm die Hände küßten. Seine Hände solcherart als Objekt sexueller Begierde zu sehen, war ihm peinlich; er suchte sie zu verstecken, wenn er nicht beim Reden mit ihnen herumfuchteln konnte. Bei offiziellen Anlässen (und auf offiziellen Fotos) verschränkte er sie vorm Gemächt wie der Fußball-Verteidiger vor dem Freistoß – die ganze Führerriege der Nazis stand schließlich so da –, frühere Versuche, sie durch Verschränken der Arme vor der Brust verschwinden zu lassen, hatten offenbar nicht befriedigt. Der Hitlergruß selbst ist Ausdruck verdrängter Sexualität. Statt des erregierten Penis wird der rechte Arm quasi als Ersatz vorgezeigt. Jeder kennt die erschütternden Szenen aus alten Wochenschauen: der »Führer« vor seinem Volk – darunter zehntausende hysterische Frauen – erscheint, blickt betroffen, scheinbar gerührt, ja verschüchtert, sein rechter Arm zuckt, noch hält er sich zurück – da endlich, als löse sich eine ungeheuere Spannung, fährt der Arm heraus, fast waagerecht, und schwenkt langsam in den vorschriftsmäßigen stumpfen Winkel. Ein Jubelschrei bricht los; die Kamera zeigt dann immer die in Tränen aufgelösten Frauen, die noch vom Orgasmus geschüttelt werden. Hitlers Fahrer hat berichtet, »daß sich oft junge Mädchen, hauptsächlich Fünfzehn- und Sechzehnjährige, vor seinen Wagen warfen in der Hoffnung, verletzt zu werden und von Hitler Hilfe zu erhalten«. In den zwölf Jahren des »Tausendjährigen Reiches« hat vor allem Bormann den Frauenkult um Hitler systematisch gepflegt und ausgebaut. Bei gegebenem Anlaß wurde dem »Führer« diese oder jene Filmschauspielerin beigegeben, die er (anders als der Wüstling Goebbels) lediglich als Tafelschmuck und Opfer seiner sinnlosen Tischmonologe zu verwenden wußte, ein Verhältnis zu der Kultfilmerin Leni Riefenstahl wurde ihm nachgesagt – sie alle waren, reduziert man die Legenden auf den Kern – Führerbräute ohne Unterleib.

Seit dem Tod Geli Raubals, der einzigen, die ihn vielleicht je erotisch erregt hatte, war Hitler Vegetarier. Dies hat an seinem Willen, die Macht zu ergreifen und diktatorisch auszuüben, nichts geändert. Aber er war seitdem mit Sicherheit noch unzugänglicher für menschliche Regungen, noch fanatischer in sein politisches Ziel verbohrt als vorher. Hitlers Liebesleben ist harmlos und trivial wie eine Tonfilmoperette; man glaubt, dergleichen hundertmal gesehen, gehört oder gelesen zu haben. Aber die ganze Persönlichkeit Hitlers war im Grunde trivial, seine politischen Konzepte hatte die intellektuelle Dimension eines Groschenromans, schlicht gestrickt, voller brutaler Vereinfachungen und Verallgemeinerungen; aber sie hatten gerade dadurch auch die Massenwirkung von Groschenromanen und waren deshalb alles andere als harmlos. Aus der Geschichte wäre zu lernen, daß man einen Politiker nicht deshalb unterschätzen darf, weil er nur ein Fatzke, und das Programm einer Partei nicht, nur weil es trivial ist. Beiden eignet – so wie der Tonfilmoperette – ungeheure Anziehungskraft. Brutalität und Sentimentalität, Herrschaftsanspruch und Rührseligkeit: nicht zufällig schätzte Hitler die Musik Paul Linckes. Die Mischung aus Parademarsch, Bierseidel und Dienstmädchenerotik entsprach genau Hitlers Gemütslage. Der Hitlergruß ist Kürzel des Zeitgeistes, er vereinigt Gewalt, Eros und Kitsch in ein und derselben Geste.

Ende April 1945 erfüllt sich Eva Brauns Traum, Frau Hitler zu werden. Sie ist es nur für wenige Stunden. Auf der Eheurkunde unterschreibt sie »Eva B« – dann streicht sie das »B« aus und setzt dafür hin »Hitler, geb. Braun«. Es ist nicht so wichtig. Sie hat nur wenige Stunden, um in ihrem neuen Familienstand zu leben. Am 30. April gibt Hitler seiner Geliebten Gift und erschießt sich. Sie werden die am wenigsten betrauerten der 50 Millionen Toten des 2. Weltkriegs sein.

»Sozialdemokraten«: Von Krupp bis Barschel

Als Bernhard v. Bülow Reichskanzler war und seine Ehe mit der geschiedenen, ausländischen und überdies katholischen Marie Dönhoff von der »Gesellschaft« längst goutiert wurde, erschütterte ein Skandal ungeheuren Ausmaßes Deutschland. Wieder ging es um eine angebliche Affäre. Wieder kochten Vertreter politischer Interessen ihr Süppchen. Und da diesmal Homosexualität im Spiele war, wurde die Entwicklung dieser angeblichen Affäre mit besonderer Spannung verfolgt.

Die Sozialdemokraten, die unter Bismarck das karge Brot der Illegalität knabberten und als vaterlandslose Gesellen stigmatisiert wurden, sind nicht erst seit der Barschel-Affäre mit dem Geschäft des Verdächtigens, Hintergehens und des Rufmordes vertraut. Als sich ihnen um die Jahrhundertwende die Chance bot, der Symbolfigur des deutschen Kapitalismus, Friedrich Alfred Krupp, dem Sohn des legendären Firmengründers, am Zeuge zu flicken, langten sie kräftig und ohne viel Skrupel zu. Als Unternehmer von eher durchschnittlichem Format, genoß Krupp als Kanonenkönig die uneingeschränkte

Protektion des Kaisers. Andererseits versorgte er seine Arbeiter mit preiswerten Werkswohnungen und zahlte nicht selten überdurchschnittliche Löhne, was die Wut der Sozialdemokraten besonders anfachte, litt doch darunter ihre Klassenkampfagitation. Unter Krupp-Arbeitern hatten die Sozis nicht viel zu melden. Krupp, der seit seiner Kindheit an Asthma und Gelenkrheumatismus litt, lebte sehr zurückgezogen. Und lieber als im rußigen Essen verbrachte er seine Tage auf dem sonnigen Capri.

Bezeichnenderweise griff die sozialdemokratische Presse eine angebliche Affäre auf, die im Herbst 1902 in Italien publik wurde. Man ermittelte gegen Krupp, der sich auf der mediterranen Insel gern mit wohlgewachsenen jungen (und sehr jungen) Männern umgab, wegen des Verdachts der Homosexualität. Die linke Parteipresse, die den Industriellen Krupp treffen wollte und in ihm das kapitalistische System, schlug auf den Homosexuellen Krupp ein – und dies im Stil einer Boulevardpresse, die den Sozialisten doch angeblich so widerwärtig war. Das theoretische Organ der Sozialdemokratie, Die Neue Zeit, schickte der Schmutzkampagne noch eine Rechtfertigung hinterher: »Jawohl, wir haben dem verstorbenen Krupp nachgesagt, das Opfer eines unseligen Naturtriebes geworden zu sein. Jawohl, wir haben seine Millionen angeklagt, aus diesem unseligen Naturtrieb eine Quelle der Korruption für eine ganze Insel gemacht zu haben. Jawohl, wir haben daraus die Notwendigkeit gefolgert, jenen strafgesetzlichen Paragraphen aufzuheben, der einen krankhaften Naturtrieb zu einem entehrenden Verbrechen macht und dabei nicht einmal die Konsequenz seines eigenen Widersinns zu ziehen wagt, da er die reichen Opfer jenes Triebes laufen läßt und nur seine armen Opfer henkt.« Die gleiche »Neue Zeit« schreckte auch nicht davor zurück, gegen Maximilian Harden, der die sozialdemokratische Kampagne kritisch untersuchte, unangenehm antisemitische Töne auszustoßen: »Eben noch polnischer Jude, kämpft Herr Harden mit dem christlichen Taufzettel und dem germanischen Trutze des Cheruskers Arnim für Thron und Altar, um dann wieder den Freiheitshelden und Freidenker zu spielen, der allein noch in dem geknechteten Deutschland ein freies Wort wage.« Rufmord im Namen der Aufklärung?

Den medienscheuen Krupp traf die Hetzkampagne schwer; als er am 22. November 1902 plötzlich an einem Schlaganfall starb, munkelte man vom Selbstmord des Kanonenkönigs. Seine Kanonen donnerten zwölf Jahre später auf allen Seiten der Fronten, und die Sozialdemokraten hatten die Kredite bewilligt, mit denen des Kaisers schimmernde Wehr bezahlt wurde.

Auch der kühle Björn, Urenkel dieser Generation sozialdemokratischer Politiker, hat 85 Jahre später offenbar beizeiten gewußt, was der ehrgeizige, erfolgverwöhnte und machtversessene Uwe Barschel gegen ihn in Gang gesetzt hatte: Gerüchte über angebliche Affären Engholms, eine anonyme Anzeige bei der Finanzbehörde, Lauschangriffe und ähnliches sollten der SPD bei den Landtagswahlen in Schleswig-Holstein schaden. Doch Barschel ging in die sorgfältig getarnte Falle, verfing sich in seinem Ehrenwort und endete in einer Hotelbadewanne. Engholm spielte den reinen Toren, dessen Ehre beschmutzt ward, gewann die nächsten Wahlen haushoch, machte mit und ohne Pfeife aller Welt blauen Dunst vor und wollte sogar Kanzler werden. Wie bei der Krupp-Affäre sticht die Unehrenhaftigkeit hervor, der sich die Genossen im Kampf gegen den politischen Gegner bedienen. Dubiose Gestalten spielten in der Schmierenkomödie mit; seltsam hohe Beträge wurden in Schreibtischschubladen bereitgehalten, als eine Art Mitleidfonds, um Zuträger zu belohnen, die ihr Gewissen erleichtern wollten. Doch wer sich als wählbare Alternative präsentieren möchte, darf nicht nur der bessere Intrigant sein wollen.

Die Blomberg-Fritsch-Krise

Unter Hitlers Kanzlerschaft und der Diktatur der Nazis vollzog sich in der militärischen Spitze der deutschen Wehrmacht eine »Wachablösung«, die für Eingeweihte endgültig die Weichen auf Krieg stellte.

Am 4. Februar 1938 quittierten zwei der ranghöchsten Generale der Wehrmacht den Dienst.

Der eine, Werner v. Blomberg, war Reichskriegsminister und Oberkommandierender der Wehrmacht. Der andere, Werner Freiherr v. Fritsch, war Oberbefehlshaber des Heeres. Beide waren nach Hitlers Machtübernahme überzeugte Anhänger des Nationalsozialismus geworden, unterstützten Hitlers Aufrüstungsprogramm, wandten sich aber gegen jedes militärische Abenteurertum; die hochgesteckten Ziele könnten erst mit einer stärkeren Wehrmacht verwirklicht werden. Außerdem standen die hohen Militärführer dem ebenso ehrgeizigen wie uniform- und titelgeilen Göring im Wege. Namentlich Fritsch, der in den 20er Jahren als Chef der Heeresabteilung im Truppenamt mehrfach die Sowjetunion besucht hatte, unterhielt gute Beziehungen zur Führung der Roten Armee und widersetzte sich der Ostorientierung der deutschen Expansionspolitik.

Blomberg, ein Witwer mit erwachsenen Kindern, hatte am 12. Januar 1938 die wesentliche jüngere Luise Margarete Gruhn geheiratet. Hitler und Göring waren bei dieser Eheschließung Trauzeugen gewesen. Frau Gruhn war indes bei der Berliner Polizei aktenkundig; sie hatte einst für pornographische Aufnahmen posiert. Ein entsprechendes Dossier gab dem Reichsjägermeister Göring Gelegenheit, seinen in der militärischen Führung einflußreichsten Widersacher Blomberg zur Strecke zu bringen. Blomberg besaß die Stärke, die Trennung der Ehe kategorisch abzulehnen. Er und seine Frau erhielten Order, sich für ein Jahr ins Exil zu begeben. Sie reisten im Februar 1938 ab – nach Capri …

Werner Freiherr von Fritsch war auf diese Weise nicht beizukommen. So fädelten Göring und Heydrichs SS-Sicherheitsdienst (SD) eine infame Intrige gegen den unverheirateten und im Gegensatz zu Blomberg an jungen Frauen offenbar uninteressierten Fritsch ein. Der General zahle, behauptete der Berliner Gewohnheitsverbrecher Otto Schmidt, seit Jahren Schweigegelder an einen ehemaligen Sträfling, um seine Homosexualität zu verheimlichen. Der zuständige Kriminalrat suggerierte Schmidt mit Hilfe vorgelegter Fotos eine belastende Aussage gegen den Generaloberst. Fritsch erhielt am gleichen Tag wie Blomberg seinen Abschied. In Wirklichkeit lag eine Personenverwechslung vor, der erpreßte Offizier war ein Rittmeister Achim v. Frisch. Die Gestapo wußte von der wahren Identität, dennoch nutzte sie die Falschinformation zum Sturz des Heereschefs. Hitler ernannte Göring zwar zum Generalfeldmarschall, an die Spitze der Wehrmacht aber setzte sich der Gefreite selbst. Widerspruch hatte er von der eingeschüchterten Heeresführung nicht mehr zu erwarten; der »Größte Feldherr aller Zeiten« trieb Deutschland in den 2. Weltkrieg. Fritsch überwand die erlittende Kränkung nie mehr. Obwohl er von einem Ehrengericht der Wehrmacht vollkommen rehabilitiert wurde, bekam er nur mehr einen Ehrenposten als »Chef« des 12. Artillerieregiments. Zu Beginn des Krieges schloß er sich diesem Regiment freiwillig an, suchte – und fand – den Tod bei den Kämpfen um die Warschauer Vorstadt Praga am 22.09.1939.

Ein Minister sieht Rot(licht)

Nicht nur in Diktaturen und unter autoritären Regimes kulminieren vorhandene oder nicht vorhandene Affären zu politischen Untaten. Trotzdem versuchen Politiker im Kampf um

Posten und Ideologien, Einfluß und Diäten immer wieder, ihrem Gegner mittels tatsächlicher oder angedichteter Affären ein Bein zu stellen. Aber als ob er von der Blomberg-Fritsch-Affäre nie etwas gehört hätte, sprang vier Jahrzehnte später, an der Jahreswende 1983/84, der damalige Verteidigungsminister der Bundesrepublik mit dem dienstältesten Bundeswehrgeneral Kießling genauso um, wie einst Hitler und Göring mit Werner v. Fritsch. Allein vage Verdächtigungen aus dem Rotlichtmilieu – wieder ging es um angebliche Homosexualität – reichten aus, um den verdienstvollen Viersternegeneral und stellvertretenden Oberkommandierenden der NATO als Sicherheitsrisiko zu diffamieren und zu verabschieden. General Kießlings Erinnerung an die Vorgänge gibt der über Bonner politische Verhältnisse stets gut informierte Mainhardt Graf von Nayhauß wieder: »... der schlimmste Tag war für mich der Tag vor Heiligabend. Da drückten sie mir die Entlassungsurkunde in die Hand. Ausgerechnet vor Heiligabend, da sich der Mensch normalerweise auf Weihnachten freut. Seit zehn Tagen wußte ich, daß man mich wegen des Verdachts homosexueller Beziehungen in den einstweiligen Ruhestand versetzen würde. Mitte November hatte mich Wörner aus heiterem Himmel mit diesen Vorwürfen konfrontiert. Ich hatte sie als vollkommen haltlos zurückgewiesen und Aufklärung gefordert. Darauf hatte ich fast drei Monate vergeblich gewartet. Was ich nicht wußte: Statt dessen stand mir eine Entlassung unter unwürdigen Umständen bevor.«

Graf Nayhaus beobachtete als Bonn-Korrespondent für BILD die Affäre, die gar keine war, aus unmittelbarer Nähe. Wörner hat demzufolge nicht etwa nach Entlastungszeugen gesucht, sondern auf eigene Faust recherchiert und sich mit vermeintlichen Zeugen aus dem Schwulenmilieu getroffen, um die angeblichen Beweise *gegen* den General zu erhärten. Wieder war es eine Personenverwechslung. Der General wurde vollständig rehabilitiert; von einer Entschuldigung des Verteidigungsministers oder des Bundeskanzlers ist nichts bekannt geworden. Der weiteren Karriere des Ministers jedoch tat dies keinen Abbruch.

Affären auf amerikanisch

Homosexuellenjagd war in den USA ebenso verbreitet wie Kommunistenjagd. Der Fall des geradezu pathologischen Antikommunisten McCarthy ist geschichtsnotorisch. McCarthy hatte nicht nur dem berüchtigten Kongreßausschuß zur Untersuchung unamerikanischer Umtriebe vorgesessen, er hatte auch eine regelrechte Fälscherwerkstatt in Betrieb, die Fotomontagen und »Dokumente« herstellte, mit denen politische Gegner erpreßt wurden. Die berufliche und politische Existenz vieler Amerikaner wurde dank McCarthys vernichtet, zehn Drehbuchautoren aus Hollywood wanderten ins Gefängnis. Nur Kommunisten fand man keine. Erst als McCarthy auch in der Army überall Kommunisten witterte, entsannen sich die politisch Verantwortlichen ihrer politischen Verantwortung: Die Armeeführung schlug zurück, demontierte McCarthy in einer monatelangen Anhörung als Schwindler, Erpresser und Paranoiker, der daraufhin von der Bildfläche verschwand. Hätte er nicht so viel Schaden angerichtet, er wäre nichts als ein Clown und Scharlatan. So aber hatte er zahlreiche zerstörte Karrieren, ins Unglück gestürzte Familien, ja Menschenleben auf dem Gewissen; falls er so etwas wie ein Gewissen überhaupt besaß. Dem Sohn des Senators Lester Hunt wurden 1953 homosexuelle Handlungen angehängt. Der Senator hatte versucht, sich dem Machtmißbrauch McCarthys in den Weg zu stellen. Die Schmutzkampagne gegen seinen Sohn und seine Familie hielt er nicht aus, im Juni 1954 erschoß er sich in seinem Büro.

Zehn Jahre später mußte Walter Jenkins, unter Präsident Johnson Stabschef des Weißen Hauses, seinen Hut nehmen. Man hatte ihn auf der Herrentoilette des YMCA verhaftet, wo er bei homosexuellen Handlungen mit einem 60jährigen Heimbewohner in flagranti ertappt worden war. Kurios: Jenkins war wegen desselben Delikts auf derselben Toilette fünf Jahre zuvor schon einmal verhaftet worden. Wenn man heutzutage und hierzulande auch Mühe hat, hierin überhaupt ein Delikt zu erblicken, kommt einem diese »zufällige« Konstellation schon merkwürdig gestellt vor. Man könnte auch von einer Falle sprechen. Die Waschräume und Toiletten in Washington schienen der Daueraufenthalt schwuler Politiker aller politischer Couleur zu sein, wenn man den einschlägigen Veröffentlichungen glauben darf. Allmählich gewöhnte man sich auch ab, darin Affären zu sehen; zwei Abgeordnete der Demokratischen Partei, die man in Waschräumen (wo sonst?) ertappt hatte, durften ihre Mandate behalten. Nach und nach rückten die Betroffenen auch mit dem offenen Eingeständnis ihrer Homosexualität heraus, um der »öffentlichen Entrüstung« von vornherein die Spitze zu nehmen. Der republikanische Kongreßabgeordnete Jon Hinson brach als erster 1980 das Schwulentabu und bekannte sich zu seiner homosexuellen Veranlagung. Er gewann die Wiederwahl. Ein halbes Jahr später wurde er mit einem Mann im Waschraum beim Oralverkehr erwischt und mußte zurücktreten.

Ein besonders eifriger Schwulenjäger war der – wahrscheinlich selbst homosexuelle – J. Edgar Hoover, der fast ein halbes Jahrhundert lang Chef der Bundespolizeibehörde FBI war. Neben der Homosexualität, die sich nach Auskunft von Experten »wie ein roter Faden durch die Akten zieht«, zählt das Ausschnüffeln der Sexualität von Prominenten zu den pathologischen Vergnügungen, denen sich Hoover hingab. Die Kennedy-Brüder, die Hoover gern abgeschoben hätten, wußten, daß der FBI-Chef dicke Akten über sie besaß, so mußten sie vorsichtig agieren; Jack und Robert Kennedy starben unter Mörderkugeln, der FBI-Chef blieb im Amt. Hoover, der praktisch über jedermanns Privatleben ein Dossier besaß, schirmte sein eigenes Pivatleben hermetisch ab. Tatsächlich verband ihn mit seinem engsten Mitarbeiter Clyde Tolson eine lebenslange Freundschaft, die noch über Hoovers Tod hinausreichte – Tolson wurde quasi Alleinerbe seines gesamten Vermögens; nichts erbten Hoovers Angehörige, vier Nichten und zwei Neffen. Wahrscheinlich war die Ausschließlichkeit dieser Beziehung nicht nur dem Aspekt der inneren Sicherheit geschuldet, folglich gab sie zu Gerüchten Anlaß. Shelley Ross faßt zusammen: »Keiner der beiden Männer war jemals verheiratet, und sie arbeiteten tagtäglich zusammen, aßen jeden Abend zusammen und machten über mehr als vierzig Jahre gemeinsam Ferien. Sie hatten keine anderen engen persönlichen Freunde. Berichte über ihre Wohnsituation widersprechen sich. Manche sagen, daß Hoovers Chauffeur Tolson jeden Abend nach dem Essen heimgefahren und ihn am nächsten Morgen auf der Fahrt ins Büro wieder abgeholt hätte. Andere sagen, die beiden Männer hätten Hoovers Haus gemeinsam bewohnt.« Die Frage ist vielleicht berechtigt, ob nicht eher der allmächtige FBI-Chef 48 Jahre lang die USA regierte, statt der acht Präsidenten, deren Amtszeit er erlebte.

Präsidentenaffären

Amerikanische Präsidenten müssen nach außen hin immer ein vorbildliches Familienleben präsentieren. Es mag verwundern, daß sie sich bis zum Ende der 60er Jahre dennoch, unbehelligt von kritischen Journalisten, ihre persönlichen (und das heißt auch sexuellen) Eskapaden erlauben durften. Erst als Mary Joe Kopechne, eine Gespielin Ted Kennedys, nach einem Unfall im Chappaquiddick ertrank, gaben die Journalisten wie auf Kommando ihre Zurückhaltung auf. Nach und nach wurde es auch Mode, sich das Privatleben aller früheren Präsidenten noch einmal vorzunehmen.

So gerieten selbst Nationalheiligtümer wie Franklin D. und Eleanor Roosevelt ins Licht der publizistischen Recherche. Roosevelts Ehe, so stellte sich heraus, war schon seit den 20er Jahren nicht mehr das gewesen, was sie zu sein schien. Roosevelt hatte eine Geliebte, Marguerite Alice LeHand, genannt Missy. Eleanor baute sich ihrerseits ein unabhängiges Leben auf; einige Meilen vom Familienanwesen entfernt hatte sie sich ihr eigenes Haus, ValKill, bauen lassen. Anläßlich der Präsidentschaftskampagne 1932 lernte Eleanor die AP-Journalistin Lorena Hickock kennen. Eine enge Frauenfreundschaft entwickelte sich, der von Anfang an der Ruch einer lesbischen Beziehung anhaftete. Hick galt als praktizierende Lesbierin, von Eleanor Roosevelt weiß man in dieser Beziehung nichts Bestimmtes. Aber gerade diese Ungewißheit – war da etwas, oder war da nichts? – eignete sich besonders gut für Spekulationen. 1941 bezog Hick offiziell Quartier im Weißen Haus, wo auch Missy von Anfang der Präsidentschaft Roosevelts an eine eigene Suite bewohnte. Bei einer so gelagerten Wohnsituation konnte es nicht ausbleiben, daß schließlich auch Dienstmädchenmemoiren mit »Enthüllungen« der delikatesten Art aufwarteten. 1978, als ein Konvolut von 300 Briefen geöffnet werden durfte, daß Lorena Hickock der Franklin-D.-Roosevelt-Bibliothek vermacht hatte, erschloß sich der emotionale Hintergrund der engen Beziehung zwischen Eleanor und Hick. Shelley Ross schreibt darüber: »Die Bindung der beiden Frauen wurde schließlich so intensiv, daß Hick ihre Arbeit für die Zeitung aufgab, um der Frau, die zur meistgeliebten First Lady werden sollte, den von ihr so sehr benötigten emotionalen Rückhalt geben zu können. Nach außen wirkte Eleanor beherrscht, aber innerlich war sie voller Angst, sie könnte die hart erarbeitete Unabhängigkeit wieder verlieren. Sie kämpfte ums schiere Überleben – mit Lorena Hickock an ihrer Seite.«

Präsident Eisenhower sagte man nach, er habe während des Krieges eine Romanze mit einer gewissen Kay Summersby, einem ehemaligen Fotomodell und Filmsternchen, gehabt, die sich freiwillig zum Kriegsdienst gemeldet hatte. Kay wurde Ike während seines Englandaufenthaltes im Mai 1942 als Fahrerin zugeteilt. Sie muß bei ihm in guter Erinnerung geblieben sein, denn nach Eisenhowers Ernennung zum Oberbefehlshaber der Alliierten Landungstruppen wurde sie fest bei ihm angestellt. Als in den 70er Jahren Dienstmädchen-Memoiren in Mode kamen, versuchte auch Kay Summersby ihr Glück. Aber die Schilderungen der Dame befriedigten kaum die Neugier der Leser. »Die Liebesaffäre Eisenhower-Summersby paßte nicht einmal in die Kategorie der abstrusen Vorfälle, die in einem Krieg eben passieren. Sie gehörte eher zu den Dingen, die im Krieg nicht passieren«, meint Shelley Ross zu den Elaboraten. Der Höhepunkt von Summersbys Darstellungen: Eisenhower wird von ihr schlicht als impotent geschildert.

Gegen Kennedys bekannte Frauengeschichten wirkte das Sex-Appeal seines Vizepräsidenten und Nachfolgers Johnson nicht gerade umwerfend. Wie so häufig werden die Leistungen dieses Präsidenten, der immer im Schatten Kennedys stand, auch auf sexuellem Gebiet unterschätzt. Er hatte weitaus mehr Affären, als man ihm zugetraut hätte. Ja, der etwas grobschlächtig wirkende Texaner soll ein regelrechter Schürzenjäger gewesen sein. Zu den Lieblingsanekdoten, die über ihn verbreitet werden, gehört die Geschichte von LBJs Annäherungsversuch an eine Mitarbeiterin seines Stabes. Die Frau wachte mitten in der Nacht auf, hörte jemanden am Fußende ihres Bettes hantieren und vernahm schließlich die Stimme ihres Herrn, der sie mit sprödem Charme anherrschte: »Rutsch rüber, hier ist dein Präsident!« Da LJB selbst von seiner Potenz sehr überzeugt war und seine außerordentliche Leistungskraft vor der Administration gern prahlerisch herausstrich, kann man vielleicht einen beträchtlichen Teil der ihm angedichteten Affären in der Registratur unter Maulhurerei ablegen.

Das bekannte Strickmuster »Schauspielerin & Politiker« erfreut sich im übrigen immer noch bleibender Beliebtheit. So zauberten die republikanischen Wahlkampfmanager 1992 eine gewisse Gennifer Flowers aus dem Hut, Sängerin und Schauspielerin, wie man erfuhr, die behauptete, jahrelang die Geliebte Bill Clintons und von ihm sogar schwanger gewesen und zur Abtreibung gezwungen worden zu sein. Aber Hillary winkte gelangweilt ab. Bill und Hillary traten gemeinsam in der Magazinsendung »60 Minutes« auf. Auf die Frage, was sie dazu sage, daß ihr Mann eine Geliebte gehabt habe, antwortet Hillary selbstbewußt: »Ich sitze hier, weil ich ihn liebe. Und weil ich ihn respektiere. Und weil ich weiß, was er durchgestanden hat und was wir beide zusammen durchgestanden haben. Und wissen Sie – wem das nicht reicht, dem sage ich: Dann wählen Sie ihn eben nicht!« Diese angebliche Affäre war sogar für schlicht veranlagte amerikanische Wähler ein zu durchsichtig angelegter Schwindel. Der Schuß ging nach hinten los. Uwe Knüpfer stellt in seiner Clinton-Biographie fest: »Der Effekt der Flowers-Krise war: Clinton war mit einem Mal der einzige Kandidat aus dem Bewerberfeld der Demokraten, der wirklich landesweit bekannt war. Der einzige, der anregenden Gesprächsstoff bot, von dem man sich ein Bild machen konnte. Der eine menschliche Dimension gewonnen und sich Respekt verschafft hatte durch die Art, wie er diese Krise meisterte. Nicht zuletzt dank Hillary.«

Für die Deutschen und ihre Politiker ist charakteristisch, daß sie nicht das Zeug für Frauengeschichten zu haben scheinen, die die ganze Nation in Atem halten. Vielmehr delektieren sich die Deutschen lieber an britischen Verhältnissen. Das war schon 1936 so, als Edward VIII. wegen seiner beabsichtigten Hochzeit mit der zweimal geschiedenen Amerikanerin Wallis Simpson abdankte und den Weg frei machte für den heute regierenden Zweig der Windsor-Familie, der allerdings Schlagzeilen macht, gegen die sich jene, die Edwards Liaison verursachten, vergleichsweise gesittet und zurückhaltend ausnahmen. Aus heutiger Sicht erscheint es vielleicht unverständlich, was die Briten damals so erregt hat. Immerhin sah der Prince of Wales seine Rolle so realistisch, daß man seine Selbsteinschätzung auf die Funktion (oder Funktionslosigkeit) der heutigen Königsfamilie übertragen könnte: »Ich war in gewissem Grade mein eigener Herr, ein Prinz in einem demokratischen Gemeinwesen. Dennoch fehlte immer irgendwas – etwas, was nicht in Betracht gezogen war. Bei meinem Charakter, meiner rastlosen Neugier und Unabhängigkeit schien mein Leben ein unzusammenhängendes Gebilde – Pflicht ohne Ziel, Dienst ohne Verantwortlichkeit, Pomp ohne Macht.«

Pomp ohne Macht: Vielleicht ist es dieser Abglanz einstiger Macht, vergangener Größe, verblichener Geschichte, die der Deutsche im eigenen Land vermißt und die er an den europäischen Königshäusern, besonders an dem englischen, schätzt. Von den Royals erwartet man, daß sie sich nicht nur ihrer augenblicklichen Rolle, sondern auch König Artus, Wilhelm dem Eroberer und Königin Victoria würdig erweisen. Und wehe ihnen, wenn sie das nicht tun. Von einem deutschen Politiker erwartet man, daß er die Mineralölsteuer nicht erhöht. Was der Finanzminister für ein Privatleben führt, ob er mit seiner Künftigen schon in der Öffentlichkeit auftritt, bevor er von seiner Ehemaligen geschieden ist, juckt uns nicht. Und wenn eine trostlose Talkmasterin die ungetröstete Geschiedene in einer Livesendung vorführt, amüsiert sich der Zuschauer ein paar Minuten lang und zappt zum Fußball weiter. Ob ein kleingeratener Ministerpräsident einen Protokollverstoß beging, als er seine Lebensgefährtin mit auf eine offizielle Einladungskarte drucken ließ – in Großbritannien vielleicht immer noch ein Grund zum Rücktritt –, ist uns völlig Wurst, aber wenn der gleiche Ministerpräsident Vorschläge zur Finanzierung des Bundeshaushalts macht, geht's bei uns Deutschen um die Wurst, und unsere Volksseele beginnt zu kochen.

Es ist außergewöhnlich symbolhaft, daß die einzige Frauenaffäre der jüngsten Vergangenheit, die einen Politiker tatsächlich zu Fall brachte, eine Putzfrauenaffäre war. Vielleicht erinnert sich mancher noch an jenen zeitweiligen Bundes-Verkehrsminister: Nicht etwa sexuelle Ausschweifungen mit seiner Putzfrau, sondern die Tatsache, daß er den guten Geist, der sein bedeutendes Anwesen sauberhielt, aus Mitteln der Bundesanstalt für Arbeit entlohnen ließ, kostete den Minister das Amt. Dieses im Grunde völlig legale Verfahren mag zwar jedem Friseur oder Zahnarzt offenstehen, wenn er eine schwervermittelbare Langzeitarbeitslose einstellt; einem Minister nimmt man das übel.

In Deutschland erwartet man vom Politiker nicht, daß er sich königlich verhalte, man erwartet von ihm auch nicht, daß er sich politisch klug verhalte, man erwartet nicht einmal, daß er einen moralisch einwandfreien Leumund habe, sondern man erwartet, daß er eine auf den Pfennig genaue, nachprüfbare Spesenabrechnung seiner Steuererklärung beifüge. Ein sozialdemokratischer Kanzlerkandidat, der den Unterschied zwischen Bruttoeinkommen und zu versteuerndem Einkommen nicht kennt, hatte natürlich von vornherein verspielt. Dem seit Jahren amtierenden Kanzler Kohl hingegen glaubt man ohne weiteres, daß seine Spesenabrechnung stimmt. Diese Zuverlässigkeit, die er auf uns ausstrahlt, ist Kohls eigentliches Erfolgsrezept. Es vermag mit Leichtigkeit politische Programme zu ersetzen. Sollte sich Helmut Kohl jemals – so unwahrscheinlich und phantastisch diese Vorstellung auch ist – eine Geliebte leisten – in der Tat spekuliert man seit Jahren, ob Juliane Weber, die weibliche Seele von Kohls »Küchenkabinett« mehr ist als nur die persönliche Sekretärin des Pfälzers; seit 1965 bewacht Juliane das Vorzimmer ihres Chefs –, dann würde das deutsche Volk daran nur interessieren, ob die Ausgaben für sie auf der Steuererklärung wahrheitsgemäß angegeben und richtig deklariert worden wären.

Am 1. Mai 1974 erschien bei Bundeskanzler Willy Brandt der damalige Innenminister Hans-Dietrich Genscher, um über die neuesten Ermittlungen im Fall des Kanzleramts-Spions Günter Guillaume zu informieren. Bei den Vernehmungen hätten die persönlichen Sicherheitsbeamten des Kanzlers von »zahlreichen Amouren Brandts« berichtet. Brandt wurde nachgesagt – und die Bunte Presse griff die Meldungen, unbesorgt um deren Wahrheitsgehalt, begierig auf – er habe auf Wahlkampfreisen mit der Bahn des Nachts in seinem Salonwagen attraktiven Journalistinnen Exklusivinterviews gegeben, die bis in die Morgenstunden gedauert hätten; sogar auf seinen Auslandsbesuchen habe man ihm Frauen zuführen müssen. Schließlich munkelte man von einer Affäre, die er mit der Schauspielerin Romy Schneider gehabt haben soll. Es wundert schon kaum noch, daß wieder einmal eine Schauspielerin herhalten mußte, um einem Politiker eine Frauengeschichte anzuhängen.

Willy Brandt war ein Mann, der die Frauen mochte. In dieser Hinsicht glich er sehr Präsident Kennedy, mit dem er in der Tat auch häufig verglichen wurde. Sein Leben war reich an wirklichen und angeblichen Affären. Romy Schneider hatte er 1971 beim Kanzlerfest im Garten des Palais Schaumburg kennengelernt. Brandt, damals 57, verjüngte sich sichtlich neben der 32jährigen Schauspielerin. Und Romy, die seit ihrer Ehe mit Alain Delon in Paris fast wie im Exil lebte, Interviews nur noch auf Französisch gab, nahm auf einmal mit wachen Augen die Erneuerung deutscher Politik wahr, las Marcuse, Enzensberger und den *Spiegel* und führte von Paris aus lange Telefongespräche mit Brandt – allerdings, wie ihr damaliger Geliebter, der Regisseur Serge Reggiani, behauptete, weniger politischen als erotischen Inhalts. Die Yellow Press hätte gern in Deutschland ein Paar gehabt, wie es in Amerika Kennedy und die Monroe waren. Aber so wenig Willy Brandt Kennedy war, so glich Romy Schneider der Monroe nur darin, daß beide Frauen, vom Leben enttäuscht, tragisch endeten. Die Beziehung zu Brandt, wenn es denn eine war, hatte nichts von der Hysterie und Trivialität der Kennedy-Monroe-Affäre, die den Präsidenten erpreßbar und die Schauspielerin psychisch kaputt machte.

In der Nacht vom 5. zum 6. Mai 1974 entschloß sich Willy Brandt, als Bundeskanzler zurückzutreten. Er war nicht über seine Frauenaffären gestolpert, sondern über einen Spion im Kanzleramt. Aber der Spionagefall hatte so sehr seine Intimsphäre aufgerührt, daß er unter diesen Umständen nicht mehr weitermachen wollte. Seine damalige Frau Rut fragte ihn an jenem Morgen, ob an den Weibergeschichten etwas dran sei. »Er ging schnell darüber hinweg und sagte, daß das alles unwichtig sei. Aber er erzählte, daß er ein ernstes Verhältnis gehabt habe, das über zwei Jahre gegangen, aber jetzt zu Ende sei.« Ob dies ernste Verhältnis vielleicht doch Romy Schneider war, darüber schweigen die Bücher.

Verwendete und zitierte Literatur

Erstes Kapitel

Elias, Norbert: Der Prozeß der Zivilisation, Bern 1969; *Blei, Franz:* Talleyrand oder der Zynismus, München 1984; *Wolff, Theodor:* Die Wilhelminische Epoche, Frankfurt/M. 1989; *Haug, Wolfgang Fritz:* Kritik der Warenästhetik, Frankfurt/M. 1971; *Mann, Thomas:* Joseph und seine Brüder. Vorspiel – Höllenfahrt, zitiert nach der Ausgabe Romane und Erzählungen Band 3, Berlin und Weimar 1974; *Faulkner, William:* Licht im August, zitiert nach der Ausgabe des Verlags Volk und Welt, Berlin 1975; *Uhlig, Helmut:* Die Sumerer, Bergisch Gladbach 1989; *Thomson, George:* Frühgeschichte Griechenlands und der Ägäis, Berlin 1980; *Kerényi, Karl:* Die Mythologie der Griechen, München 1966; *Homer:* Ilias / Odyssee, übertragen von Dietrich Ebener, Berlin und Weimar 1976; *Zangger, Eberhard:* Ein neuer Kampf um Troja, München 1994; *Wölfel, Dominik Josef:* Die Religionen des vorindogermanischen Europa, Wien 1951 (Reprint Hallein 1980).

Zweites Kapitel

Borchardt, Ludwig: Portraits der Königin Nofretete, Leipzig 1923; *Borchardt, Ludwig:* Die bunte Büste, Berlin 1923; *Borchardt, Ludwig:* Allerhand Kleinigkeiten, Berlin 1933; *Aldred, Cyril:* Echnaton, Bergisch Gladbach 1968; *Vandenberg, Philipp:* Nofretete. Eine archäologische Biographie, München 1988; *Schulze, Peter H.:* Herrin beider Länder Hatschepsut, Bergisch Gladbach 1975; *Lucan:* Der Bürgerkrieg, übertragen von Dietrich Ebener, Berlin und Weimar 1986; *Plutarch:* Leben und Taten berühmter Griechen und Römer, übersetzt von J.F.S. Kaltwasser, Berlin und Weimar 1986; Die Chronik Fredegars und der Frankenkönige, übersetzt von Otto Abel, Essen und Stuttgart 1986; *Pernaud, Régine:* König in der Troubadoure. Eleonore von Aquitanien, München 1979; *Laube, D.:* Zehn Kapitel zur Geschichte der Eleonore von Aquitanien, Bern, Frankfurt, New York 1984; *Uitz, Erika:* Herrscherinnen und Nonnen, Berlin 1990; Die Trobadors, Leipzig 1985; *Elias, Norbert:* Der Prozeß der Zivilisation, Bern 1969; *Ennen, Edith:* Frauen im Mittelalter, München 1984; *Lehmann, Johannes:* Die Kreuzfahrer, München 1976.

Drittes Kapitel

Elias, Norbert: Die höfische Gesellschaft, Frankfurt/M. 1983; *Levron, Jacques:* Ludwig XV. Der verkannte König Frankreichs, München 1987; *Mitford, Nancy:* Madame de Pompadour, München 1987; Pöllnitz, Carl Luwig v.: Das galante Sachsen, München 1992; *Hoffmann, Gabriele:* Constantia von Cosel und August der Starke, Bergisch Gladbach 1988; *Alewyn, Richard:* Das große Welttheater, Berlin 1985; *Borst, Otto:* Württemberg und seine Herrscher, Esslingen, München 1988; *Repgow, Eike von:* Sachsenspiegel, Zürich 1984; *Fellmann, Walter:* Mätressen, Leipzig 1994; Briefe der Liselotte von der Pfalz, hrsg. v. Helmuth Kiesel, Frankfurt/M. 1981; Die Memoiren des Herzogs von Saint-Simon, hrsg. v. Sigrid v. Massenbach, Frankfurt/M., Berlin, Wien 1977; *Lewis, W.H.:* Ludwig XIV., München 1989; *Mehring, Franz:* Gesammelte Schriften Band 5, Berlin 1964; *Schnitzler, Sonja* (Hrsg.): Die Mätresse Wilhelmine, Berlin 1989; *Ostwald, Hans:* Das galante Berlin, Berlin-Grunewald 1928.

Viertes Kapitel

Wasserzieher, Ernst: Woher? Ableitendes Wörterbuch der deutschen Sprache, Berlin 1925; *Tacitus:* Germania, übersetzt von Curt Woyte, Leipzig 1976; *Lange, Sigrid* (Hrsg.): Ob die Weiber Menschen sind. Geschlechterdebatten um 1800, Leipzig 1992; *Heinrich, Klaus J.* (Hrsg.): Friedrich II. Sein Leben in zeitgenössischen Berichten, München 1977; *Hacks, Peter:* Saure Feste, in: Essais, Leipzig 1984; *Marx, Karl:* Chronologische Auszüge aus F. Ch. Schlosser Weltgeschichte für das deutsche Volk, in: Marx/Engels/Lenin/Stalin, Zur deutschen Geschichte, Band 1, Berlin 1953; *Heine, Heinrich:* Lutetia, in: Werke und Briefe Band 6, Berlin 1962; *Flake, Otto:* Große Frauen des Barock, Berlin 1986; *Kardinal Retz:* Memoiren, Leipzig 1977; *Gloger, Bruno:* Richelieu, Berlin 1989; *Alewyn, Richard:* Das große Welttheater, Berlin 1985; *Fersen, Axel von:* Rettet die Königin, Bergisch Gladbach 1989; *Zweig, Stefan:* Marie Antoinette, Frankfurt/M. 1980; *Haslip, Joan:* Marie Antoinette, München 1988; *Castelot, André:* Marie Antoinette, München 1989; *Wolkogonow, Dimitri:* Lenin. Utopie und Terror, Düsseldorf, Wien, New York und Moskau 1994; *Rohrwasser, Michael:* Saubere Mädel – Starke Genossen, Frankfurt/M. 1975; *Sponsel, Heinz:* Die Ärzte der Großen, Frankfurt/M. 1978; Biographien zur Weltgeschichte, Berlin 1989.

Fünftes Kapitel

Borst, Otto: Alltagsleben im Mittelalter, Frankfurt/M. 1983; *Prokop:* Gotenkriege (griechisch-deutsch), München 1966; *ders.:* Perserkriege (griechisch-deutsch), München 1970; *ders.:* Vandalenkriege (griechisch-deutsch), München 1971; *ders.:* Bauten (griechisch-deutsch), München 1972; *ders.:* Anekdota (griechisch-deutsch), München 1981; *Browning, Robert:* Justinian und Theodora, Bergisch Gladbach 1988; *Goethe, J. W. v.:* Poetische Werke, Berliner Ausgabe, Berlin und Weimar; *Tümmler, Hans:* Carl August von Weimar, Stuttgart 1978; *Sengle, Friedrich:* Das Genie und sein Fürst, Stuttgart 1993; *Eissler, K. R.:* Goethe. Eine psychoanalytische Studie, Basel, Frankfurt/M. 1985; *Fellmann, Walter:* Mätressen, Leipzig 1994; *Brockhaus Enzyklopädie.* Neunzehnte, völlig neu bearbeitete Auflage, Band 11, Mannheim 1990; *Humboldt, Wilhelm von:* Sein Leben und Wirken dargestellt in Briefen, Tagebüchern und Dokumenten seiner Zeit, Berlin 1953; *Truchanowski, W. G.:* Horatio Nelson, Berlin 1990; *Hohenhausen, F. v.:* Berühmte Liebespaare,

Stuttgart o.J.; *Wagner, Richard:* Aus meinem Leben, in: Sämtliche Schriften, V.-A. XV., Leipzig 1941; *Gregor-Dellin, Martin:* Richard Wagner, Berlin 1984; *Riehl, Hans:* Märchenkönig und Bürgerkönige, Bindlach 1987; *Gollwitzer, Heinz:* Ludwig I. von Bayern, München 1986; *Fröhlich, Gustav:* Waren das Zeiten. Mein Film-Heldenleben, Frankfurt/M., Berlin 1989; *Finck, Werner:* Alter Narr – was nun? Frankfurt/M., Berlin 1992; *Cziffra, Geza von:* Es war eine rauschende Ballnacht, München, Berlin 1985; *Reuth, Ralf Georg:* Goebbels, München 1990; *Terrill, Ross:* Mao. Eine Biographie, Hamburg 1981; *Rittenberg, Sidney:* zitiert nach dem Film: Mao. Der letzte Kaiser, deutsche Fassung WDR 1994; *Li Zhisui:* Ich war Maos Leibarzt. Die persönlichen Erinnerungen des Dr. Li Zhisui an den Großen Vorsitzenden, Bergisch Gladbach 1994; *Barnes, John:* Evita Peron, München 1984; *Heymann, C. David:* Eine Frau namens Jackie, München 1989; *Reeves, Thomas C.:* John F. Kennedy, Hamburg 1992; *Brown, Peter Harry / Barham, Patte:* Marilyn. Das Ende, wie es wirklich war, München 1992; *Summers, Anthony:* Marilyn Monroe, Frankfurt/M., Berlin 1988; *Burner, David:* John F. Kennedy, München 1992; *Bisiach, Gianni:* John F. Kennedy, Freiburg, Würzburg 1992.

Sechstes Kapitel

Carlyle, Thomas: Friedrich der Große, Berlin 1929; Allergnädigster Vater. Dokumente aus der Jugendzeit Friedrichs II., Berlin 1988; *Clausewitz, Carl v.:* Vom Kriege, 1832–34; *Winter, Ingelore M.:* Friedrich der Große und die Frauen, Esslingen 1985; *Fellmann, Walter:* Mätressen, Leipzig 1994; *Bismarck, Otto v.:* Dokumente seines Lebens, Leipzig 1986; *Engelberg, Ernst:* Bismarck. Urpreuße und Reichsgründer, Berlin 1989; *Sponsel, Heinz:* Über die Ärzte der Großen, Frankfurt/M. 1978; *Bülow, Bernhard v.:* Denkwürdigkeiten, IV. Band, Berlin 1931; *Wolff, Theodor:* Die Wilhelminische Epoche, Frankfurt/M. 1989; *Hull, Isabel V.:* Bernhard von Bülow, in: *Wilhelm v. Sternburg,* (Hrsg.), Die deutschen Kanzler, Königstein 1985; *Gregor-Dellin, Martin:* Richard Wagner, Berlin

1984; *Toland, John:* Adolf Hitler, Bergisch Gladbach 1977; *Gun, Nerin E.:* Eva Braun-Hitler, Velbert 1968; *Vandenberg, Philipp:* Die heimlichen Herrscher. Die Mächtigen und ihre Ärzte, München 1991; Der Fall Krupp, in: *Die Neue Zeit,* 21. Jg., Nr. 9, (20.11.1902); *Harden, Maximilian:* Den Kanonenkönig hat eine Papierweste getötet, in: Die Zukunft, 29.11.1902; Konzessionsschulzes, in: *Die Neue Zeit,* 21. Jg., Nr. 16 (14.01.1903); *Nayhaus, Mainhardt Graf von:* Bonn vertraulich, Bergisch Gladbach 1986; *Ross, Shelley:* Präsidenten und Affären, Stuttgart 1989; *Knüpfer, Uwe:* Bill Clinton, Bergisch Gladbach 1993; *Bocca, Geoffrey:* Die Frau, die Königin werden wollte, Zürich 1966; *Blundell, Nigel / Blackhall, Susan:* Das Haus Windsor. Skandale einer Dynastie, Bergisch Gladbach 1993; *Edward Duke of Windsor:* Eines Königs Geschichte. Die Memoiren des Herzogs von Windsor, Berlin 1951; *Hauenschild, Almut:* Aus gut unterrichteten Kreisen, Düsseldorf und Wien 1985; *Brandt, Rut:* Freundesland, Hamburg 1992.

Inhalt